买下蒂芙尼

余 燕 著

重庆大学出版社

这不是一本通常意义上的"品牌书"。

关于奢侈品牌的"品牌书"其实并不少见，它们大约可以分为三类：一类是"编年体"，按时间顺序陈述品牌的发展历程；一类是"散文体"，从不同角度，用精美的图文展示品牌的闪光之处；一类是"传记体"，以品牌创始人为主角，讲述个人的奋斗故事。

"编年体"和"散文体"的品牌书数量最多，但可惜很少被人认真通读，我们最常看到它们的地方是五星级酒店大堂的茶几和边柜上，是一种不可或缺但经常被视而不见的美丽摆设。更容易吸引人们眼球的，往往是"传记体"的品牌书——因为"人"的故事永远是最有趣的。不过，如果一本传记获得了品牌官方的授权，通常就会隐去一些品牌的历史细节，只能小心翼翼地讲述一个"不会出错"的平淡故事——英国作家贾斯迪妮·皮卡蒂（Justine Picardie）撰写的《可可·香奈儿的传奇一生》（*Coco Chanel:The*

Legend and the Life）可能是个例外，它虽然获得了香奈儿公司的授权，但没有回避敏感话题。而如果一本传记不曾获得官方授权，那么其客观性和可靠性往往要打个折扣；如果作者不那么负责任，甚至会为了提高销量而将道听途说的人物言行过度"演绎"，赋予其廉价的戏剧色彩。

无论哪种情况，"传记"都更多地属于"文学"范畴，其中，有关品牌如何安身立命的商业内容往往被淡化或碎片化处理——毕竟，这些品牌书的作者通常是时尚编辑或传记作家。

上面三类品牌书我都读过不少，作为一个时尚和奢侈品行业的重度研究者，我仍感到有巨大的空白待填补——或许因为我身处中国，这个对时尚和奢侈品牌充满好奇心的国度，这个有着千千万万名新老创业者为创造含金量更高的本土品牌而冥思苦想、身体力行的国度。

对于那些坐拥丰厚"品牌财富"的奢侈品大牌，我们希望知其然，更希望知其所以然——在满足好奇心的同时，切实帮助自己优化商业和投资策略，无论我们是新品牌的创立者，还是老品牌的创新者，抑或是希望分享品牌财富的投资者。换言之，在中国这个仍处于高速演化进程中的时尚和奢侈品市场，我们不只需要欣赏美丽、动人的品牌故事，更需要从中发现一些可以启发当下实践的"洞察"与"认知"。

基于过去十几年我创办华丽志和橙湾教育所积累的行业观察所得和研究实践，我希望通过《买下蒂芙尼》这本书开创一种关于"品牌"特别是"奢侈品牌"的全新的叙述方式：

对品牌的来龙去脉刨根问底，基于商业逻辑挖掘和整理一些（经常被忽略的）重要细节，排除噪声去分辨构成主旋律的关键音符，最大程度地去伪存真，引导人们探究那些隐藏于细节之中的规律和架构，并从中提炼出"用户友好"的思维路径。

我原本是从事财务和金融工作的，半路出家踏入"时尚和奢侈品"这个流光溢彩的特殊领域，一直边学边干。这样的跨界经历让我可以毫无包袱地跳出行业的成见与套路，用"冰冷"的"金融"去碰撞"有温度"的"品牌"，捅破"品牌"层层窗户纸的同时，也撞击出精彩的思想火花，照亮那些更接近本质的东西。

我笃信，洞察"品牌财富"的本质，将帮助我们采取更加明智、更富远见的行动，让更多积极的变化发生，让真正的"财富"在品牌孕育和成长的漫漫岁月中积累和沉淀。

2021 年，适逢史上交易金额最大的一桩奢侈品牌并购案发生且过程一波三折。于是我决定从这个颇具"当下感"的大事件入手，抽丝剥茧地讲述一个拥有 180 多年历史的奢侈品牌背后的故事。

这些故事，你或许有所耳闻，但我希望挖掘出更多鲜为人知且具备深远意义的历史细节，用我自己的独家视角去归纳和总结，提炼出一些规律性的东西，引导读者拨开环绕奢侈品牌的层层光晕，进入更深的认知层面，最大程度地接近"真相"和"本质"，并由此汲取一些真实无虚的力量。

在专注于解读品牌商业逻辑的同时，我也希望在字里行间传递出品牌"人性"的一面，因为越有生命力的奢侈品牌，就越是饱含"人的因素"。

本书上篇讲的是"为何蒂芙尼值得买"，下篇讲的是"为何LVMH 集团买下蒂芙尼"。在这个资本高度充沛且高度活跃的时代，任何一个希望做大或做强或做大做强的品牌，都绕不过"资本"这双大手。资本固然迫切地需要寻找具有保值和增值空间的优质品牌标的，品牌也需要聪明地借助资本的力量去赢得生存与发展的时间和空间，适时放大自身的品牌财富。做品牌的人需要了解"资本"的逻辑，做投资的人更需要洞悉"品牌"的逻辑，而双方共同的诉求就在于：价值最大化。从这个角度讲，本书其实就是关于奢侈品领域"价值创造"的观察与思考，上篇讲的是"品牌的价值从哪里来"，下篇讲的是"如何投资品牌才能创造价值"。

如此宏大的命题，本书区区篇幅只够展露"冰山一角"，但求抛砖引玉，并为这个前景无限的古老行业吹进一缕醒神的清风。

目 录

引 子

　　2020 年 3 月 16 日，星期一，全世界的人打开手机、电脑或电视，只想知道一件事：又有多少人确诊了新冠肺炎？经过了两个月惊涛骇浪的全民抗疫，中国的疫情日趋好转，大部分城市的人恢复了生活和工作的常态，尽管仍然要佩戴口罩和测量体温，但商场里的人流渐渐多了起来。与此形成鲜明对比的是，欧洲各国和美国的疫情似乎刚刚开始，3 月 16 日这一天，中国以外的国家新冠肺炎确诊病例突破 8.6 万例，首次超过了中国，法国总统马克龙宣布实行为期 15 天的全国封锁，要求人们待在家中，防止新冠病毒传播。

　　也就是在 2020 年 3 月 16 日这一天，美国纽约证券交易所里一只股票的异动引起了奢侈品行业分析师的警觉：美国珠宝巨头 TIFFANY & CO.（中文译名"蒂芙尼"，股票代码 TIF）的股价收于 115.68 美元（2021 年人民币对美元平均汇率约为 6.45），比前一交易日（3 月 13 日）的收盘价 127.94 美元下跌了近 10% ——这个跌幅在彼时哀鸿遍野的美国股市并不算突出，但要知道，根据四个月前（2019 年 11 月 25 日）法国奢侈品巨头 LVMH 集团 [酩悦·轩尼诗-路易·威登集团，路易威登（Louis Vuitton）、迪奥（Dior）、宝格丽（BVLGARI）等品牌的母公司] 与蒂芙尼达成的最终收购协议，蒂芙尼的股权总价值已经被锁定在 162 亿美元，合每股 135 美元。正常情况下，在收购协议达成后，除非有重大的"不可抗力"，蒂芙尼的股价将只会在极小范围内波动，不会再受公司业绩或股市大环境的影响。但 3 月 16 日蒂芙尼的收盘价 115.68 美元赫然低于协议收购价约 14.3%，近 20 美元的交易价差预示着金融市场开始怀疑，LVMH 集团有可能放弃对蒂芙尼的收购，一旦收购失败，蒂芙尼的股价将不再受这份收购协议支撑，加上新冠肺炎疫情造成的业绩风险，蒂芙尼的股价很可能会继续下探。

两天后即 3 月 18 日，时任美国总统的唐纳德·特朗普和加拿大总理贾斯廷·特鲁多签署协议：暂时关闭全世界最长的边境线——长达 8 891 公里的美加边境线，以期阻止新冠肺炎疫情的蔓延。

这一天，蒂芙尼的股价继续下跌 4%，收于 111.22 美元。不过，这个价格依然比 2019 年 10 月 25 日（也就是 LVMH 集团向蒂芙尼提出收购报价的消息传出的前一个交易日）蒂芙尼股票的收盘价 98.55 美元高出 13%。

彭博新闻社记者从所谓"知情人士"那里听到一种说法：鉴于这种特殊情况，LVMH 集团考虑从公开市场以更低的市场价收购蒂芙尼的流通股——对啊，如果能在公开市场用 111 美元收购蒂芙尼股票，为何要付出 135 美元的高价呢？这当中的差别高达 10 亿美元左右。当然，这种情况在并购领域相当罕见，但在史无前例的新冠肺炎疫情阴影的笼罩下，什么都可能发生。

股票市场好像一个"躁郁症（躁狂抑郁症）"患者，经常因为坊间飞过的传言而对一家上市公司的未来表现出过度悲观或过度乐观。对凭借"和时间做朋友"的韧性，穿越了多个经济周期的奢侈品牌来说，这种两极化的情绪摇摆其实相当违和。所以，尽管我们耳熟能详的奢侈品牌多数已成为上市公司或归属于上市的大型企业集团，还是依然有类似香奈儿（Chanel）、阿玛尼（Armani）这样的"老顽固"保持着私有公司的超然身份，试图将外界的"聒噪"挡在门外。

不过，即便是 1987 年就成为上市公司的蒂芙尼，也从来没有像 2020 年 3 月这样被推到全球舞台的中央。它在超强的聚光灯下，成为奢侈品圈和金融圈同时议论和猜度的焦点。

就在蒂芙尼的股票连续三天累积跌去 13% 之后，3 月 19 日，其股价出人意料地大幅反弹，几乎一步到位地拉升了 13%，回到 126 美元一股的"安全地带"，好像什么都没有发生过一样——或许大家都过虑了，身为全球最大奢侈品企业的 LVMH 集团怎么会为了区区 10 亿美元的"小利"悍然毁约。随后，3 月 23 日，LVMH 集团正式表态："最近有传言称 LVMH 集团正在考虑从公开市场购买蒂芙尼的股票。根据 2019 年 11 月双方达成的协议，

LVMH 集团目前承诺不会(从公开市场)购买蒂芙尼的股票。"貌似，等着看一场大戏的人们可以散去了。

那么，新冠肺炎疫情到底会对蒂芙尼造成多大的打击呢？

两个多月后，2020 年 6 月 9 日，蒂芙尼交出了疫情后的第一份财务报告(蒂芙尼的会计年度是从公历年的 2 月 1 日起算)，截至 4 月 30 日的 2020 财年第一财季，蒂芙尼的关键财务数据如下：

净销售额 5.56 亿美元，比 2019 年同期的 10.03 亿美元下降了 45%(按不变汇率计，下降 44%)。

净亏损 6 460 万美元，合每股亏损 0.53 美元；而 2019 年同期净利润为 1.25 亿美元，合每股盈利 1.03 美元。

该季度的前半段，中国正值新冠肺炎疫情的高峰期，蒂芙尼在中国市场的销售额比上年同期剧烈下降了 85%；但随着疫情好转，其很快实现了复苏，4 月其在中国市场的销售额较去年同期大幅增长了 30%。尤其让蒂芙尼感到欣慰的是，T1 系列玫瑰金和镶钻金饰产品开局强劲，在许多门店仍然关闭的情况下，其销售情况奇迹般地达到了预期——T1 系列是蒂芙尼针对年轻时尚人群全力打造的，响应了时尚圈重新掀起的 logo(徽标)热潮，用时任蒂芙尼首席艺术官的瑞德·克拉考夫(Reed Krakoff)的话来说，就是"我们力求以醒目出众、现代时尚的全新方式重新演绎 T 字母图案"。在中国，蒂芙尼为该系列选择了当时如日中天的年轻偶像做代言人。

中国的情况好转了，而蒂芙尼的大本营——美国，正在遭受一波又一波的打击：

4

3 月 20 日，纽约州州长安德鲁·库莫（Andrew Cuomo）宣布全州实行封锁，所有非必需品门店必须关门，以阻止已经超过 7 000 人的新冠肺炎确诊病例进一步攀升。

这次的封锁持续到 5 月下旬，此后虽然逐渐解封，部分零售门店恢复营业，但 5 月 25 日，明尼阿波利斯市警察暴力执法导致非洲裔男子乔治·弗洛伊德（George Floyd）死亡的事件引发了蔓延全美的反种族歧视抗议游行，蒂芙尼在 6 月 1 日被迫再度关闭了美国本土的大批门店。

重重愁云笼罩下，围绕 LVMH 集团收购蒂芙尼的交易前景，各种流言卷土重来。

就在蒂芙尼发布第一季度财务报告的五天前（即 6 月 4 日），LVMH 集团做出公开声明："关于最近出现的流言，我们再次强调，不会考虑从公开市场购买蒂芙尼的股票。"这份声明简明扼要，貌似只是重申了之前的立场，但没有说出的话比说出的话更重要，人们发现，LVMH 集团并未公开承诺维持双方协议，也没有说明是否会要求蒂芙尼降低出售价格。

这场小小的风波貌似就此画上了句号。尽管在 8 月 24 日这个原定的交易截止日期，相关的政府审批手续依然没有完成，但这没有什么奇怪的，毕竟疫情阻断了全球各地机构的正常工作流程，延期是意料之中的。根据协议，双方中任何一方都可以选择将完成交易的最后期限推迟三个月，也就是推迟到 11 月 24 日。

全球各地陆续传来疫情缓解、疫苗研发取得突破的好消息，

LVMH 集团和蒂芙尼都没有发出什么"异响"，但是围绕这笔世纪交易，空中依然弥漫着挥之不去的疑云——这并非见诸媒体端，而是从股价的运行轨迹中透露出来的：

从 6 月 4 日 LVMH 集团发布声明，让蒂芙尼的股价从 114.5 美元反弹到 122 美元，到 9 月 8 日蒂芙尼的股价收于 120.7 美元左右的三个月里，蒂芙尼的股价一直在 120 美元上下窄幅波动，但始终没回到收购协议价 135 美元附近。无疑，市场对这笔世纪交易是否能够如期交割依然心存疑虑。毕竟，当时新冠肺炎疫情在全球蔓延的势头并未被遏制，"不确定性"的"利剑"依然悬在半空。

巴黎时间 2020 年 9 月 9 日，周三，LVMH 集团突然宣布彻底放弃对蒂芙尼的收购交易，而且没有留出重新谈判协议条款的余地。这与其说是晴天霹雳，不如说是阴沉沉的天空终于划过了雷电。

LVMH 集团给出的理由却有点出其不意：集团董事会收到来自法国外交部的一封信，表示因为美国威胁对法国产品征收惩罚性关税，要求 LVMH 集团将交易完成时间延迟到 2021 年 1 月 6 日之后。

LVMH 集团表示，考虑到目前的复杂形势，"集团无法继续执行收购蒂芙尼的计划"。

在 LVMH 集团宣布放弃收购蒂芙尼之后，蒂芙尼发布了一份措辞严厉的声明，宣布将向美国特拉华州的衡平法院起诉，要求法院强制 LVMH 集团在 11 月 24 日之前完成收购。

蒂芙尼表示，LVMH 集团违反了双方达成的收购协议中的条款，故意拖延获得反垄断部门批准的流程，从而延缓收购的进度。

声明中表示，双方的交易截止日期原定于 8 月 24 日，之后延期至 11 月 24 日。目前距离截止日期已经不到 3 个月，而 LVMH 集团甚至没有向欧盟的反垄断部门提交相关申请，在日本和墨西哥的申请也依然在受理中，尚未通过。

蒂芙尼强调，新冠肺炎疫情的暴发并未影响其他并购案获得反垄断部门的许可。从 2019 年第四季度至今宣布的 10 笔规模最大的收购案中，只有 LVMH 集团尚未向欧盟提交有关收购许可申请，其他 9 笔交易的收购方都已经在 3 月 27 日到 7 月 7 日之间提交了有关申请。LVMH 集团的拖延行为已经违反了双方的收购协议。

蒂芙尼的董事长罗杰·N. 法拉（Roger N. Farah）表示："我们很遗憾做出（起诉）这样的决定，但是 LVMH 集团让我们别无选择，只能通过这种方式来保护蒂芙尼和股东。蒂芙尼已经采取了所有必要的措施来保证收购顺利进行，希望 LVMH 集团能够做出同样的努力。"

一个是全球最大的奢侈品集团，一个是美国著名的奢侈品牌——也是当时全球市值最高的珠宝上市企业，竟然转瞬间化友为敌，一切难道真的没有挽回的余地吗？它们果真要在法庭上唇枪舌战，甚至撕破对方的脸皮吗？

在揭开这个故事的大结局之前，我将带大家理清两方面的基本问题：

蒂芙尼的品牌财富（The Tiffany Fortune）——为什么在罕有本土奢侈品牌的美国，会出现这样一个跨越三个世纪的全球顶级珠宝品牌？蒂芙尼丰厚的品牌财富究竟是如何铸就的？

收购蒂芙尼的世纪交易（The Tiffany Deal）——为什么坐拥路易威登、迪奥、宝格丽等多个顶级奢侈品牌、稳坐全球最大奢侈品集团交椅的 LVMH 集团会豪掷 100 多亿美元现金去收购蒂芙尼？这笔世纪交易揭示了奢侈品牌并购的哪些奥秘？

我曾经计划用 3 万字讲清楚第一个问题，结果直到我一头扎进蒂芙尼品牌浩瀚的历史资料中，才又惊又喜地发现自己站在一条长长的通道上，两侧是一扇扇门，而门背后是更多的门，每一扇门里都藏着无穷的细节，环环相扣，每一环自有其重要性。

"魔鬼就藏在细节中"，这句话用来形容像蒂芙尼这样积淀近200 年的奢侈品牌再合适不过。

如果抛开细节，大而化之地谈论奢侈品牌，得到的其实都是娱乐大众的肤浅"热闹"，对希望看懂"门道"的行业中人来说，这些"热闹"不仅没有营养，还会导致认知偏差，甚至将人引向错误的商业决策和投资决策。

本书希望最大程度地还原蒂芙尼品牌 180 多年发展历程的重要细节，揭示驱动其跨越周期持续成长的商业逻辑和决定性要素；同时，通过将 LVMH 集团这个全球最大奢侈品集团演化进程中的每一步放大并细致解读，帮助大家理解奢侈品牌并购的规律和门道。

我相信，唯有经过这样一番"沉浸式"的旅程，我们才能"顿悟"奢侈品牌为何拥有难以复制的独特价值，及其价值产生背后的偶然性与必然性；我们才能脚踏实地地去思考如何在这个特殊的领域，通过深谋远虑的投资并购活动创造真正的价值。

首先，让我们从奥黛丽·赫本（Audrey Hepburn）的一张照片说起。

上　篇

蒂芙尼的品牌财富

The Tiffany Fortune

第一章

蒂芙尼——美国奢侈品的"代名词"

第一节　史上最强电影植入：
《蒂芙尼的早餐》(*Breakfast at Tiffany's*)

走进蒂芙尼设在中国上海市淮海中路的巨大的"蓝盒子"旗舰店，你会看到第一层靠里的一面墙上悬挂着一个镜框，镶在镜框里的是一张照片和一封信函。许多知道"好莱坞"三个字的中国人都能叫出照片主角的名字：奥黛丽·赫本。画面中有两个焦点——赫本笑意盈盈的大眼睛，以及她颈上那条璀璨的钻石项链，缀在上面的那颗钻石可以用"硕大无比"来形容，以至于你会微微有些担心赫本纤长的脖颈会被它压弯。这是一张黑白照片，如果是彩色的，我们就能更清楚地看到，那颗钻石正是蒂芙尼的镇店之宝——重达 128.54 克拉、名为"The Tiffany Diamond"的艳彩黄钻，其原石重达 287.42 克拉，是蒂芙尼的创始人查尔斯·刘易斯·蒂芙尼

奥黛丽·赫本与蒂芙尼黄钻

（Charles Lewis Tiffany，简称老蒂芙尼）在 1878 年采购的。

照片旁边那封致蒂芙尼的信由赫本写于 1987 年，也就是蒂芙尼品牌创立 150 周年的时候。信中寥寥数语，并无华丽的辞藻，但字字透露着真诚与善意，简洁优雅，一如赫本其人。赫本写道，"A thing of beauty is a joy forever（美的东西意味着永恒的快乐）"——这句话恰好呼应蒂芙尼的创始人所说的名言，"Beautiful design makes a beautiful life（美的设计创造美的生活）"。不过，后一句更多的是表达从创作者的角度呈现客观存在的美，前一句则是从用户、从"人"的角度去表达主观体验到的美——一种能经受住时间考验的"快乐"的源泉。

谈到赫本与蒂芙尼的渊源，很多人都会脱口而出："《蒂芙尼的早餐》！"上文提到的赫本佩戴镶嵌了蒂芙尼黄钻的钻石项链的照片，就是为这部影片拍摄的宣传照（并非影片中的画面）。

这部于 1961 年上映的好莱坞经典影片，已在几代人的心中占有某种类似"Cult（顶礼膜拜）"的地位——电影史上"最伟大的作曲家"之一亨利·曼西尼（Henry Mancini）创作的"魔性"主题曲《月亮河》（Moon River），赫本的"死党"、法国时装设计大师纪梵希（全名 Hubert James Marcel Taffinde Givenchy）为赫本量身定做的小黑裙，放在今日依然能引起都市青年广泛共鸣的故事情节，赫本在剧中扮演的女主角霍莉·戈莱特丽（Holly Golightly）高高盘起的发髻、遮住半张脸的黑色太阳镜，还有她那到处乱跑名叫"Cat"的猫，当然，绝对少不了高悬片头的"Tiffany"大名和霍莉手捧早餐（一杯咖啡和一只牛角包）驻足凝视的蒂芙尼纽约第五大道旗舰店的橱窗。

影片中，霍莉在不同场合表达了对蒂芙尼毫不掩饰的崇拜，"I'm just crazy about Tiffany's!（我爱蒂芙尼爱到疯！）"——这句话从霍莉口中说出，其感染力超过了当时任何广告片的主角。

霍莉甚至将对蒂芙尼的爱上升到某种哲学高度——"I don't want to own anything until I find a place where me and things go

奥黛丽·赫本在蒂芙尼的橱窗前

together. I'm not sure where that is but I know what it is like. It's like Tiffany's." 这句英文表达得非常含蓄，意译出来就是：只有在蒂芙尼的店里，我才会感到身外之物（那些珠宝首饰）和自己是水乳交融的！

再看这段霍莉的独白：

"It calms me down right away, the quietness and the proud look of it. Nothing very bad could happen to you there, not with those kind men in their nice suits, and that lovely smell of silver and alligator wallets." ["它（蒂芙尼）看上去沉静而骄傲，一眼望去就让我平静下来。那些衣着考究、和蔼可亲的男士，那些散发出迷人气息的银器和鳄鱼皮钱包，在蒂芙尼发生的一切都是美好的。"]

值得一提的是，赫本其实在片中并未佩戴过蒂芙尼制作的首饰，这与霍莉这个角色的人设是一致的——支撑这个南方乡下姑娘混迹于光怪陆离的大都市，在夹缝中求生存的，是她对蒂芙尼所象征的完美人生的向往，而她自己是买不起蒂芙尼的钻石首饰的。影片中有一个细节，霍莉拉着男主角（一位穷作家）跑到蒂芙尼第五大道旗舰店里，希望店员在饼干桶附赠的玩具戒指上刻字，那位冷面的店员大叔居然欣然接受了。（你还能想象出比这更煽情的蒂芙尼广告吗？）另一个可能被很多人忽略的情节是霍莉睡眼惺忪地从床上爬起来打开房门，在镜头里，她拉到额头上的漂亮眼罩就是醒目的蒂芙尼蓝！

　　蒂芙尼从这部电影收获了一个名垂电影史的片名、"零费用"的赫本代言，更收获了一段可以代代传承的集体记忆，尤其令人羡慕的是，这种传承是超越国界的，并且传承的媒介不是文字，而是鲜活的影像（包括动态和静态的影像）——《蒂芙尼的早餐》这部可以被反复观看的经典电影，以及广泛流传的唯美照片（以赫本为主角的电影剧照和其他公关照片）——即便是并未看过这部电影的人，也会因为这些影像而对蒂芙尼留下难以磨灭的印象。

　　除了蒂芙尼，我们想不出第二个奢侈品牌获得了一部经典影片如此强有力的植入，甚至跨越了时间和空间。或许你会提到《穿普拉达的女魔头》（*The Devil Wears Prada*），其实，除了片名和片中出现的几套行头外，这部电影本身对"普拉达（Prada）"并没有着墨多少，剧中人 [无论是梅丽尔·斯特里普（Meryl Streep）扮演的时尚杂志女主编，还是安妮·海瑟薇（Anne Hathaway）扮演的助手]更没有和普拉达品牌建立深层的联系。而且在大众的印象中，普拉达这个意大利百年奢侈品牌从不曾主动提及自己与这部美国好莱坞影片的关联，更不曾在自己书写的品牌历史中对这部电影着墨半分。

如果只有帅哥美女和一段煽情的故事，《蒂芙尼的早餐》这部电影不会拥有如此持久的魅力。这部电影背靠的是一部经得起时间考验的文学著作——美国作家杜鲁门·卡波特（Truman Capote）写于 1958 年的短篇小说。因为这部小说，卡波特被美国著名作家诺曼·梅勒（Norman Mailer）称为"the most perfect writer of my generation（我们时代最完美的作家）"。除了在文学界拥有声望外，卡波特也是纽约上流社会的明星人物。他深受名媛圈追捧，自己更是热衷于举办浮华、热闹的派对。霍莉这个角色就融汇了卡波特对 20 世纪 50 年代活跃在纽约社交场上的几位个性鲜明的女性的一手观察所得。尽管电影为了迎合 20 世纪 60 年代的大众观影需求，改变了小说原有的开放式结局，让男女主角终成眷属，小说对人性的深刻洞察还是在电影中得到了延续，这种洞察是普世的且超越了时代本身，后来人也能产生强烈的共鸣。

或许是作家和导演都始料不及的"副产品"，蒂芙尼这个品牌作为"奢侈生活方式"的具体而恒久的象征，其品牌意义因为这部电影而被最大程度放大和强化，"蒂芙尼"就此被铭刻在世界人民的共同记忆之中。

有一个非常有意思的细节。LVMH 集团为了收购蒂芙尼公司而在美国特拉华州注册了一家新的子公司，公司名叫"Breakfast Holdings Acquisition Corp"，相信"Breakfast（早餐）"的出处不是别的，就是《蒂芙尼的早餐》这部电影史上的神作。

你或许会问：为什么是蒂芙尼而不是其他品牌获得了这种前无古人，或许后无来者的"超级背书"呢？

要想理解蒂芙尼在美国尤其在纽约享有的特殊地位，就需要回溯《蒂芙尼的早餐》问世前的 120 年，探寻蒂芙尼是如何在美国这片远离欧洲奢侈品源头的"新大陆"从零起步，逐渐发展为"美国奢侈品"的代名词的。

第二节　从三天进账 4.98 美元的小店，到取之不竭的"金山银山"

翻开全球奢侈品行业的家谱，你会发现，在当今作为身份与地位象征的头部奢侈品牌，其创始人大多出身寒微：

路易威登的创始人路易·威登（Louis Vuitton）少年时代就失去了双亲，13 岁离家出走，一边打零工一边赶路，花了两年时间才抵达巴黎，成为一家行李箱制作工坊的学徒。

香奈儿的创始人可可·香奈儿（Coco Chanel）的母亲早早过世，她和姐姐被潦倒的父亲送进了修道院开办的孤儿院。20 岁前，她一边学做裁缝，一边在军官俱乐部里献艺（可可就是她做驻唱歌女时取的艺名）。

古驰（Gucci）的创始人古奇欧·古驰（Guccio Gucci）年轻时从意大利跑到英国，在伦敦的豪华酒店萨沃伊酒店当门童。他从达官显贵那些大包小包的行李上发现了商机，回到故乡佛罗伦萨开启了旅行皮具制造生涯。

爱马仕（Hermès）的创始人蒂埃里·爱马仕（Thierry Hermès）原本是德国人，20岁的时候他背井离乡来到法国，在一家马具工坊做学徒。巧合的是，爱马仕和蒂芙尼的创立时间是同一年，1837年。

蒂芙尼最强劲的竞争对手、法国珠宝巨头卡地亚（Cartier）的创始人，路易-弗朗索瓦·卡地亚（Louis-François Cartier），从珠宝工坊的学徒做起，在27岁那年用分期付款的方式买下了自己师傅皮卡德（Picard）的老店，由此揭开了一个钟表珠宝帝国的序幕。

相比之下，蒂芙尼的创始人，老蒂芙尼似乎是个异数，他非但不是出身贫寒，以19世纪的标准来看，甚至算得上是一位小"富二代"。

老蒂芙尼晚年曾请人对自己的家谱进行彻底研究。根据研究结果，"Tiffany"的姓氏起源于蒂芙尼家族的祖先在法国西北部布列塔尼地区从事丝绸贸易的经历，他们出售的丝绸品种在当地被称作"Tiffin"，他们便以此为姓氏。随着蒂芙尼家族移民到英国约克郡，"Tiffin"这个姓氏按英语习惯被改为"Tiffany"。后来，在约克郡的一个蒂芙尼家族分支南迁到伦敦附近生活，直到老蒂芙尼的天祖斯奎尔·汉弗莱·蒂芙尼（Squire Humphrey Tiffany）离开英国，移民到美国。如果从古希腊时期蒂芙尼家族最早为祭神活动经营高级丝绸算起，蒂芙尼这个家族从事高端消费品行业的历史已经长达一千多年。

老蒂芙尼成长在美国康涅狄格州。这里地处经济欣欣向荣的新英格兰地区，当地充沛的水力资源、连接纽约港口的水运网络，为发展纺织业创造了优越的条件。老蒂芙尼的父亲康福特·蒂芙尼（Comfort Tiffany）是一名成功的企业家，他与合伙人经营的棉纺厂在新英格兰地区数一数二。在老蒂芙尼念中学的时候，他父亲购得了当地部分水力所有权，另立门户新建了一家纺织厂，并收购了一家商店为自己工厂生产的棉布提供直接的销售渠道（这种早期的垂直一体化商业模式，后来也反映在老蒂芙尼自己开创的珠宝事业中）。

从 15 岁起，老蒂芙尼就帮父亲打理布料商店，中间有两年回到学校完成学业，前后共在这家兼营杂货的布料商店工作了七年。终于，1837 年的一天，25 岁的老蒂芙尼决心去看更大的世界——他离开家乡，怀揣父亲借给他的 1 000 美元，来到纽约发展自己的事业。和他一同创业的，还有小他三岁的同乡约翰·伯内特·扬（John Burnett Young）。四年后，约翰的妹妹哈丽雅特·奥利维娅·埃弗里·扬（Harriet Olivia Avery Young）成为老蒂芙尼的妻子（两人共同生活了 56 年，直到她 80 岁去世，四年后老蒂芙尼离世，享年 90 岁）。

和上面提到的另外几个欧洲著名奢侈品牌的创始人不同，老蒂芙尼本人并非掌握某种奢侈品制作技艺的"工匠"，因此他进入奢侈品领域时选择的切入点不是"生产"，而是"销售"。运营一家零售企业必须有一定的早期资金投入，包括进货和开店的成本等。1837 年的 1 000 美元约等于 2021 年的 27 000 美元，大约是当时一名工人两年的工资，算不上是一笔巨款，但这笔启动资金对老蒂芙尼来说是至关重要的。

蒂芙尼公司能在创业之初快速积攒下厚实的家底，与老蒂芙尼本人天才的"销售力"密不可分。理解蒂芙尼早期的创业路径，对于搞明白为什么蒂芙尼能够在远离奢侈品源头（欧洲）的美洲大陆上平地而起，成长为一家经典品牌具有至关重要的意义。

老蒂芙尼在父亲经营的布料商店里积累了一定的商业经验。来到纽约后，作为一个家境不错、对世界充满好奇心的年轻人，他选择按自己的心意开一家商店，卖的东西不是那个年代常见的生活必需品，而是貌似"无用"的"Lifestyle（品质生活）"商品——文具、时尚首饰以及其他他觉得好看、好玩的东西。1837 年 9 月 14 日（一说是 1837 年 9 月 21 日），蒂芙尼的第一家商店在纽约百老汇大道和沃伦街交会处的一幢四层小楼里正式开门迎客。

开始时，这家创业公司的名字包含了老蒂芙尼和创业伙伴约翰两人的姓氏——"Tiffany & Young"。商店开张的第三天，老蒂芙尼在账本里工工整整地记下一个数字——4.98 美元。根据蒂芙尼家族的后人迈克尔·约翰·伯林厄姆（Michael John Burlingham）的回忆录《最后的蒂芙尼》（The Last Tiffany）的描述，这笔金额应该是商店营业头三天的收入，约等于 2021 年的 134 美元，平均每天的营业额相当于今天的 45 美元。仅仅过了一周,商店就实现了盈利——扣除广告费和给两位创始人每人 10 美元的薪水后,老蒂芙尼在账本上记下了商店的第一笔净利润:30 美分。这个数字貌似微不足道,却体现了老蒂芙尼对财务健康和现金流管理的重视。

1838 年的圣诞节这一天,商店收入达到 236.90 美元;随后,元旦这一天的收入达到 675 美元,足以支付一年的门店租金。不过,也许创业本来就不应该如此一帆风顺,当晚,商店被盗贼光顾,盗贼掳走了价值 4 000 美元的存货。幸好当天销售所得现金被老蒂芙尼拿回了家里,否则这些现金也要一同遭殃。这个小插曲透露了两个重要信息:"节日"是蒂芙尼重要的生意助推器;只用了一年多一点的时间,蒂芙尼就拥有了相当于初始投资(1 000 美元)四倍

1837 年,位于美国纽约百老汇大道的蒂芙尼门店

的存货，靠自己的经营能力走上了健康的发展道路。

销售额从每天 45 美元（按 2021 年的美元价值换算），到每天 1 212 万美元[1]，蒂芙尼走过了 182 年。如果用"年均复合增长率"公式来计算，相当于过去 182 年，销售额平均每年增长 7.1%。7.1% 这个数字貌似普普通通，但一个品牌能经受 180 多年的风吹雨打屹立至今，让我们计算它的年均复合增长率，这本身就是一个奇迹。在这个小小的数字背后，隐藏了什么鲜为人知的故事呢？让我们先看看蒂芙尼的"第一个百年"（1837—1940 年），将其分为几个重要时段，分别计算一下它的销售额增长速度。

根据历史可查纪录，蒂芙尼在 1914 年的年销售额为 700 万美元（约等于 2021 年的 1.82 亿美元），日均销售额为 1.9 万美元（约等于 2021 年的 50 万美元）。也就是说，从 1837 年到 1914 年的 77 年里，蒂芙尼的日销售额从 45 美元增长到 50 万美元，年均复合增长率为 12.9%。

第一次世界大战期间，硝烟滚滚的欧洲战场无法继续满足美国富裕人群的奢侈品消费需求，促进了蒂芙尼的生意进一步发展。从 1914 年到 1919 年，短短五年，蒂芙尼的年销售额从 700 万美元猛增到 1 770 万美元，不过考虑到其间大幅上涨的通货膨胀率，折合当前美元价值计算，这个销售额增幅要大打折扣，年均复合增长率仅为 7.9%，与历史均值相当。

1　根据蒂芙尼公司发布的截至 2020 年 1 月 31 日的年度报告，其年销售额为 44.24 亿美元，合每日销售 1 212 万美元。

第一次世界大战后，美国迎来了经济空前繁荣的"咆哮的20年代"。1919年，蒂芙尼的年销售额为1 770万美元，而在大萧条前夕的1929年，销售额却下滑到1 530万美元，扣除通货膨胀因素，这十年的年均复合增长率跌落到－1.5%。原因或许在于，随着大型邮轮的兴起，越来越多富有的美国人越洋去欧洲旅行，减少了在美国本土购买奢侈品的投入（这与21世纪前20年中国人热衷在海外旅行时购买奢侈品不无相似之处）。然而，这不是最坏的时光，紧接着，蒂芙尼迎来其历史上最惨淡的十年。

1929年10月29日美国股市崩盘和绵延十年的大萧条对美国经济的打击有多严重？从蒂芙尼的销售额变化可见一斑：1930年、1931年、1932年，蒂芙尼的销售额的跌幅分别为45%、37%和45%，几乎年年腰斩。1932年的销售额仅为290万美元——这一年雪上加霜，或许是为了制止"奢靡消费"，美国政府对珠宝产品额外收了10%的税费。

大萧条的十年里，为了控制成本，蒂芙尼被迫连连裁员，勉强将累计亏损控制在100万美元。相比销售额的跌幅，亏损程度还是比较轻微的，这也反映出蒂芙尼经营的高级珠宝生意的利润空间相当可观。

最令人惊奇的是，经历了如此沉重的打击，蒂芙尼依然每年向股东派发股息，更在1940年斥资250万美元，在纽约第五大道上56街和57街的交会处租下一座装饰艺术风格的七层建筑（这也是纽约第一座拥有整体式空调设备的大厦）并全面装修。这是蒂芙尼

查尔斯·刘易斯·蒂芙尼

第六次，也是迄今为止最后一次在纽约搬家，地址就是我们今天熟知的蒂芙尼第五大道旗舰店所在。

是什么给了蒂芙尼公司如此的底气，能在这么艰难的时刻依然大方出手，仿佛箱底下面是"取之不尽的金矿"？答案很简单，因为老蒂芙尼留下的"家底"实在太厚实了，它不是金矿，胜似金矿！

据说，在生命的最后30年，老蒂芙尼一直保持着步行上班的习惯。他从位于莫里山（Murray Hill）的住所出发，身穿笔挺的常礼服，头戴丝质礼帽，穿行曼哈顿下城的23个街区到达位于联合广场的蒂芙尼大厦，风雨无阻，生病也不例外。在亲力亲为掌舵蒂芙尼的65年里，老蒂芙尼精打细算，为公司积累了丰厚的现金储备，让蒂芙尼安然度过两次世界大战和一次经济危机，"挺"到电影《蒂芙尼的早餐》上映。

老蒂芙尼为后世留下的，不仅是从财务层面保障公司正常运转的"真金白银"（现金储备、钻石和宝石库存），更有那些价值连城的"无形财富"，为蒂芙尼的未来发展奠定了坚实的根基。可以说，LVMH 集团给出的相当于千亿元人民币的报价，在很大程度上购买的正是这些"无形财富"。在接下来的一章，我们将从七个不同的横截面去理解老蒂芙尼留下的宝贵财富。

第二章

老蒂芙尼为品牌缔造的七种财富

作为一个奢侈品牌的缔造者，老蒂芙尼起步足够早，成绩足够大，活得也足够长且一直活跃在企业管理的第一线，堪称奢侈品史上最佳"创业样本"。（同样从 20 岁出头一直工作到 87 岁的可可·香奈儿或许可以与之媲美，但她更多的是以设计师的身份出现，作为企业管理者的活跃时间则要短得多。）虽然过去了一个多世纪，但老蒂芙尼留下的七种财富在当下依然具备很强的相关性和参考价值。

第一节　第一种财富：突破式创新造就的标志性元素

在第一次工业革命和第二次工业革命交会的年代，蒂芙尼品牌诞生于纽约，其最大的优势是紧贴"目标用户"——美国的新富阶层。但和奢侈品的"源头"欧洲相比，美国是一片没有多少奢侈品历史和文化积淀的"新大陆",如何在这片土地上打造一个富有梦幻色彩并具备足够的想象空间和成长势能的"奢侈品牌",在蒂芙尼之前完全没有可供参考的范例。

从照片看,老蒂芙尼是一位不苟言笑的"老绅士",似乎永远衣冠楚楚、身板挺直,甚至被一些人用"Stiff(僵硬)"一词来形容。其实,老蒂芙尼的脑海从来没有停止过思考如何一鸣惊人,用当下的话来说,他一直在寻找进行突破式创新的机会和方法——对于品牌来说,日积月累的苦心经营固然非常重要,但唯有突破式创新,才能让品牌真正发出响亮的声音,只有创造出能铭刻在品牌历史上的标志性元素,才能让一代代人听到、看见、记住并口口相传。

让我们来看看老蒂芙尼为蒂芙尼品牌留下了哪些永不磨灭的印记——那些融入蒂芙尼品牌 DNA 的标志性元素。

元素一:蒂芙尼蓝(Tiffany Blue)

蒂芙尼蓝对于蒂芙尼品牌的重要性如何强调也不过分。这种清澈明快的蓝色让人过目不忘,在西方,它因为酷似知更鸟蛋壳的颜色而被称作"知更鸟蛋蓝",又因与勿忘我花瓣的颜色接近而被称作"勿忘我蓝"。不过,对于当今全球各地的时尚消费者,每当看到这样一抹蓝色,他们都会脱口而出:"蒂芙尼蓝!"

其实,除了蒂芙尼出品的产品、包装和其他印刷物上的蓝色外,大家在其他场合见到的"蒂芙尼蓝"都只是蒂芙尼蓝的近似色。最正宗的蒂芙尼蓝在潘通色彩研究所(Pantone Color Institute)的色

TIFFANY & CO.

PANTONE®
1837 C

"1837 Blue" Pantone®

谱里的编号是"1837"（取自蒂芙尼品牌创立的年份），外人是无法通过付费获得使用权的。1998 年，蒂芙尼为蒂芙尼蓝申请了专利，但其准确的色彩成分直到三年后才真正稳定下来——2001 年，潘通色彩研究所与蒂芙尼合作，通过专业的色彩研究，最终精确定义了蒂芙尼蓝，这一颜色仅供蒂芙尼独家使用。

按照潘通色彩研究所的说法，人类 80% 的体验是通过眼睛获得的，视觉暗示对于信息的传递至关重要。与文字、形状相比，一个品牌的标志性色彩最容易抓住人们的注意力，并给人们留下难以磨灭的印象。爱马仕的橙色包装盒、卡地亚的红色首饰盒，都是其品牌资产的重要组成部分。标志性色彩不仅是品牌身份的象征，还能让品牌无形的影响力渗透到更广大的空间。

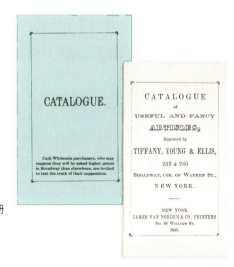

1845 年发行的蒂芙尼邮购目录册

蒂芙尼蓝最早出现在蒂芙尼于 1845 年首次发行的邮购目录册（*Catalogue*）的封面上，那本册子也因此被称作"蓝皮书（Blue Book）"。（蒂芙尼在为纪念品牌创立 180 周年制作的官方宣传资料中称，当今通行的蒂芙尼蓝色调最早是在 1878 年发行的蓝皮书上采用。）不过，和当年包罗万象的邮购目录册不同，今天的蒂芙尼蓝皮书已经成为蒂芙尼推广顶级珠宝的专属阵地。

根据蒂芙尼官方网站的解释，蒂芙尼蓝或许缘起于当时绿松石的流行。绿松石之所以成为热门的珠宝饰品材料，正是由于英国维多利亚女王在 1840 年举办的那场轰动一时的盛大婚礼。婚礼上，每位伴娘都佩戴着一枚别致的胸针——用小粒绿松石镶嵌而成的一只小鸟（有的说是鸽子，有的说是鹰），据说这是新郎阿尔伯特亲王亲手设计的。随后，这款绿松石胸针成为当时英国婚礼的标配。

1845年，老蒂芙尼选定了蒂芙尼蓝为自己的品牌代言，有意无意间，他为蒂芙尼品牌DNA注入了这样两种基调：

> 这是一个"高贵"的品牌，与皇家传统有着千丝万缕的联系，是维多利亚时代的英式优雅在美洲大陆的延续。
>
> 这是一个与"礼物"密切相关的品牌，是"新大陆"的人们为伴侣、朋友、家人和自己送上的"奖赏"，是"美好生活方式"的象征。

如今，蒂芙尼蓝已经渗透蒂芙尼品牌的方方面面，从蓝皮书到通体蒂芙尼蓝的旗舰店，从各种以蒂芙尼蓝为底色的广告图片、视觉素材、手提袋到以蒂芙尼蓝为主题的首饰、钱包甚至宠物食盆。不过，蒂芙尼蓝最重要的化身，一定是那个"蓝盒子（Blue Box）"——首饰盒以及外包装盒，它们作为蒂芙尼品牌DNA中最重要的标志性元素，已经牢牢地印在了人们心中，其受众认知度甚至超过了蒂芙尼出品的绝大多数珠宝产品。

蒂芙尼的蓝盒子究竟是什么时候正式启用的？档案中并没有明确的记载，但蒂芙尼官方网站指出，1886年，蒂芙尼推出标志性的产品"Tiffany® Setting"——六爪镶嵌的订婚钻戒，获得了巨大的成功，承载它的蒂芙尼蓝首饰盒随之一飞冲天，成为万千渴望浪漫与高贵生活的美国人心目中最具象征意义的符号。不过，今天最常见的系着白色缎带的蒂芙尼蓝硬纸板包装盒应该是 1955 年新东家沃尔特·霍温（Walter Hoving）接掌蒂芙尼后才大范围推广的。据说，霍温对细节高度关注，他亲自为蒂芙尼的蓝盒子立下了两条规矩：不得使用（常见于礼品包装的）玻璃纸包装；盒子上系的白色缎带不得打成死结。

关于蒂芙尼的包装盒，流传最广的一段话出自《纽约邮报》（New York Post）于 1907 年刊载的回忆老蒂芙尼的文章："对老蒂芙尼而言，店里有一样东西是花多少钱也买不来的，只送不卖。那就是这个盒子——公司立下了一条铁律，印有公司名字的包装盒永远不能空着离开门店的大楼，除非里面装着从蒂芙尼购买的产品。"可想而知，这条铁律的出台反映出当时人们对蒂芙尼包装盒的渴望甚至超越了里面装着的奢侈品本身，中国充满讽刺意味的成语"买椟还珠"在蒂芙尼这里变成了一种可以理解的现象。

The Tiffany Blue Box®

元素二：六爪镶嵌钻戒（Tiffany® Setting）

如果说，1848 年蒂芙尼获得"钻石之王"的美誉还只是因为创业伙伴约翰远赴法国巴黎搜集的宝藏（我们将在后文详述究竟），那么 18 年后的 1886 年，当蒂芙尼推出原创设计的"Tiffany® Setting"六爪镶嵌钻戒，就真正奠定了自己在世界珠宝版图上举足轻重的地位。

欧洲传统的钻石戒指多采用包镶，钻石的大部分会陷在戒圈里。老蒂芙尼觉得这种镶嵌方式无法完整呈现钻石的高贵特质。蒂芙尼发明的六爪镶嵌法是用六只铂金爪将钻石高举在戒托之上，让光线可以更完美地穿过钻石，钻石通过光的折射呈现出璀璨夺目的视觉效果。

这款貌似并不复杂的设计让蒂芙尼成为订婚钻戒这个细分领域的霸主，130 多年后依然如此——蒂芙尼截至 2020 年 1 月 31 日的年度报告显示，以订婚钻戒为核心的订婚和婚礼类珠宝为蒂芙尼贡献了 26% 的销售额（蒂芙尼的全球销售额为 44.24 亿美元）。

如今人人都在讲"爆款产品"对于企业树立品牌的重要性，蒂芙尼可谓这方面的先驱，可以与之相提并论的包括路易威登的老花帆布包、爱马仕的 Birkin 包（铂金包）、香奈儿的 5 号香水等。每一个可以流传久远的"爆款产品"背后，都有深厚的"产品功力"，与对消费者心理的敏锐洞察紧密相连，这种洞察越深刻，"爆款产品"的生命力就越持久。蒂芙尼六爪镶嵌钻戒的诞生并非偶然，其源于蒂芙尼在珠宝设计、生产与销售方面近 40 年（1848—1886 年）

Tiffany® Setting 钻戒

的积累及对"镀金时代"[1]美国消费者心理的准确把握——用小小一枚订婚戒指上光芒四射的钻石宣告自己是所谓的"人生赢家"。

元素三：蒂芙尼黄钻（The Tiffany Diamond）

1878 年，在自学成才的年轻宝石学家乔治·费雷德里克·坤斯（George Frederick Kunz）的指点下，蒂芙尼斥资 1.8 万美元（约等于 2021 年的 47 万美元）收购了 1877 年从南非金伯利矿山发掘的全球最大最精美的艳黄色钻石之一，原石重达 287.42 克拉。

不过，最让人瞠目结舌的并不是这颗钻石本身的大小，而是坤斯在深思熟虑一年后为蒂芙尼做出的一个"颠覆性"决定——为了获得最好的视觉效果，这块原石在巴黎切磨的过程中被削去了

1　镀金时代：Gilded Age，指 1870—1900 年美国西部和北部地区经济爆发式增长的时期，美国熟练工人的工资水平赶超超欧洲大陆，吸引了数百万新移民蜂拥而至。依托铁路、钢铁等新兴工业的蓬勃发展，美国的财富快速向少数人聚集。

The Tiffany Diamond

55.3% 的重量，切割出一颗重 128.54 克拉、拥有 82 个切面（比当时业内通行的 58 面钻石切割法多出了 24 个切面）的枕形钻石。在层次丰富的光线折射下，仿佛有一团烈焰在钻石中心跳跃。这颗传奇的钻石被简单直接地命名为"The Tiffany Diamond"，在今后的岁月里，它是蒂芙尼钻石工艺最形象的代言，永恒的"镇店之宝"。

在电影《蒂芙尼的早餐》摄于蒂芙尼第五大道旗舰店内的一幕里，男女主角走进门店，霍莉第一眼盯上的就是柜台正中摆放的一条光芒四射的钻石项链。它就是蒂芙尼传奇设计师让·斯伦贝格尔（Jean Schlumberger）为这颗蒂芙尼黄钻量身设计的首饰，环绕黄钻的是用铂金和白钻"编织"的奢华"缎带"。

这颗黄钻在蒂芙尼是非卖品，在过去的 140 多年里，仅有五人有幸佩戴过镶嵌了它的项链，她们是：

——E. 谢尔顿·怀特豪斯（E. Sheldon Whitehouse）夫人：1957 年，她在罗得岛举办的蒂芙尼舞会上赢得了大奖，有幸成为第一个佩戴者。

——奥黛丽·赫本：如前文所述，她是在为《蒂芙尼的早餐》拍摄宣传照片时佩戴的。

——Lady Gaga：2019 年 2 月，蒂芙尼将重新镶嵌过的蒂芙尼黄钻项链借给 Lady Gaga 出席第 91 届奥斯卡颁奖典礼。

——碧昂斯·吉赛尔·诺斯（Beyoncé Giselle Knowles）：2021 年 8 月，蒂芙尼发布了由碧昂斯和她的丈夫、著名说唱歌手 Jay-Z 共同演绎的广告大片《关于爱》（About Love），碧昂斯在片中佩戴了镶嵌这颗黄钻的项链。

——盖尔·加朵（Gal Gadot）：她在 2021 年秋季上映的经典影片《尼罗河上的惨案》（Death on the Nile）的翻拍版中扮演女主角，她在影片中也佩戴了这条项链。

蒂芙尼黄钻诞生的背后，是老蒂芙尼对珠宝行业的前瞻性的敏锐洞察——钻石本身的量级固然能够博得人们的眼球，但真正能超越时代、打动人心的，不是钻石的物理属性，而是其美学属性，为了实现极致的美，牺牲钻石的重量也在所不惜。

元素四：925 标准纯银

大多数奢侈品牌都会提供一些入门级产品，让买不起核心"高奢"产品的年轻人和普通中产阶级也可以与品牌建立联系，比如香奈儿的 5 号香水、普拉达的尼龙包、卡地亚的 K 金戒指，以及蒂芙尼的 925 标准纯银系列产品。

不过，标准纯银系列之于蒂芙尼的意义，无论是从销售额占比看，还是从品牌的历史沿革看，都远非入门级产品线那么简单。银制品已经融入蒂芙尼的品牌 DNA，是品牌核心竞争力不可或缺的组成部分。

2017 年起，随着曾在意大利顶级珠宝品牌宝格丽工作过 16 年的首席执行官、意大利人亚历山德罗·博廖洛（Alessandro Bogliolo）走马上任，蒂芙尼开始抹去所有不符合"奢侈品"定位的痕迹。从蒂芙尼 2017 年的年度报告就可以发现这种转变：原本分别报告业绩数据的四大业务线改为三大业务线，除了继续保留的"订婚珠宝和婚戒（engagement jewelry & wedding bands）"[调整后更名为订婚类珠宝（engagement jewelry）] 和"设计师珠宝（designer jewelry）"外，"高级、精致和顶级珠宝（high, fine & solitaire jewelry）"和"时尚珠宝（fashion jewelry）"被合并为"珠宝系列（ jewelry collections）"。报告中不再出现"时尚珠宝"这个与"奢侈品"不符的名词，取而代之的是"主题珠宝（named jewelry）"，意指拥有独立名称的珠宝系列，其中最为知名的系列有：

Tiffany Paper Flowers®,

Tiffany Victoria®,

Tiffany Soleste®,

Tiffany Keys,

Tiffany T,

Tiffany HardWear,

Return to Tiffany®。

这些系列采用的主材质都是 925 标准纯银（925/1000），也会使用黄金及少量碎钻和宝石。

这个悄无声息的变化意味着，蒂芙尼的传统强项——价位相对偏低的银制首饰和家居精品，不再被视为高级珠宝之外的低端产品，而是彰显品牌独有风格和设计元素的个性化产品。

从最后一次分开报告"高级、精致和顶级珠宝"和"时尚珠宝"的蒂芙尼 2016 年度报告可以看到：

"时尚珠宝"（即后来的"主题珠宝"）的主要材质为 925 标准纯银和黄金，2014 年、2015 年和 2016 年，这个品类下产品的平均单价为 310 美元、335 美元和 350 美元，价格呈逐年上升趋势；而以铂金和钻石、其他宝石为主要材质的"高级、精致和顶级珠宝"，同期的平均单价为 3 800 美元、3 500 美元和 3 400 美元，价格呈逐年下降趋势。

2014 年到 2016 年，主打银和金的"时尚珠宝"是蒂芙尼全球销售额最大的贡献者，占比分别为 32%、33% 和 33%，稳定地占据了蒂芙尼销售额 1/3 的江山；同期"高级、精致和顶级珠宝"的销售占比分别为 21%、21% 和 20%，为蒂芙尼贡献了 1/5 的销售额，位列第三。

按销售额排列，蒂芙尼的第二大品类是"订婚珠宝和婚戒"，2016 年为蒂芙尼贡献了 28% 的销售额；第四大品类是"设计师珠宝"，蒂芙尼拥有三大独家签约设计师，艾尔莎·佩雷蒂（Elsa Peretti）、帕洛玛·毕加索（Paloma Picasso）、让·斯伦贝格尔。（关于这三大设计师对蒂芙尼的贡献，将在后文作详细介绍）

根据蒂芙尼 2016 年财务报告提供的数据，银金珠宝的单价为高级珠宝售价的 1/10 左右，但其为蒂芙尼贡献的销售额是后者的 1.65 倍，这意味着蒂芙尼出售的"低价位"银金珠宝的销售量是高级珠宝的 16.5 倍，是各品类中最高的。换句话说，大多数蒂芙尼顾客都是通过这些入门级产品与蒂芙尼发生联系，其中很大一部分顾客是年轻消费者。

根据 Similarweb 的数据显示，蒂芙尼官方网站在 2019 年的电脑端浏览量高达 650 万人次，在全球知名高级珠宝品牌中遥遥领先，这也从一个侧面反映出蒂芙尼对互联网原生代的吸引力——而这种吸引力最主要的商品媒介就是这些入门级的银金珠宝，特别是 925 标准纯银系列产品。

虽然从 20 世纪中叶以后，使用 925 标准纯银制作的珠宝更多地被视为蒂芙尼的入门级产品，但回顾历史我们会发现，"925 标准纯银"代表着蒂芙尼在全球珠宝领域占据重要位置的一个里程碑，蒂芙尼在银制品方面的深厚积淀已经融入品牌 DNA 之中。

1847 年，蒂芙尼开始涉足银制品行业。起初，蒂芙尼主要依赖松散合作的几家银匠工坊，将设计和生产外包出去。1851 年，蒂芙尼与纽约最出色的银匠约翰·C. 摩尔（John C. Moore）达成独家合作，开启了蒂芙尼辉煌的银制品大业，仅仅过了四年，1855 年蒂芙尼就取代竞争对手"博尔，布莱克"合伙公司（Ball, Black & Company）成为纽约领先的银制品制造商。1868 年，摩尔父子的公司正式与蒂芙尼合并。

925 标准纯银就是用 92.5% 的银和 7.5% 其他基础金属混合制

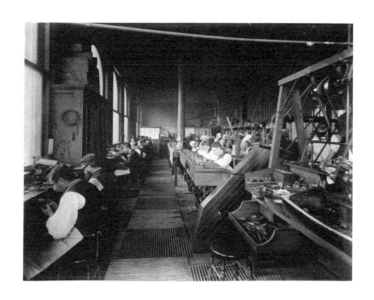

19 世纪末的蒂芙尼银器工坊

爱德华·C.摩尔的塑像

成的高纯度银。925纯银克服了100%纯银质地过软、容易划伤和被氧化等问题，具备更理想的硬度、亮度和抗氧化性，更适合用来镶嵌宝石、制作精美首饰。

在约翰·C.摩尔和他的儿子爱德华·C.摩尔（Edward C.Moore）的带领下，蒂芙尼率先在美国参照英国的纯银标准生产925标准纯银制品。在此之前，美国市场上流通的银制品大多采用从西班牙和墨西哥旧银币中提炼出来的原材料，其含银量很不稳定。蒂芙尼彻底改变了美国银制品行业的混乱局面，其推行的925/1000纯度最终被采纳为美国国家纯银标准。

19世纪下半叶，随着美国财富的快速积累，银质器皿的市场需求量持续攀升，而美国西部发现的大储量银矿更助长了这股风潮。蒂芙尼生产的富丽堂皇的装饰性银制品和银质餐具成为"镀金时代"富裕家庭追求更高生活品质的重要象征。

蒂芙尼的银器工坊最早设在美国新泽西州，后来转移到罗得岛的福里斯特山（Forest Hill）。如今，在这里工作的银匠数量在美国首屈一指，他们被称为"蒂芙尼匠人（Tiffany Maker）"。

爱德华·C.摩尔管理蒂芙尼银器工坊和珠宝设计团队达40年之久。他不仅是一位能工巧匠，还是一位充满好奇心的旅行家和收藏家。他频繁在世界各地旅行，热衷于探索异域文化，日积月累地打造出一个藏品丰富的设计图书馆，馆内有包含建筑、园艺和金属制品等不同设计主题的珍贵书籍，还收藏了大量来自世界各地的珍贵器物如漆器、玻璃制品、瓷砖、纺织品、瓷器等。正是这些珍贵的文献和实物藏品为美国本土第一个设计学校——蒂芙尼学校（The Tiffany School）的创立奠定了基础，这所学校源源不断地为蒂芙尼输送珠宝制作工匠和设计人才。爱德华·C.摩尔鼓励蒂芙尼学校的学生去户外写生，在大自然里寻求珠宝设计的灵感，从而诞生了一系列以花卉、昆虫和其他动物为主题的珠宝设计杰作。

19世纪下半叶，在爱德华·C.摩尔的领导下，蒂芙尼在银器领域取得了举世瞩目的成就，让蒂芙尼品牌的名声远扬欧洲乃至全世界。

1867年，蒂芙尼的银器作品在第二届巴黎万国博览会上获得铜奖，这是美国展商第一次获得该类别的奖项。随后蒂芙尼又多次参加万国博览会，凭借自己在银器和其他高级珠宝方面的原创设计和高超工艺，屡屡斩获更高级别的奖项。1878 年，蒂芙尼送展的一尊银质花瓶为其第一次赢得了巴黎万国博览会的最高奖项。这件工艺繁复的作品借鉴了日本传统金银镶嵌技术，据当时巴黎的一位记者报道，展会上的日本商家对此赞赏有加，向蒂芙尼订购了这件展品的复制品，万里迢迢将其运到日本的博物馆。

1876 年，蒂芙尼的一件银铜器皿被波士顿美术博物馆接纳为永久藏品。从那以后，蒂芙尼的经典作品陆续被伦敦大英博物馆、纽约大都会艺术博物馆、巴黎奥赛博物馆、华盛顿史密森尼美国艺术博物馆，以及休斯敦、洛杉矶、芝加哥、费城等美国主要城市的博物馆永久收藏，这些作品成为世界银器艺术发展史上的重要代表作品。

蒂芙尼还几乎包揽了美国重要体育赛事的银质奖杯。在美国经济腾飞的 19 世纪 70 年代，始自古希腊的一项传统——为竞技性体育比赛的优胜者颁发银质奖杯，重新在美国流行起来。老蒂芙尼及时抓住了这个彰显品牌价值的重要机会窗口，一马当先承揽了各类重要奖杯的设计和制作工作。如今，蒂芙尼在罗得岛的银器工坊每年要用古法锻造 65 种体育赛事的冠军奖杯，其中最知名的要数美国职业橄榄球大联盟、美国职业棒球大联盟和美国职业高尔夫球巡回赛的冠军奖杯，以及横跨篮球、足球、网球、滑冰、赛跑、赛马、划船等不同类型赛事的奖杯，在这些奖杯上都刻着"T & CO MAKERS"的字样和一个"T"形的锤子标识。

这些来自国际性博览会、博物馆、体育盛会的背书，奠定并不断强化了蒂芙尼品牌在银制品方面的世界级权威地位。

随着时间的推移，这些繁复精美、堪称艺术品的银盘、银罐等逐渐退出了历史舞台，目前已经很难在世界各地的蒂芙尼门店里找到，但蒂芙尼在 19 世纪下半叶和 20 世纪初积累的强大的银制品生产和设计资源以及丰富的设计档案，为其后来持续推出大众喜闻乐见的银饰和生活方式类产品打下了厚实的基础。

基于这种特殊的历史背景，以 925 标准纯银为主力的亲民价珠宝产品一直在蒂芙尼的版图中占据重要位置——如今，出自蒂芙尼银器工坊的所有作品都会打上"AG925"的标记，它不仅指代标准纯银成分，更是蒂芙尼银器高品质和专业工艺的表现。作为一般意义上的入门级产品，925 标准纯银珠宝产品在蒂芙尼的比重大大超过其他知名奢侈珠宝品牌的银制品比重，且品种异常丰富。除了上面提到的"主题珠宝"项下多个经典款式和新推出的主题银饰系列外，还有五花八门的"小东西"，售价都在几百美元：钥匙扣、相框、袖扣、书签、名片盒、圆珠笔、肥皂盒、尺子、托盘、口琴、铃铛、饮料吸管、高尔夫球钉，还有专供婴儿使用的勺子、杯子等——颇有"万物皆可蒂芙尼银"的架势。这些别致奇趣的小型银制品，搭配骨瓷、玻璃制品，以及蒂芙尼蓝的珐琅和纸制品，在高级珠宝之外，构成了一个独特的蒂芙尼"小世界"——让蒂芙尼和许多本不属于奢侈品世界的大众用户发生了特别的联系。

这种"亲民"属性的缘起，最早可以追溯至蒂芙尼创办之时。老蒂芙尼凭借自己独到的品味和掘地三尺的"淘货"能力，让蒂芙尼成为一家汇聚各国别致玩意儿的"生活方式买手店"。此后，蒂芙尼转型为主打顶级钻石珠宝和贵重银器的奢侈品牌。在美国经济大萧条和两次世界大战期间，为了抵御奢侈品消费急剧下滑之势，蒂芙尼重回本源，开发了大量价格亲民的精巧生活用品。这一点可以清晰地从《蒂芙尼的早餐》中那个经典的购物场景看到：当霍莉询问店员有没有 10 美元以内的东西可买时，店员踌躇半天，居然真的摸索出一样东西——一根标价 6.75 美元的纯银拨号棒，据说是专为淑女打电话设计的（那个年代的老式电话机都是需要用手指转动拨号盘的）。

不过，蒂芙尼如此广泛且价差巨大的产品组合，一直让某些行业专家和金融分析师皱眉。他们认为，如果一家奢侈品牌的知名度是建立在低价位产品上的，那么该品牌的奢侈品属性就会大打折扣，损害品牌在高端消费者心目中的奢侈品定位，并最终影响其品牌价值，削弱其高价位产品的定价能力。但这些"大而化之"的奢侈品理论未必适合蒂芙尼这个独一无二的美国奢侈品牌。在美国那片幅员辽阔的"新世界"里，大多数人对于"品牌"有一种不同于欧洲那个"旧世界"的朴素期待——人们希望奢侈品牌能与自己的日常生活产生真实的联系，而非一味高高在上，这种联系往往基于特定的场景——婚礼、生日、毕业及其他各种需要用"礼物"去庆祝的时刻。不仅是巨富阶层，大量中产阶级和平民百姓也有这样的"场景需求"，甚至更加"迫切"。这就为蒂芙尼这种成长于本土的奢侈品牌提供了一个虽然不那么"奢侈"，但更为广阔的市场空间，而 925 标准纯银系列产品恰恰是填补这个市场空间的最佳载体。伴随蒂芙尼的成长,"925 纯银"对于蒂芙尼的意义已经超越了单纯的"品类"属性,而是从品牌 DNA 中自然生长出来的一个重要元素,是这个品牌的"内容版图"中不可缺少的一块。

在此后一个多世纪的发展历程中,如何平衡银饰的大众化定位与蒂芙尼钻饰和高级珠宝的奢侈品定位,将成为蒂芙尼品牌要小心面对的核心课题之一。

元素五:纽约旗舰店

即便在时尚电商高速增长的当下,品牌的线下门店依然是树立形象、联系用户、实现高客单销售的最重要的"堡垒",对奢侈品牌来说尤为如此。特别是近年,奢侈品牌旗舰店的重要性越来越大,各大品牌都不惜重金延请顶级设计师,用昂贵的材料在黄金铺位构建自己的"宫殿"。

在这方面,蒂芙尼堪称业内先驱。老蒂芙尼相信伟大的门店建筑能传递品牌的永恒和神圣属性,一贯节俭的他从不吝惜在门店上投入重金。1853 年,蒂芙尼门店第三次搬家,落户纽约百老汇大道 550 号,在这里建造了一座五层楼的哥特式建筑——自此之后,蒂芙尼的纽约旗舰店都是其自行设计和建造的。这时,老蒂芙尼已开始思考门店建筑之于品牌建设与传播的重要意义。他认为,蒂芙尼需要一个标志物、一个"图腾",它赋予品牌高于商品的含义,可供世人仰望与膜拜。为此,他邀请朋友亨利·F. 梅茨勒(Henry F. Metzler)为蒂芙尼设计了一尊 2.74 米高的阿特拉斯(Atlas)雕像。

这座雕像是用杉木制作的，但表面被漆成铜绿色，模仿历经风吹雨打的青铜器效果。阿特拉斯是希腊神话中的大力神，因为参与反叛宙斯而被罚用肩膀撑起整个世界，不过蒂芙尼的这尊"大力神"肩负的不是世界，而是一座巨大的时钟。这尊雕像至今仍耸立在蒂芙尼纽约第五大道旗舰店的入口处，作为这座"圣殿"的守护者。

1870年，蒂芙尼第四次搬家，来到了纽约联合广场西侧，靠近15街的地方——这是一个住宅街区，蒂芙尼买下了这里的一座老教堂，将教堂推倒后重新设计建造了一座现代化的五层大楼，开启这个街区第一家大型商店。这座大楼采用当时少见的铸铁结构，是纽约最早具备防火性能的建筑之一，其中的电梯、厕所、保管箱都是当时最先进的。这里也是老蒂芙尼工作最久的地方，他在这里一直工作到1902年去世。

1905年，蒂芙尼第五次搬家。在纽约第五大道401号和37街的交会处，斥资200万美元购买地皮（创下当时纽约最高地价纪录，200万美元约等于2021年的6 000万美元），又耗资60万美元进行建设。据说门店建筑的设计风格仿效文艺复兴时期威尼斯的格里马尼宫。1978年，这座建筑被认证为美国国家历史地标。

1940年，第二次世界大战的硝烟在欧亚大陆蔓延，不过这并不能阻挡蒂芙尼纽约旗舰店第六次，也是最后一次搬迁到它的永久地址。这家店也就是今天我们熟知的蒂芙尼第五大道旗舰店——位于第五大道727号，56街与57街的交会处，它的隔壁就是在纽约声名赫赫的奢侈品百货公司邦维特·特勒（Bonwit Teller）[这里后来变成了特朗普大厦（Trump Tower）]。旗舰店大楼最初为七层，零售面积约为 45 500 平方英尺（1 平方英尺 ≈0.093 平方米），由建筑设计所 Cross & Cross 设计，建筑造价高达 2 484 079.09 美元，约等于 2021 年的 4 600 万美元。

现在，这家旗舰店可能是全球最著名的珠宝商店，是纽约的打卡胜地。它不仅每年为蒂芙尼带来数亿美元的销售额，更吸引了来自世界各地的络绎不绝的人流前来一睹这座传说中的珠宝殿堂的风采——线条简洁的外立面由石灰石、花岗岩和大理石构成；轩敞的长条窗户垂直排列；在门店入口处的上方，从老店搬来的"大力神"雕像背负大钟俯视着第五大道；一楼的销售大厅是当年第五大道上最大的"无柱"零售空间。

对蒂芙尼来说，第五大道旗舰店的意义是多重的：它是为蒂芙尼创造最高收入的单一门店；它也是蒂芙尼最重要的符号之一，从某种意义上已经融入品牌 DNA；它更是讲述品牌故事、展示品牌形象、呈现商品广度和深度的重要窗口；作为纽约第五大道商业地位的缔造者之一，它也是蒂芙尼与纽约这座城市紧密相连的纽带。

当然，蒂芙尼第五大道旗舰店本身作为房地产，也是蒂芙尼的重要资产之一，曾经在蒂芙尼获得关键投资的历史节点起过举足轻重的作用。通过回顾这家门店所有权一波三折的变动过程，我们可以更深入地理解这一点。

或许是因为刚刚从 20 世纪 30 年代的大萧条中缓过劲来，1940 年，蒂芙尼刚刚入驻这里的时候，并不拥有这座大楼的所有权，

位于纽约第五大道的
蒂芙尼旗舰店

1963年在蒂芙尼的新东家霍温的主导下，蒂芙尼才以280万美元（约等于2021年的2 400万美元）的价格将其收归己有。也是在这一年，蒂芙尼第一次走到了纽约之外的地区，在美国西部和中部的主要城市铺设了门店网络。

在霍温的领导下，蒂芙尼在20世纪60—70年代迎来了新的发展高潮。1978年11月，就在蒂芙尼被美妆巨头雅芳集团（Avon）收购前夕，第五大道的蒂芙尼大楼开始了一项"加盖"工程——在原来的七层建筑之上又增加了三层，以缓解办公空间的拥挤状况。（该项目于1980年正式完工）

也是在1978年这一年，81岁的霍温与年仅32岁的地产大亨特朗普（即后来的第45任美国总统）达成一笔奇特的交易：彼时特朗普正摩拳擦掌，要在纽约地产界大展身手。他收购了濒临破产的美国高档百货公司邦维特·特勒，准备将其在第五大道的旗舰店推倒，盖起一座58层的摩天大楼，并以自己的名字命名为"特朗普大厦"。紧挨着它的就是赫赫有名的蒂芙尼旗舰店。这里有一个小问题：假如以后有人买下蒂芙尼的门店如法炮制，在原地盖起一座比特朗普大厦更高的建筑，怎么办呢？特朗普绝对不希望有人抢了他的风头，他决定防患于未然，花钱解决掉这个问题。为此，他找到蒂芙尼的老掌门人霍温软磨硬泡，最终以500万美元拿下了蒂芙尼旗舰店顶上的空域权——也就是说，以后没有特朗普同意，任何人休想在蒂芙尼大楼顶上"做文章"！（这个空域权应该不包括蒂芙尼当时正在加盖的三层楼，否则蒂芙尼要反过来向特朗普交"买路钱"。）

五年后，雅芳集团再度将蒂芙尼挂牌出售（具体原因我们将在本书上篇第三章详述）。由于蒂芙尼过去几年的销售增长乏力、利润微薄，一些金融分析师认为，蒂芙尼这家公司最值钱的就是其库存的珍稀钻石(比如前文提到的蒂芙尼黄钻)和第五大道旗舰店——当时在蒂芙尼的账面上，这座十层楼的大厦被计为600万美元，但其实际市场价值高达4 500万美元。

1984年，蒂芙尼被雅芳集团以1.355亿美元出售给由威廉·R.钱尼（William R.Chaney）领衔的财团（钱尼是雅芳集团的高管，时任蒂芙尼董事会主席），随后，蒂芙尼第五大道旗舰店的土地和建筑物被一并出售给美国得克萨斯州的一家投资集团，售价高达6 650万美元，蒂芙尼又变成了这座大厦的租户。

20世纪80年代中期，正值美国房地产泡沫加速膨胀的疯狂时期。日元大幅升值，包括纽约洛克菲勒中心在内的一大批美国标志性建筑被日本投资者高价收入囊中。位于纽约曼哈顿黄金地段的蒂芙尼大楼也不例外，1985年它被卖给了日本第一房地产集团（Daiichi），此时的价签已经上升到9 435万美元，一年就升值了42%。不过，尽管房价飞涨，但新房东一直未能将蒂芙尼在此地的租金提高。

20世纪90年代，随着日本陷入经济衰退，美国房地产泡沫也随之破灭。与此同时，蒂芙尼却在钱尼的领导下蒸蒸日上，资金实力日渐雄厚，终于在1999年从日本第一房地产集团手中买回了蒂芙尼大楼的整体产权，交易价格为9 400万美元，和14年前日本第一房地产集团购买它时的出价几乎一样。

2019年，蒂芙尼第五大道旗舰店进行了80年来第一次全面整修，工程预计在2022年完工（后因新冠肺炎疫情推迟了工期）。除了内部装修和动线设计的全面升级外，最大的改动是针对1980年加盖完工的第8~10层——这里将被改造为一个轩敞的展览、活动和接待空间，并从外观上与原来的七层建筑更加和谐统一。改造期间，蒂芙尼的临时门店——这里原来是一家运动品牌的主力店，在附近的第六大道和57街相交处照常经营。

除了纽约第五大道旗舰店外，蒂芙尼一度拥有伦敦和东京的旗舰店的房地产所有权，其中，伦敦店的面积为 15.2 万平方英尺，耗资 4 300 万美元；东京店的面积为 6.1 万平方英尺，耗资 1.4 亿美元。2007 年，这两处房地产都被蒂芙尼出售并回租。

第二节　第二种财富：与目标客群的紧密联系

奢侈品行业固有的高客单价限制了其目标客群的规模。如何正确定位，吸引并留住高收入的奢侈品顾客，是奢侈品牌最大的难题，现在如此，200 年前也是如此。

奢侈品牌开店一向谨慎，一方面是为了在大众心目中营造稀缺性，一方面也是因为奢侈品牌的门店在设计、装修、运营和备货等方面需要付出非常高的成本。门店只有精准吸引具备相当大的购买力和明确购买意愿的高端客群，才能实现正向的经济效益，即便为此付出高昂的租金，奢侈品牌也在所不惜。

老蒂芙尼早年为父亲打理康涅狄格州乡下的商店时，深刻体会到"客群"的重要性。如果只靠住在当地的乡亲，这家店很难赚到钱。他父亲在附近兴办水利工程、建设纺织厂，招募了大量工人，恰好为商店补充了重要客源。这让老蒂芙尼认定了一个道理——顾客在哪里，门店就应该在哪里；能否与顾客建立长期的信任，是生意成败的关键——这种信任的建立往往来自店主努力展现的个人品行：诚实、勤勉、节俭、自信。

因此，老蒂芙尼在创业之初就想方设法把第一家店开在纽约的繁华地段。1837 年，纽约热门商业区的门店一年租金至少要 3 000 美元，而老蒂芙尼和创业伙伴的原始资本总共只有 1 000 美元。两个年轻人一筹莫展，差点放弃。幸运的是，他们终于在百老汇大道 259 号、纽约市政厅对面找到了一座四层的老式小楼。这里并非热门的商业区，但隔壁一家纺织品店生意兴隆，正准备北迁扩店，这说明这里的客流和客群购买力是可观的。隔壁还有一家女装裁缝店，这意味会有不少具备一定经济实力的女顾客路过。更重要的是，这里的年租金只要 600 美元！

和许多奢侈品牌的老店一直留在原地不同，在老蒂芙尼掌舵的 65 年间，随着纽约城市中心不断北移，蒂芙尼老店在纽约曼哈顿岛搬了四次家，他过世后，蒂芙尼老店又两次搬迁。以下是蒂芙尼老店的变迁图：

1837 年，百老汇大道 259 号，与沃伦街的交会处，市政厅对面。该店在 1841 年后沿百老汇大道 259 号扩张；1846 年，顺应纽约的"上城运动"，蒂芙尼曾短暂地在百老汇大道 760 号的 8 街和 9 街之间开出一家分店，1847 年该分店并入新店。

1847 年，百老汇大道 271 号，豪华酒店 Irving House Hotel 对面，住在这里的多是到访纽约的富有旅客，为蒂芙尼吸引纽约外的新客提供了便利。

1853 年，百老汇大道 550 号。

1870 年，联合广场西侧，靠近 15 街。

1905 年，第五大道 401 号和 37 街的交会处。此次搬迁，

纽约曼哈顿岛

第五大道
727号   1940年

1905年

第五大道
401号

联合广场
西侧   1870年

1853年

百老汇大道
259号/271号/
550号

1847年

1837年   沃伦街

标志着纽约的核心购物区从百老汇大道转移到第五大道。

1940 年，第五大道 727 号，56 街与 57 街的交会处，隔壁就是当时纽约最时髦的高档百货公司邦维特·特勒。（这个选址为蒂芙尼日后的命运埋下了重要伏笔）

蒂芙尼门店一路从曼哈顿"下城"向"上城"搬迁，选址也最大程度地接近具备高端消费力的客流。每一次搬迁，蒂芙尼不仅重视选址，还会在建筑设计和内外装饰上投入重金，并邀请著名建筑设计师操刀。对于早年的蒂芙尼，仅有的这家纽约老店除了销售产品和进行广告宣传，更像是一个社群聚集地（好比20世纪90年代纽约滑板文化的大本营，街头潮牌Supreme的老店）。蒂芙尼老店聚集的是美国"镀金时代"涌现的本地显贵和名媛，他们涌向蒂芙尼，寻找"图腾"来彰显自己新获得的财富和地位。他们不只是现代意义上的VIP，更是达成特定共识的同道中人——那个共识就是，蒂芙尼为"美国品位"提供了安心的、顶级的保障。

当时，蒂芙尼可以说是美国本土唯一一个享有世界声誉的奢侈品牌（这个地位至今也没有发生太大变化）。同时，蒂芙尼和纽约——这个在19世纪下半叶到20世纪上半叶唯一能抗衡巴黎、伦敦的美国大都市，有着极其深厚的渊源。

当达官显贵、名媛雅士从美国各地来到纽约，如果他们希望用一件奢侈品犒赏自己或者送出一份"绝不会出错"的厚礼，蒂芙尼的产品可以说是不二之选。相比之下，在欧洲，人们购买奢侈品有更多的选择，也有更个性化的偏好，任何一家奢侈品牌都很难获得蒂芙尼在美国享受的这种"万千宠爱集于一身"的特权。如果从蒂芙尼180多年的历史里拉出一个VIP清单，真的可以"闪瞎"我们的眼睛。

从美国第16任总统亚伯拉罕·林肯起，多位美国总统曾经亲赴蒂芙尼门店购买珠宝首饰或收到别人馈赠的蒂芙尼礼物。其中最具标志性的要数林肯在首次就任美国总统后为夫人购买的一套蒂芙尼珍珠首饰。根据《珠光宝气蒂芙尼》（*Bejewelled by Tiffany*）一书基于 2019 年 4 月 30 日举办的蒂芙尼档案资料展览的记载，蒂芙尼的内部资料显示，林肯在 1862 年 4 月 28 日这一天购买了一套六件的小粒珍珠首饰中的三件——售价 180 美元的项链和售价 350 美元的一副手镯，合计 530 美元。这套完整的首饰原本包括一条项链、一副手镯、一枚胸针和一副耳环，总价 1 000 美元。而林肯夫人被广为流传的几幅照片显示，她佩戴的首饰除了上面提到的项链和手镯，还包括配套的耳环和胸针——我们不由得浮想联翩，或许是蒂芙尼将这套珍珠首饰中的其余几件出借给林肯夫人拍摄形象照？或许是因为林肯夫人太爱这套首饰，在她的软磨硬泡之下，林肯不得不再度光临蒂芙尼为夫人凑齐了一整套？（在 1861 年林肯就任美国总统前，其从事律师工作挣下的总身家大约为 1.5 万美元，他就任总统后的年薪则高达 2.5 万美元。）

美国第 32 任总统，也是美国历史上首位连任四届的总统，富兰克林·罗斯福在 1904 年从蒂芙尼购买了订婚戒指。1945 年第二次世界大战临近尾声时，罗斯福总统又收到女婿约翰·博廷格（John Boettinger）赠送的一块蒂芙尼腕表。戴着这块表，罗斯福出席了著名的雅尔塔会议，与斯大林、丘吉尔留下了珍贵的合影。

此外，伍德罗·威尔逊、西奥多·罗斯福、德怀特·艾森豪威尔、哈里·杜鲁门、林登·约翰逊、罗纳德·里根等美国总统都曾亲自购买或收到过蒂芙尼礼物。据说在 1955 年，美国第 34 任总统

罗斯福在雅尔塔会议上
佩戴的蒂芙尼手表

德怀特·艾森豪威尔向当时的蒂芙尼总裁威廉·蒂芙尼·拉斯克
（William Tiffany Lusk，老蒂芙尼的曾孙）询问美国总统是否能享受
特别折扣，得到的回答是："Well, Abraham Lincoln didn't.（嗯，林
肯总统并没有得到过。）"尽管碰了软钉子，艾森豪威尔还是多次成
为蒂芙尼的回头客。

19 世纪下半叶到 20 世纪初，蒂芙尼由于在巴黎万国博览会上
屡获大奖，加之经常往来于美国和欧洲各国采办珍稀宝石，并在巴
黎和伦敦开办了分店，逐渐积累了国际声誉，得到了来自多国皇室
的顶流客户的青睐。在那个年代，珍珠首饰在欧洲非常盛行，价位
也是各类首饰中最高的。蒂芙尼在位于纽约附近新泽西州的槽口溪
（Notch Brook）开发了珍贵的淡水珍珠资源，在珍珠首饰这个领域
占有了特殊优势。法国末代皇帝拿破仑三世（Napoléon Ⅲ）就在

1860 年为他酷爱珍珠的皇后欧仁妮（Eugénie de Montijo）购买了蒂芙尼出品的一颗重达 0.25 盎司（约合 7 克，1 盎司 ≈28.35 克）的稀有珍珠。

欧仁妮出生在西班牙，有着 1/4 的美国血统，以美貌和时尚著称于世，堪称 19 世纪下半叶世界最著名的时尚偶像。她的珠宝收藏极大地启发了蒂芙尼的高级珠宝创作，而她本人也是蒂芙尼最珍视的 VIP 客户之一。欧仁妮是法国历史上最后一位皇后，她的一部分珠宝收藏后来在 1887 年的法国皇室珠宝大拍卖中被蒂芙尼收入囊中。

欧仁妮肖像，弗朗兹·克萨韦尔·温特哈尔特（Franz Xaver Winterhalter）绘制，1853 年

不过，这些海外的王公贵族更多的是为蒂芙尼的世界影响力做了注脚，蒂芙尼真正的金主还是美国本土的"新富阶层"。

美国"镀金时代"的标志性人物、绰号"钻石"的吉姆·布雷迪（Jim Brady）靠经营铁路设备发家，以酷爱珠宝、美食和纽约百老汇戏剧著称。根据他的要求，蒂芙尼为他度身定制了一个纯金便桶作为礼物送给他的女友、著名演员莉莉安·拉塞尔（Lilian Russell），那个便桶的底部刻有一只睁大的眼睛！一天，钢铁大王查尔斯·施瓦布（Charles Schwab）踱进蒂芙尼的门店，想为夫人买个"小礼物"，结果他出门的时候带走了一枚镶有 60 克拉钻石的项坠，留下一张 9.1 万美元的支票。

除了这些夸张的"豪客"，蒂芙尼最稳定的忠实客户当属"镀金时代"的纽约几大望族——包括当时的美国首富、铁路和航运大王科尼利厄斯·范德比尔特（Cornelius Vanderbilt）的家族，以及其他先后通过铁路、钢铁、金融、石油发家的巨富家族，如古尔德（Gould）、阿斯特（Astors）、惠特尼（Whitneys）、哈维迈尔斯（Havemeyers）、摩根（Morgan）、洛克菲勒（Rockefeller）等。这些豪门的女眷们在社交场上争奇斗艳，她们最重要的"武器"之一就是从蒂芙尼购得的昂贵珠宝。铁路和金融大亨乔治·杰伊·古尔德（George Jay Gould）的妻子、女演员伊迪丝·金顿（Edith Kingdon）佩戴结绳型蒂芙尼珍珠项链拍摄的系列照片，堪称那个时代品牌的最好代言之一。

1860 年，为欢迎到访的英国威尔士亲王（后来的爱德华七世

斯坦福夫妇，摄于 1850 年

国王），人们在纽约举办了一场规模空前的盛大舞会，城中的名流和社交达人悉数出动并精心准备。在舞会开始前的一周，蒂芙尼就卖掉了价值 2 万美元的钻石和珍珠首饰。据当时的报道，舞会现场处处闪烁着钻石的耀眼光芒。

谈到蒂芙尼的重要客户，不得不提到一对特别的夫妇，那就是创办斯坦福大学的斯坦福夫妇。

利兰·斯坦福（Leland Stanford）是 19 世纪美国的铁路大亨，还担任过加利福尼亚州州长。他为妻子简·莱思罗普·斯坦福（Jane Lathrop Standford）陆续购买了大量蒂芙尼珠宝，其中最出名的就是 1876 年蒂芙尼送到费城美国独立百年博览会上的展品——一枚由 600 多颗钻石镶嵌而成的奢华头饰，其状如孔雀羽毛，中间一颗 30 克拉的稻草色钻石是蒂芙尼从德国布伦瑞克（Brunswick）公爵的珠宝藏品拍卖会上购得的。斯坦福夫人收到这份礼物后，又请蒂芙尼将这颗大钻石镶嵌到一条缀满黄色、白色钻石以及红、蓝宝石和祖母绿的项链上。1893 年在接受《纽约时报》记者采访时，她感慨道："这条项链实在太扎眼了，我就鼓足勇气戴出去过一次，结果所有人都盯着我看，让我恨不得从来没把它从首饰盒里拿出来过。"1905 年，斯坦福夫人将这条再也没有见过天日的奢华项链及其他珠宝收藏都捐给了她和丈夫于 20 年前倾尽所有创办的斯坦福大学，变卖珠宝获得的现金都用在了大学图书馆的建设上。

早在 19 世纪 60 年代，老蒂芙尼就意识到"消费金字塔"的传导效应：塔尖是"巨富之家"——在 19 世纪下半叶的美国"镀金年代"，美国上流社会的大型舞会是《纽约时报》等媒体争相报道的焦点。家族女眷们佩戴的蒂芙尼珠宝通过媒体传播，激起公众强烈的好奇心，进而影响到上层、中产阶级和"名人"阶层纷纷效仿，并进一步扩大蒂芙尼在普罗大众中的认知度，吸引人们到店一探究竟。而只要人们踏进门店的门槛，就会惊喜地发现，蒂芙尼为分布于金字塔各层的潜在客户都准备了匹配"钱袋"大小的商品：上至钻石项链，下至银质钥匙环。这一点在电影《蒂芙尼的早餐》里霍莉和作家朋友"穷游"蒂芙尼旗舰店的一幕中有生动的写照。

关于《蒂芙尼的早餐》一书中女主人公霍莉的原型，坊间曾有种种猜测。作者卡波特喜欢混迹于纽约上流社会的舞厅、夜总会以及豪宅派对，在那里他结交了不同社会背景、风姿各异的名媛、模特、明星、达人。人们猜测，卡波特构思霍莉这个人物的灵感就来源于此，其中有两个经常被人们提及的名字，一个是好莱坞女星玛丽莲·梦露（事实上，卡波特本人曾表示希望梦露出演霍莉这个角色），另一个是葛罗莉亚·范德比尔特（Gloria Vanderbilt）。这位葛罗莉亚不是别人，正是科尼利厄斯·范德比尔特的曾曾孙女，纽约名媛界的一面旗帜。从某种意义上说，霍莉的"早餐"场所别无选择，只能是蒂芙尼旗舰店——这个已经与纽约顶流生活方式画上等号的"圣殿"。蒂芙尼品牌与它100多年来服务的奢侈品客户融为一体、彼此印证，成为那些怀揣梦想、闯荡纽约的女孩寄托人生理想的媒介之一。

第三节　第三种财富：迭代升级的品牌定位

老蒂芙尼和他的创业伙伴并非一开始就瞄准了奢侈品和高级珠宝。本书曾经提到，和另外几个欧洲著名奢侈品牌的创始人不同，老蒂芙尼并非掌握某种奢侈品制作技艺的"工匠"出身，他进入奢侈品领域的切入点不是"生产"而是"销售"。蒂芙尼"第一个百年"的发展历史，就是通过直面消费者的"零售"活动不断了解客户需求，以"客户终身价值"最大化为目标而持续迭代的过程。

我们可以推测一下，1837年老蒂芙尼在创业之初为何选择文具作为主打品类。在那个义务教育尚未普及的年代，人的教育水平和富裕程度紧密相连，精致的书写工具堪称最容易为读书人接受的、兼具实用价值和欣赏价值的"入门级奢侈品"，更重要的是，购买文具的这批顾客也具备购买其他更加昂贵的商品的能力和愿望。

这与美国电商巨头亚马逊（Amazon）的创始人在创业之初选择"卖书"颇有异曲同工之妙。亚马逊的创始人杰夫·贝佐斯（Jeff Bezos）认为，对电商来说，书是最容易存储和运输的商品之一，书的单价虽然不高，但愿意花钱买书特别是在 1994 年互联网刚刚兴起的时候就愿意尝鲜电商的人，通常都具备较高的知识水平和经济能力。

今天的亚马逊可以通过互联网轻松触达全球数亿名用户，而蒂芙尼在创立后很长一段时间里都只有纽约一家门店，如何才能用这一家门店实现销售的跨越式增长？答案只有一个：Upgrade（升级）！升级品牌形象、升级产品组合，吸引更有购买力的顾客，用更昂贵的商品让有限的顾客群创造更大的价值。

蒂芙尼在早期发展阶段，经历了以下三个阶段的重要"定位升级"。

第一个阶段：从纺织品和日用杂货，到"生活方式"买手店

老蒂芙尼离开家乡来到纽约时所拥有的零售经验都是关于纺织品（以棉布为主）和日用杂货的，他的创业伙伴约翰年长他几岁，之前在纽约一家卖布匹和文具的零售商处工作。按常理，二人应该

选择自己熟悉的行当，继续做纺织品生意。

然而，在蒂芙尼创办的 1837 年，纽约尚未从两年前的大火灾中恢复过来，又赶上前所未有的经济大衰退，公司接二连三地倒闭。对任何创业者来说，这都称得上是一个"至暗时刻"，对想从事消费品零售业，又只有区区 1 000 美元启动资金的老蒂芙尼和约翰来说，可谓生不逢时。然而，用今天的话来说，老蒂芙尼具有罕见的"逆向思维"能力——他认为，在经济衰退的时候，最能抵御风险的应该是那些"钱袋子"比较深的上层社会的绅士淑女们，他们在消费品上的购买力并不会受到经济大环境太多的影响。在 180 多年后，这个判断被新冠肺炎疫情暴发后全球奢侈品消费快速反弹的事实再一次印证。

于是，老蒂芙尼果断将自己这家小店定位于面向上层社会销售"非必需品"——上乘的文具和别致的玩意儿。店里的"爆款"就是那些从停靠在纽约码头的越洋货船上收购来的千奇百怪的高级杂货——来自中国、日本和欧洲国家的雨伞、折扇、家具、瓷器、拐杖以及人造饰品。在惨淡的世道里，依然具备经济实力的人更希望购买能给生活增添美好色彩的东西。用今天的话来讲，蒂芙尼从一开始就将自己定位于"生活方式"的引领者。

然而，搜罗和筛选这些"玩意儿"并确保销路，并不是谁都能胜任的事，这个人需要兼具商业头脑和好品位，而这恰恰是老蒂芙尼最擅长的。这两种特质彼此渗透并随着蒂芙尼生意的演化而不断迭代升级，最终引导蒂芙尼成为一个真正的奢侈品牌。

第二个阶段：从"别致杂货"的大卖家，到"钻石之王"

一开始，在蒂芙尼售卖的文具和别致杂货中，也包含一些首饰类商品，不过它们大多是用铅质玻璃制作的大众化首饰，主要来自德国的哈瑙（格林童话的作者格林兄弟的故乡）。渐渐地，老蒂芙尼和约翰发现，与其他商品不同，首饰具备一种特殊的象征意义——从经济萧条中复苏并更快速地积累着财富的纽约人，需要这些可以随身佩戴的光彩照人的饰品来彰显自己的身家和地位。他们开始逐渐升级并丰富小店的首饰品类，也开始售卖用真金白银制作的包金首饰。

善于观察市场动向的老蒂芙尼注意到，在那个美国人崇尚"舶来品"的年代，许多商店都打出"法国制造"的招牌（到底是不是来自法国，谁也说不清）。他意识到，如果蒂芙尼想从这种市场乱象中脱颖而出，就必须赢得高端顾客的信赖，满足他们"挑剔"的口味，要做到这一点，必须追根溯源，去发掘真正的"法国制造"。

为了实现这个目标，1841 年，蒂芙尼引入第三位合伙人贾比兹·刘易斯·埃利斯（Jabez Lewis Ellis）。他注入的新资本让蒂芙尼可以直接从法国批量采购商品，甚至可以派人（主要是合伙人约翰）远赴重洋到欧洲大陆扫货。

1840 年，跨越大西洋的冠达（Cunard）邮轮开航，为美国与欧洲的贸易往来提供了极大的便利。1847 年，每周都有一班邮轮往返英国利物浦和美国纽约，单程的航行时间为 13 天左右，让蒂芙尼可以源源不断地把巴黎的时新好货送上纽约的柜台。

在蒂芙尼的档案中，可以查到的最早一份从巴黎批量进口商品的订单日期是 1842 年 12 月 1 日，其中的商品包括娇兰（Guerlain）香皂、高级文具、鲁宾（Lubin）头油、嗅盐饰瓶（vinaigrette）、黑色折扇、名片盒、银质花束架，以及价值不等的珠宝配饰等。

由于建立了与巴黎的日常贸易往来，约翰深切感受到法国皇室对时尚的巨大影响力，蒂芙尼因此特别开辟了一条更高端的产品线——法国皇宫系列（Palais Royale），主打包金首饰。蒂芙尼郑重告知美国消费者，这些绝不是打着"巴黎"旗号、来路不明的山寨货，是蒂芙尼的法国代表特别在巴黎定制的高级货——由此，蒂芙尼成为"法式高尚生活"在美国最权威的代言人。

法国皇宫系列包金首饰大获成功，这让蒂芙尼更大胆地投资和升级自己的珠宝业务。到 1847 年，蒂芙尼销售的进口珠宝中，以宝石和纯金、纯银制成的高档产品已经成为主力。不过，在 1848 年之前，真正的高级珠宝在蒂芙尼包罗万象的商品组合中仍然只占了很小的比例。

从蒂芙尼（当时公司以三个合伙人的姓氏命名为"Tiffany, Young & Ellis"）于 1845 年发行的第一本邮购目录册（即蓝皮书）中，我们可以清楚地了解到当时蒂芙尼最主要的商品组合。蓝皮书的封面上印着"Catalogue of Useful and Fancy Articles"，特别强调蒂芙尼卖的是"实用（Userful）"且"别致（Fancy）"的东西——包括扇子、遮阳伞、马鞭、腰带、无跟软鞋、手风琴、油画、银质餐具、瓷器、铁艺制品、书写工具、发饰、头油，甚至包括法国糖渍李子等，当然也包括价位不等的中低档首饰。最重要的是，这些五花八门的东西全部都是进口货，它们来自法国、英国、德国、意大利和中国——那些让美国人心驰神往的异国他乡。

如果一直主要销售这些"实用"且"别致"的东西，蒂芙尼或许也能一直存在下去，但只会是一家承载了几代人美好回忆的、孤零零的百年小店，又或许早已在两次世界大战和经济萧条的冲击下关门大吉。然而，命运把蒂芙尼引领到一个美国人过去从来不曾奢想的新高度。这个历史性的转折就发生在 1848 年 2 月。

1848 年 2 月，老蒂芙尼刚刚过完 36 岁生日。对他来说，此时最大的兴奋点是自己刚刚出生的第三个孩子——路易斯·康福特·蒂芙尼（Louis Comfort Tiffany）。由于通信迟滞，一个月后，老蒂芙尼才从姗姗来迟的报纸上得知，就在他的爱子出生四天后（2月 22 日），大洋彼岸的法国巴黎爆发了二月革命，路易·菲利普一世（Louis Philippe Ⅰ）退位，七月王朝被推翻。蒂芙尼的合伙人约翰彼时正在巴黎。一时间，仓皇逃离巴黎的皇室成员和贵族都拿出自己压箱底的珠宝变卖，要价基本是腰斩甚至更低。在那种兵荒马乱的时刻，能够掏出现金购买这些"无用"的奢侈品的，除了约翰这个来自大洋彼岸的采购员，恐怕找不出几个人。

面对天上掉下来的"大馅饼"，约翰毫不犹豫地接住了。他把身上所有的钱都拿出来，将海量宝物收入囊中。其中包括刚刚被推翻的法国国王路易·菲利普一世皇冠上的钻石，他的妻子玛丽亚·阿玛莉亚·特蕾莎（Maria Amalia Teresa）的珠宝收藏，以及一件镶满钻石的肚兜（它属于在法国大革命中殒命的玛丽·安托瓦内特皇后），还有大量单粒珍贵石头——孔雀石、绿松石、红宝石、珍珠、蛋白石等，最重要的是，这里面有数百颗钻石！

约翰带着这笔"横财"安全回到纽约，蒂芙尼在一夜之间成为当时美国拥有钻石最多的公司。面对这堆从天而降的宝贝，老蒂芙尼的脑海中仿佛划过一道闪电——是时候给蒂芙尼一个全新的定义了！他为这些货真价实的法国皇室珠宝举办了一场特别的展览，并撤下门店里在售的所有仿真首饰和包金首饰，在报纸上打出了一幅醒目的广告，上面只有一个大写的单词：DIAMOND（钻石）。纽约当地报纸惊呼："钻石之王"诞生了！据说，19世纪下半叶，纽约的三位大亨——约翰·雅各布斯·阿斯特（John Jacobs Astor）、克拉伦斯·麦凯（Clarence Mackay）、利兰·斯坦福拥有的钻石数量仅次于英国维多利亚女王，超过了其他任何欧洲皇室，而最大的功臣就是蒂芙尼。

在本书后面关于蒂芙尼产业链垂直整合的部分，将会详细叙述蒂芙尼是如何自建钻石供应和加工系统，不断放大和强化其"意外"赢得的美国"钻石之王"的地位的。

第三个阶段：从"舶来品"的经销商，到"美国制造"的品牌商

19世纪上半叶，在美国人心中，"欧洲制造"意味着品质和品

位高，"美国制造"则是粗糙和廉价的代名词。蒂芙尼也正是通过售卖越洋而来的"舶来品"起家的。但随着美国本土消费者越来越见多识广，他们对奢侈品的需求也变得更加细腻和丰富，从欧洲"老大陆"淘来的货品已经无法完全满足"新大陆"顾客的胃口——老蒂芙尼敏锐地意识到，这种本土化的消费倾向意味着新的商机，但要想抓住这个机遇，蒂芙尼必须在产品上掌握更大的主动权。与之相应的一个重要变化，就是蒂芙尼终于有了自己的珠宝专家——托马斯·克兰·班克斯（Thomas Crane Banks）。

前面提到，老蒂芙尼的合伙人约翰因为赶上法国二月革命而意外收获了仓皇出逃的法国皇室成员和贵族贱卖的珠宝。在那个没有即时通信手段的年代，约翰在无法与远在美国的合伙人老蒂芙尼取得联系的情况下，敢于当机立断放弃原来的采购计划，把身上所有的钱都用来购进这些千载难逢的名贵珠宝，一个重要的原因就是同行的珠宝专家——托马斯·克兰·班克斯给予了约翰专业意见。

珠宝产业链的搭建

从 1848 年起，随着蒂芙尼将业务重心转向以钻石为核心的高级珠宝，蒂芙尼品牌也拥有了更高的目标——成为"镀金时代"美国梦的终极象征。要实现这个目标，蒂芙尼不可能只出售散钻，它需要拥有更强大的设计和加工能力，将包括钻石在内的宝石转化为具备美学感召力和更高价值的高级珠宝。

在 1848 年这一年，蒂芙尼开设的第一家金匠工坊制作出第一件蒂芙尼自己的珠宝。从此，蒂芙尼开始着力招徕美国和海外的珠宝工匠，逐步深入设计和生产的源头，真正向一个奢侈品牌商的方向去演化。根据蒂芙尼的档案记载，1850 年秋天，刚刚成为蒂芙尼海外合伙人的吉迪恩·弗兰奇·塞耶·里德（Gideon French Thayer Reed）在巴黎接到来自纽约的信函，老蒂芙尼让他采购德国产的小型珠宝锉刀，并在欧洲物色三名优秀的钻石镶嵌工匠和三名优秀的珠宝制作工匠。老蒂芙尼还特别说明，"最好是在巴黎工作过的德国人"。

通过设在巴黎的办事处，蒂芙尼一直密切追踪欧洲最新的珠宝流行趋势，并及时传递到美国市场。为了响应美国本土客户高涨的珠宝消费需求，弥补跨境贸易的供需缺口并获得更高的收益，蒂芙尼联合美国本土的珠宝工坊，从 0 到 1 建立起自己的珠宝产业链。

19 世纪中后期，在波士顿的亨利·D. 穆斯（Henry D. Moose）的推动下，加工钻石首饰最重要的一道工序——钻石原石切割与打磨得以在美国本土完成，再无须依赖欧洲的钻石切磨中心。这一时期，在蒂芙尼所处的以纽约和波士顿为核心的美国新英格兰地区，在珠宝设计、钻石等宝石的切割打磨等方面涌现出一批技术过硬的工匠，蒂芙尼与他们中的不少人达成合作关系，以确保珠宝产业链上的不同环节都可以就近完成。例如，在物美价廉的小粒珍珠首饰盛行的 19 世纪下半叶，蒂芙尼从巴黎进口了大量印度产的小粒珍珠，并与美国珍珠首饰专家亨利·杜博斯克（Henry Dubosq）开展合作，在美国本土制作了大量热销的小粒珍珠首饰。值得一提的是，杜博斯克为了掌握小粒珍珠首饰的制作技巧，曾专门从英国购买成品，请心灵手巧的美国女工将这些首饰全部拆开，再用马鬃重新串起来，从而学习制作多层立体珍珠首饰的编织手法。

19世纪下半叶，蒂芙尼之所以能够打出"美国制造"的奢侈品大旗，与美国国力不断上升、美国人的国家自豪感不断增强的大环境密不可分。与此同时，蒂芙尼通过长期从事国际珠宝贸易，积累了丰富的行业知识和跨国人脉，加之这个时期许多能工巧匠从欧洲移民到美国，美国各地不断发掘出淡水珍珠资源和黄金白银等矿产，这些都为蒂芙尼在美国本土建立完善的珠宝产业链创造了必要条件。

更重要的是，随着美国本土珠宝市场的蓬勃发展，美国顾客的消费频次和档次逐渐攀升，也更有主见，不再一味追求"舶来品"。或许是熟练工匠的数量不足，珠宝产能跟不上美国市场的需求，从法国进口的珠宝产品开始频频出现质量问题，经常发生钻石从首饰上脱落的尴尬场面，这显然是镶嵌工艺不过关。蒂芙尼的员工发现，有的法国珠宝的宝石甚至不是镶嵌的，而是用胶水简单黏合的。如此质量的珠宝产品怎能满足美国富裕顾客越来越挑剔的需求？这种供需矛盾，极大地增强了美国本土珠宝工匠迎头赶上甚至超过欧洲国家同行的干劲和信心。蒂芙尼售卖的产品中，美国本土自产珠宝的比重节节攀升。

1870年在纽约联合广场落成的蒂芙尼旗舰店堪称蒂芙尼整合珠宝产业链的最直观的写照：在这座沿街长42米，地上五层、地下三层的"珠宝宫殿"里，临街底层是零售空间，大大小小的珍奇宝石、精美首饰和华贵银器交相辉映，上面一层是办公室、客人休息间，顶上三层是珠宝设计工作室和制作车间；地下三层是配备了防盗装置的库房和打包车间，这里还有能为整座大楼提供暖气和运转各种机器的动力的大功率蒸汽发动机。

支柱品类的建立

作为凤毛麟角的美国本土奢侈品牌，蒂芙尼的许多"贵人"都来自大洋彼岸——欧洲。如果说，法国二月革命为蒂芙尼送上的意外之财让蒂芙尼品牌找到了自己的第一个支柱品类——高奢钻石珠宝；那么，"瑞典夜莺"则启发蒂芙尼开启了规模化生产另一大支柱品类的大门，这个品类就是——银制品。

1850 年，美国"马戏之王"P.T. 巴纳姆（P. T. Barnum）邀请有"瑞典夜莺"之称的传奇女高音歌唱家珍妮·林德（Jenny Lind）到美国巡演。她下榻的豪华酒店 Irving House Hotel 恰好在蒂芙尼位于百老汇大道 271 号的门店对面。为了给送她从瑞典来纽约的轮船船长一件礼物表示谢意，林德在蒂芙尼购买了一只银质啤酒杯——杯柄的造型尤其惊艳，是一条从海面泡沫间升起的美人鱼。林德对它爱不释手，一口气订购了好几只复制品送给朋友。这件事让老蒂芙尼认识到，奢侈品不一定是超级昂贵的定制珠宝，也可以是能够批量复制、价格亲民的"轻奢"产品。

1848—1855 年，美国加利福尼亚州掀起了淘金潮，出产了大量黄金和白银。一天，美国电报大亨约翰·W. 麦凯（John W. Mackay）走进蒂芙尼门店，他带来足足三吨重的白银，要求蒂芙尼为他打造

1 000 件银质家居用品。这是这一时期美国新富阶层消费趋势的缩影。新富阶层对象征奢华生活方式的银质家居用品的强烈渴望，纽约本地涌现的一批技艺精湛的金银匠人，加上美国本土旺盛的白银出产量，这些因素集合在一起，为蒂芙尼打造银器王国奠定了坚实的基础——从银质的器皿到银质的奖杯，从银质的首饰到银质的钟表、钥匙链、圆珠笔等五花八门的小东西，蒂芙尼用白银为美国人构建了一个光彩夺目的梦幻世界。

钻饰和银器这两大支柱产品为蒂芙尼成为一个响当当的"奢侈品牌"提供了"钢筋水泥"，但蒂芙尼之所以成为今天的蒂芙尼，靠的绝不只是"钢筋水泥"——从某种意义上说，这些"硬件"都是可以被复制的，不能被复制的是蒂芙尼独一无二的品牌资产。早在一个半世纪之前，老蒂芙尼就对此心知肚明。他给蒂芙尼品牌留下了最重要的"软件"财富，那就是一系列极致差异化的、精彩纷呈的"品牌内容"。它们让蒂芙尼后人可以将蒂芙尼的故事一直一直讲下去，就像银器一样越擦越亮。

第四节　第四种财富：事件营销打造的"极致内容"

很多人认为，奢侈品牌是"酒香不怕巷子深"，无须在传播上大肆投入。其实这是一种误解，当今全球闻名的奢侈品牌之所以能穿越一到两个世纪，获得家喻户晓的全球声望，绝对不是靠"低调潜行"。它们无一不是在其发展历史的不同阶段，按照各自的节奏，开展了连绵不绝的传播攻势，只不过这种传播所采用的并非我们经常在大众消费品推广中见到的手法，而是基于奢侈品牌自身 DNA 和独特定位去层层铸造一幢历久弥新的"内容大厦"，源源不断地创造和输出素材和灵感，让品牌可以经年累月地讲述属于自己的动人故事。

在华丽志旗下橙湾教育开发的时尚商业课程中，一个被反复强调的要素就是品牌的内容建设。老蒂芙尼正是奢侈品牌内容建设的"绝世高手"。据说，受到美国历史上最会"作秀"的传奇人物——"马戏之王"巴纳姆的启发（他比老蒂芙尼大两岁，家乡也是美国康涅狄格州），老蒂芙尼掌握了"借势"公众人物和公众事件为自己的品牌扩大影响力的技巧。

如果说 1848 年蒂芙尼在法国二月革命期间从巴黎收获大量皇室珠宝而在纽约引起巨大的轰动效应，还仅仅是因为"运气好"，那么十年后蒂芙尼再一次引发震动纽约乃至全美国的大事件，则是一次精心策划的公关奇迹。

1858 年夏天，老蒂芙尼在欧洲出差的时候得知，横跨大西洋、连接美国和欧洲的海底电缆即将铺设完成。这本来是一则与珠宝业务毫无关系的新闻，但老蒂芙尼不这样想，他看到的是千载难逢的可以让品牌"借力"的公关传播机遇。为此，他特地去拜访了海底电缆的项目发起人——塞勒斯·W. 菲尔德（Cyrus W.Field），购买了工程剩余一段长达 20 英里（1 英里 ≈1 609.3 米）的电缆，并获得了菲尔德的亲笔授权函。

在第一份通过这条海底电缆跨越大西洋发送的电报到达美国后不久，蒂芙尼在《纽约时报》刊出大幅广告，宣告蒂芙尼将出售取自这条海底电缆的纪念品——一段 4 英寸（1 英寸 =2.54 厘米）的电缆，它被镶嵌在铜板上，售价 50 美分。此外还有用电缆制作的镇纸、伞把、拐杖头、印章、吊坠、手环等。不出所料，蒂芙尼门店前排起了长龙，人人都想成为"奇迹的见证者"，这股疯狂的抢购热潮让纽约警察不得不出动以维持秩序。

前面提到的蒂芙尼品牌的几个标志性元素的缘起——收购和隆重推出蒂芙尼大黄钻、对纽约旗舰店大张旗鼓地搬迁和重金装修、为体育赛事打造冠军奖杯等，从另一个角度看，其实也是成功的"事件营销"，不仅在当时吸引了媒体和大众的关注，还为品牌沉淀了可圈可点的精彩内容，它们历经百年仍被人如数家珍般提起。

对法国皇室珠宝的持续挖掘，也是蒂芙尼"造势"的重要环节。法兰西第二帝国在 1870 年解体后，为了消除皇室的残余影响，法兰西第三共和国政府于 1887 年将已退位的拿破仑三世和他的妻子欧仁妮皇后拥有的琳琅满目的珠宝首饰及单颗钻石等各类宝石面向公众拍卖。蒂芙尼公司又一次抓住了这个空前绝后的大好机会，从来自全球各地的珠宝商和交易商中脱颖而出，在九场拍卖会上一举拿下了 67 批拍品中的 24 批，耗资 487 459 美元（约等于 2021 年的 1 340 万美元），在所有竞拍者中遥遥领先。当时，《纽约时报》派驻巴黎的记者密切追踪报道了这一珠宝历史上的空前盛事，蒂芙尼的一举一动都被记者通过电报及时传回了美国，成为当时美国上流社会热议的大新闻。

那些从法国远渡重洋来到美国的钻石珠宝，被蒂芙尼悉心包装或重新镶嵌后盛在印有烫金字样——"Diamants de la Couronne de FRANCE"（法语，意为"来自法国王冠的钻石"）的红色盒子里，出售给美国忠实的富豪顾客们。或许为了凸显这些珠宝的正宗法国血统，蒂芙尼将自己的名号低调地印在盒内的缎面衬里上，上书"Tiffany & Co. New York and Paris"，以表明蒂芙尼是同时在纽约和巴黎两地经营的国际性公司。

这些代表了当时珠宝设计最高水平的法国皇室宝藏虽然陆续被蒂芙尼出售给顾客，但相信蒂芙尼学校的学生一定也大饱眼福，从中汲取了不少养分用于丰富和提升自己的设计语言和镶嵌技术。

19世纪下半叶，在伦敦、巴黎、维也纳、费城等地举办的博览会成为荟萃各国先进技术和顶级产品的全球盛事，吸引了来自世界各地的数百万乃至上千万名观众。对送展企业来说，这是自我传播、吸引全球客户并对内树立品牌国际形象的绝佳舞台。在这个舞台上，蒂芙尼可以持续制造具有轰动效应的"事件营销"。

1867年，蒂芙尼第一次在万国博览会(第二届巴黎万国博览会)上亮相，就以爱德华·C.摩尔创作的银器作品荣获铜奖，这也是美国公司第一次在国际性博览会上赢得奖项。

1876年，在费城举办的美国独立百年博览会上，蒂芙尼送展的一件银器作品荣获金奖，一件珠宝作品荣获特别奖。

1878年，蒂芙尼再度征战巴黎，终于在第三届巴黎万国博览会上以精美的银器作品斩获最高奖项，另外一件珠宝作品赢得了金奖。蒂芙尼的创始人老蒂芙尼被授予法国荣誉军团骑士勋章。

1889 年，在第四届巴黎万国博览会上，蒂芙尼送展的一件银器作品荣获最高奖；蒂芙尼的珠宝、皮具和文具及印刷作品荣获三项金奖；蒂芙尼为展会带去的北美本土出产的珍稀宝石和珍珠赢得了两项金奖；蒂芙尼银器工坊的大总管爱德华·C.摩尔也被授予法国荣誉军团骑士勋章。

1893 年，在芝加哥举办的博览会上，蒂芙尼送展的作品一口气拿下 56 枚奖章，为所有参展公司之首。

1900 年，在第五届巴黎万国博览会上，蒂芙尼送展的银器、珠宝、皮具和美国本土宝石共赢得了四项最高奖；印刷作品、纸和文具、美国本土出产的珍珠共赢得三项金奖；精钢制品和猎装赢得两项银奖；接替老蒂芙尼担任公司总经理的查尔斯·T.库克（Charles T. Cook）被授予法国荣誉军团骑士勋章。

值得注意的是，与当今许多品牌通过昂贵的广告攻势、明星代言或赞助重大活动获得曝光不同，老蒂芙尼发起的这些"事件营销"攻势始终都围绕着"产品"展开，通过产品本身的"创意""极致"和获得的"荣誉"去赢得公众的瞩目，不仅提升了品牌知名度，带动了销售，还创造了足以沉淀进品牌资产、可以被反复讲述的优质内容。

第五节　第五种财富：持续创新的商业模式

当我们谈论奢侈品牌的成功经验时，最津津乐道的往往是它的工艺、设计和历史渊源，很少会关注品牌背后的企业管理和商业模式。而蒂芙尼恰恰是一个通过商业模式的持续创新，让品牌基业长青的经典范例。或许是因为蒂芙尼成长于商业高度发达的美国，又或许是因为老蒂芙尼在 25 岁离家创业前已经积累了十年的商业经验，他在琐碎的进货卖货的日常工作中，一直在寻找差异化竞争的突破口。

让资本"流动"起来

在蒂芙尼开始创业的 1837 年，美国零售业盛行的经营方式是议价和赊账。那时的商品标准化程度低，很少明码标价，商家也存有侥幸心态，往往先叫出高价，再与买家讨价还价；此外，因为那时商店多是做老顾客的生意，店家通常允许顾客先把货拿走，再定期发出账单给顾客结算，拖欠账款和坏账的情况时有发生。这让零售商的经营效率处于非常低下的水平，流动资本周转不灵，不能获得足够的资金用于增加商品库存、扩大经营规模。

在生意走上正轨后不久，老蒂芙尼与合伙人约翰就为店内所有在售商品贴上了价签，拒绝顾客讨价还价，并逐渐放弃了赊账的销售方式，要求现金付款——这些创新举措极大地简化了销售流程，加速了货品周转和资金回笼。

在 1845 年蒂芙尼出版的第一期商品目录上清楚地写着"for sale at fixed prices for cash only(只按固定价格，以现金交易)"。考虑到早期蒂芙尼的商品全部是从欧洲和亚洲进口而来的，现金储备的增加对于蒂芙尼提升进货能力至关重要。

垂直整合供应链

早在老蒂芙尼创业之初，他就发现了经营零售业的一个诀窍，那就是把握商品的源头，掌握优质供应链资源。

早年，为了给蒂芙尼门店组织货源，他整天泡在纽约的码头上，和那些往来于欧亚大陆和美洲大陆的货船船员们攀谈。朝气蓬勃的老蒂芙尼个头不高，但注重仪表、彬彬有礼，让人感觉非常靠谱。他逐渐了解到，相比货船上运输的大宗货品，船员们私人夹带的物品更有价值，因为每一件都独具特色。在他的软磨硬泡之下，船员们纷纷拿出自己的箱底货交给他放进蒂芙尼的门店里寄售，而不必先付货款。当然，老蒂芙尼选货的眼光很准，这些充满异国风情的文具、扇子、瓷器、家居摆件在纽约难得一见，一经推出就受到了顾客们的热烈追捧。后来，蒂芙尼开辟了巴黎办事处，直接从欧洲采办新奇商品和珠宝首饰。

踏入高级珠宝领域后，蒂芙尼对供应链的把控更是一路升级，不仅在法国改朝换代的几个关键时点果断斥巨资收购法国皇室的珠宝藏品，更"一竿子插到底"，与宝石矿源建立了直接联系：蒂芙尼于 1878 年从南非金伯利（Kimberley）矿山成功收购蒂芙尼黄钻一年后，就将此役的"大功臣"——宝石专家乔治·费雷德里克·坤斯招至麾下，派他专职在全球各地搜罗珍稀原料，并逐步挖掘和推广美国本土宝石矿产。

随着美国经济实力的上升，美国人对"美国制造"的自豪感日益增强，在珠宝领域主要体现在美国人对产自美国本土的宝石和珍珠的需求不断扩大。

早在 1820 年，美国人就已经在缅因州的米卡山（Mount Mica）发现电气石。科罗拉多州则是海蓝宝石、黄玉、玫瑰石英和锆石等矿石的主要产地。美国出产的高品质青金石和紫水晶被出口到世界珠宝之都巴黎。在加利福尼亚州淘金潮兴起的时代（1848—1855 年），蒂芙尼已经能够从美国境内采购生产所需的所有黄金和白银材料。

19 世纪中叶起，珍珠首饰风行欧美，成为贵妇们心中的最高向往。1857 年，在纽约附近新泽西州的槽口溪区域发现了一颗重达 0.25 盎司的稀有天然淡水珍珠，随后这颗珍珠被蒂芙尼收购。如前文所述，三年后蒂芙尼将它卖给了酷爱珍珠的法国欧仁妮皇后，后来这颗珍珠被称为"皇后珍珠（Queen Pearl）"——一直把法国当作珠宝货源地的蒂芙尼，这一次成功地把美国珠宝卖给了见多识广的法国皇室。

时至今日，蒂芙尼一直与钻石矿主保持着直接供货关系，并自行完成钻石的切割和打磨工序，这在各大珠宝品牌中是极为罕见的。在 LVMH 集团收购蒂芙尼的交易完成前，蒂芙尼于 2020 年 4 月发布了最后一份完整的年度报告（截至 2020 年 1 月 31 日）。在报告中，对供应链的严格把控被蒂芙尼赋予最高的战略优先级。

蒂芙尼的这种把控体现在两大方面：珠宝产品生产的内部化；钻石原石的直接采购。

珠宝产品生产的内部化

蒂芙尼的珠宝产品生产中心目前分布在美国的纽约、罗得岛和肯塔基州三地，银器制作在罗得岛的专属工坊完成，此外蒂芙尼还在多米尼加的工厂完成一部分钻石抛光和珠宝装配工序。蒂芙尼每年出售的珠宝产品中，大约 60% 来自公司自有的生产设施，剩余 40% 珠宝产品以及几乎全部的非珠宝类产品由第三方生产商供应。

年度报告指出，蒂芙尼有可能在未来提高自产产品比例，但由于不同品类产品需要特定的专业技术和技能，加上产能管理、生产成本控制以及资本成本等因素的制约，蒂芙尼的产品"永远都不可能"百分之百自产。即便如此，蒂芙尼的自产珠宝比例依然处于业内较高水平，与之配套的，蒂芙尼还在自己的海外工厂完成钻石原石的整理、切割、抛光等工序。这些工厂主要分布在比利时、博茨瓦纳、柬埔寨、毛里求斯和越南等。

根据生产需要，蒂芙尼也会向第三方采购贵重金属、钻石原石、抛光钻石和其他宝石，以及一些零配件。

钻石原石的直接采购

1999 年，蒂芙尼斥资 7 000 万美元，收购了拥有加拿大钻石矿戴维科（Diavik）40% 股权的阿伯资源（Aber Resources）公司 14.3% 的股权，同时锁定了十年购买价值 5 亿美元钻石原石的合约。

五年后，2004 年蒂芙尼又以 2.68 亿美元将股权出售给了金融机构，获利近 2 亿美元，同时将钻石供应合约延期到 2013 年。

目前，蒂芙尼使用的钻石原石，大多数是直接从博茨瓦纳、加拿大、纳米比亚、俄罗斯和南非等地的钻石生产商那里定期批量采购的，只有少量采购自原石的二级交易市场。从二级交易市场采购的钻石原石一般都是打包销售的，其中不符合蒂芙尼标准的钻石原石，蒂芙尼会将它们转卖给其他的钻石切磨公司。相比之下，全球大多数珠宝品牌使用的钻石原石主要来自二级甚至三级交易市场，需要通过参与以戴比尔斯（De Beers）为代表的钻石生产商和交易商每年定期举办的看货会或从具备资格的看货商手中辗转购得。

根据蒂芙尼 2020 年 4 月发布的年度报告，过去几年里，蒂芙尼制作钻石首饰所使用的重量不低于 0.18 克拉、按颗单独注册的抛光钻石中，平均 7.5%（按数量计）都是蒂芙尼采用直接采购的钻石原石加工而来的，其余部分则来自第三方的钻石切磨商或抛光钻石交易商。

2019 年，蒂芙尼宣布将公开单颗注册钻石的产地（地区或原产国）。2020 年 8 月 18 日，蒂芙尼又宣布将自当年 10 月起公开其新采购的单颗注册钻石（重量不低于 0.18 克拉）制作过程的完整信息，进一步加强产品供应链的透明性。顾客在购买蒂芙尼产品时会得到一张钻石证书，里面详细载明了钻石的原产地，钻石的开采、切割、抛光、分级、质检以及最终成型的全部信息。此举是为了避免品牌牵涉"冲突"钻石（指那些在战乱地区开采并将交易所得用于采购军火的钻石原石，或通过钻石原石交易资助恐怖活动的行为）。

时任蒂芙尼钻石和珠宝供应部门高级副总裁的安德鲁·W. 哈特（Andrew W. Hart）在发布这则消息时自豪地表示："分享蒂芙尼钻石的工艺之旅，反映了数十年来我们对供应链的投资。直接采购可靠的钻石原石并在自己的车间内按照自己的标准制作钻石，这是蒂芙尼与其他奢侈珠宝商最大的不同之处。"

截至 2020 年底，蒂芙尼拥有超过 1.4 万名员工，其中包括 5 000 名珠宝工匠。从 2017 年到 2019 年，蒂芙尼增加了 2 000 多名员工，他们主要集中在蒂芙尼海外钻石工厂和美国本部的珠宝制造领域。

── **钟表：未能垂直整合而导致的"软肋"**

钟表和珠宝同属"硬奢侈品"，头部珠宝品牌的手表品类往往同样强势，比如瑞士历峰（Richemont）集团旗下的法国品牌卡地亚，但钟表一直是蒂芙尼的"软肋"。2020 年 4 月的蒂芙尼财务报告显示，品牌手表的销售额占总销售额的比重仅为 1%，也就是不足 5 000 万美元。

其实，蒂芙尼原本是资深的钟表"玩家"。早在 1853 年，蒂芙尼就在位于百老汇大道 550 号的新店入口处立起背负巨钟的"大力神"雕像——这是美国最早出现在公共空间的计时装置之一。1868年起，蒂芙尼在瑞士日内瓦自建高级制表工坊，制造了大量不同风格的时计——包括黄金怀表、镶钻胸针表、整点及刻钟报时表等，许多表盘还用珐琅刻画了精美的山水风光、神话人物和花朵图纹等。美国市场的第一款秒表就是由蒂芙尼推出的。1903 年，蒂芙尼的宝石学家坤斯博士发明了手表指针和刻度的夜光涂层，并申请了专利。

蒂芙尼和瑞士传奇钟表品牌百达翡丽（Patek Philippe）的关系也非同寻常。早在 1851 年，蒂芙尼就成为百达翡丽在美国最早的经销商。1855 年百达翡丽的创始人到纽约拜访蒂芙尼，一次收获了 129 块不同种类手表的订单。2008 年百达翡丽在美国开设的第一家品牌专卖店就位于蒂芙尼第五大道旗舰店内的夹层，至今人们依然可以在蒂芙尼官方网站的"Watches"类目下浏览百达翡丽的手表，也可以在美国本土一些蒂芙尼门店中购买到它们。

如果蒂芙尼能够像对待珠宝产品一样坚持把控钟表产品的高端供应链，那么今天蒂芙尼手表的市场份额或许已经相当可观。可惜的是，或许是希望更加聚焦在自己的专长——珠宝和银器领域，或许是从美国遥控瑞士工厂的难度太大，1878 年蒂芙尼把自己在日内瓦的制表工坊卖给了百达翡丽，虽然此后一段时间百达翡丽继续为蒂芙尼生产手表，但双方在生产方面的合作并未一直延续。

20 世纪 20—40 年代女士表开始兴起时，蒂芙尼甚至不能直接对接瑞士的手表供应链，而是委托美国新泽西州纽瓦克的珠宝商亨利·布兰克（Henry Blank）为其生产女士怀表和腕表，采用的机芯是瑞士 C.H. 梅兰（C.H.Meylan）公司提供的。

尽管 1991 年蒂芙尼曾经在瑞士吕西河畔莫尔赫（Lussy-sur-Morge）设立了一家公司负责手表的组装、研发和测试工作，但蒂芙尼始终没能再度掌握手表设计和生产的核心资源。

进入 21 世纪，为了推动沉寂已久的钟表业务发展，蒂芙尼和瑞士钟表巨头斯沃琪（Swatch）集团于 2008 年建立了合资公司。然而仅仅过了三年，双方就不欢而散，还因此卷入一场旷日持久的法庭大战，最终蒂芙尼蒙受了高达 4.8 亿美元的损失。[2]

直面消费者

纽约第五大道旗舰店对于蒂芙尼的重要性从其发布的年度报告中可见一斑：在 2005—2008 年，每年纽约第五大道旗舰店产生的销售额占蒂芙尼全球销售额的 10% 左右，按此计算，2008 年该店的销售额高达 3 亿美元；此后，随着蒂芙尼全球零售网络的扩大，纽约第五大道旗舰店贡献的销售额占比逐渐减少，不过 2013 年时依然有 8% 之多，约合 3.2 亿美元的年销售额。（2013 年后，蒂芙尼不再公开纽约第五大道旗舰店销售额在总销售额中所占具体比例，而是笼统地将其表述为"低于 10%"。）

其实，在 20 世纪 60 年代之前的绝大多数时间里，蒂芙尼的地面零售主要依靠其纽约旗舰店以及巴黎和伦敦的两家海外门店（第二次世界大战期间及之后几十年里这两家门店曾被迫关闭）。除此之外，蒂芙尼从 1845 年开始定期制作的蒂芙尼蓝皮书也发挥了重要作用，为蒂芙尼触达世界其他地方的顾客创造了便利条件。

2　数据来自蒂芙尼 2018 年度财务报告。

蒂芙尼的巴黎门店，1910 年

位于美国纽约联合广场西侧的蒂芙尼旗舰店的橱窗

从 1837 年蒂芙尼创立到 1960 年的 120 多年里，旗舰店＋蓝皮书构成了蒂芙尼"简约而不简单"的直销网络，支持蒂芙尼的销售额稳步增长。1919 年，蒂芙尼的销售额曾达到历史高点——1 770 万美元（约等于 2021 年的 2.7 亿美元）。

用今天的眼光审视蒂芙尼的直销策略，其仍然具有一定的现实意义：通过宏大的旗舰店塑造品牌形象，为顾客提供沉浸式的购物体验，让身临其境者感受品牌的魅力；同时搭建高效的远程网络（当年的蓝皮书相当于今天的电子商务），让品牌产品能够更加便捷地到达那些对品牌心向往之但难以亲临门店的广大顾客那里。

当印刷精美的蓝皮书被邮差交到顾客手中后，顾客不仅能够浏览蒂芙尼商品的图文细节，更可以亲手触摸品牌的质地、感知品牌的温度。从某种意义上讲，这种直销形式比完全数字化的互联网更适合推广和销售奢侈品和其他高端生活方式产品。

成为行业标准的制定者

蒂芙尼在美国的特殊历史地位，不仅基于其在商业上的成功，也基于其将海外的最佳实践经验带到美国，为美国珠宝行业的有序发展确立了高规格的技术标准。

前面提到，在纽约传奇银匠摩尔父子的领导下，蒂芙尼在美国率先采用了英国纯银标准生产 925 标准纯银制品，这一标准最终被采纳为美国的国家纯银标准。在蒂芙尼首席宝石专家坤斯博士的积极推动下，国际珠宝行业采用了公制克拉（metric carat，即 0.01 克拉，合 0.2 克）作为各类宝石统一的重量单位。蒂芙尼的铂金纯度标准也被采纳为美国国家标准。

有意思的是，蒂芙尼作为"标准制定者"的角色甚至延伸到珠宝行业之外。1877 年，蒂芙尼的设计总管爱德华·C.摩尔为纽约警察局设计了一枚荣誉勋章，采用了"N"和"Y"交织的图案代表纽约（New York）。这个图案成为纽约洋基棒球队队标的灵感来源，后来成为广为流行的纽约标志，出现在大大小小的纽约旅游纪念品——T 恤、杯子、钥匙链等上，当然还有棒球帽！ 1885 年，蒂芙尼受托重新设计美国官方大纹章的图案，现在的 1 美元纸币上就印有这个图案。

主动的"客户教育"

奢侈品行业最大的难题是如何获取高端客户，他们的分布通常比较分散，在纽约特别是曼哈顿岛这样的世界顶级城市和区域会相对集中。购买奢侈品很少是出于随机决策，客户在下单前往往要经过反复考量，过去是向身边的人征询意见，现在则是花费大量时间在互联网上搜索相关知识、查阅用户评论，当然，从自己信赖的亲人、朋友甚至是店员那里亲耳听到的建议依然是最有说服力的，这一点和 200 年前并无太大差别。

除了在产品开发、供应链和门店建设等方面下足功夫外，蒂芙尼的一个独到的"获客"途径就是"客户教育"。

在美国消费市场上还充斥着鱼龙混杂的"舶来品"的时代，老蒂芙尼就从市场乱象中发现了机会，通过自建欧洲供应链、精心组织货源并展开宣传攻势，循循善诱地告诉纽约人什么才是上等的"法国货"——由此培养的忠实客群与蒂芙尼的未来发展形成了密不可分的关系。随着蒂芙尼在奢侈珠宝领域不断向专业化迈进，其随之开展了更有章法的客户教育工作。

1870 年，蒂芙尼曾出版一本小册子，首次向广大珠宝消费者介绍 16 世纪罗马教皇颁布的格里高利历（即现行公历）中记载的关于生日石（birthstone，以不同类型的宝石或半宝石象征一个人出生的月份）的诗篇，拓宽了珠宝的使用场景，并推动了黄水晶、紫水晶、石榴石等半宝石的流行。

在珍珠首饰盛行的年代，蒂芙尼首席宝石学家坤斯博士受老蒂芙尼之托为品牌客户在美国和世界其他地区搜寻顶级的天然珍珠。基于这些宝贵的一手经验，坤斯在 1908 年撰写了《珍珠之书》（*The Book of the Pearl*），这本书至今仍是这个领域的权威指南之一。坤斯撰写的戒指专著《指环》（*Rings for the Finger*）则将戒指的历史娓娓道来，从材质、款式、工艺以及使用场合等方面向大众进行全面的"科普"。

20 世纪 50 年代中期，霍温收购了处于低谷的蒂芙尼，并担任董事会主席。为了将蒂芙尼倡导的精致生活理念重新介绍给美国人，1960 年，出身欧洲名门的霍温亲自撰写了一本书，名为《蒂芙尼青少年餐桌礼仪》（*Tiffany's Table Manners for Teenagers*）。

这本 96 页、以蒂芙尼蓝为封面的精装小书，提供了一系列

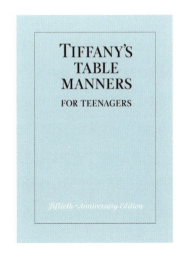

《蒂芙尼青少年餐桌礼仪》

清晰实用又趣味横生的指南，比如，"就餐前，男士应该帮助他右手边的女士落座""记住，晚宴不是葬礼，晚宴的主人邀请你来也不是因为你迫切需要食物救济，你到那里是为了获得愉悦的体验"……当然，书中肯定少不了和蒂芙尼标志性的产品——银质餐具相关的内容，比如，如何摆放和取用刀叉、如何握好吃鱼的叉子、如何吃洋蓟等。每一条指南都配有美国著名时尚插画家乔·尤拉（Joe Eula）绘制的精美插图。此书目前依然可以在网上买到，二手书售价从1.25美元起——或许，这才是我们能够花钱买到的最便宜、最物超所值的蒂芙尼产品。

在蒂芙尼历史上另一位举足轻重的领导者——威廉·R.钱尼

的管理下，这种"客户教育"的传统继续发扬光大。

进入 20 世纪 90 年代，钱尼和他的团队通过调研发现，一位典型客户在选购订婚钻戒时平均要光顾七到八家商店，左挑右选后才会拿定主意。这背后的一个重要原因就是大众对于钻石知识的匮乏。为帮助顾客简化决策流程，蒂芙尼出版了一本免费的小册子《如何购买钻石》(*How to Buy a Diamond*)，清楚地介绍了衡量钻石品质的 4C 标准——颜色 (Colour)、净度 (Clarity)、切工 (Cut) 和克拉重量 (Carat)。这本小册子一问世就发行了 10 万本，第一次大范围地向大众普及了钻石知识，极大地增强了消费者对蒂芙尼钻石首饰的认知度和信任感。

国际化布局

当今的美国是世界第一大经济强国，但其在运动服饰以外的时尚和生活方式领域，特别是奢侈品领域，算不上是一个强国。美国本土一些大品牌的销售额虽然可观，却缺乏国际号召力，品牌力薄弱。其中很大一个原因就是这些美国品牌过于"美国化"。

其实，在品牌国际化方面，蒂芙尼可以说早就为美国人做出了表率，即便在其后 100 多年里，也少有美国品牌可以企及。

蒂芙尼公司选择的赛道——引领生活方式品位的"奢侈品"，让它从一开始就非常注重打通国际供应链：从老蒂芙尼在纽约港口四处搜罗船员私带的异国"宝贝"，到创业合伙人约翰远涉重洋去巴黎"扫货"，再到 1887 年在法国皇室珠宝世纪大拍卖中"豪夺"

超过 1/3 的拍品——蒂芙尼早年在密集的海外活动中成就了品牌发展进程中的一些重要里程碑，为蒂芙尼的奢侈品定位提供了强有力的背书。

为了深化跨境贸易活动，更直接地把控海外供应链，1850 年蒂芙尼引入重要的海外业务合伙人吉迪恩·弗兰奇·塞耶·里德，并在巴黎最时尚的街道——黎塞留路开设了第一个负责采买工作的常设海外办事处，1871 年又在伦敦开设了第二家海外办事处。1868—1878 年，蒂芙尼还一度在瑞士自建了高标准的手表工厂。

随着与欧洲珠宝行业之间的联系一步步加深，蒂芙尼也在逐渐摸清欧洲市场的消费需求，络绎不绝来到欧洲观光度假的美国游客成为首批重要客源。蒂芙尼顺势而为，逐渐给巴黎和伦敦的办事处赋予零售功能，先是 1891 年在伦敦最繁华的摄政街开设了第一家海外旗舰店，又于 1910 年在巴黎歌剧院附近的繁华地带开设了轰动一时的标志性旗舰店。随着零售活动的深入，欧洲本地的高端客群也逐渐增多，其中不乏贵族和皇室成员。

在品牌传播方面，从 1867 年起，蒂芙尼频频参与在巴黎等地举办的国际性博览会，斩获诸多奖项，极大地提高了蒂芙尼品牌的国际知名度。蒂芙尼还直接在博览会上销售顶级珠宝产品，扩大了高价值的海外客户基础。

在产品设计方面，从银器大师爱德华·C.摩尔到老蒂芙尼的长子路易斯·康福特·蒂芙尼，他们都热衷国际旅行，从东方和西方丰富的历史文化财富中汲取灵感，并在蒂芙尼的内部档案里留下了大量宝贵的艺术和设计藏品，成为后世取之不竭的灵感源泉。

老蒂芙尼从康涅狄格州的乡下走到纽约，又从纽约走向欧洲奢侈品的心脏。在实践中不断积累的国际化视野和经验，让他和合伙人在大西洋两岸如鱼得水，得以先人一步，利用各地区的不同优势编织国际性的行业和资源网络。他们立足美国，却创造出真正全球意义上的奢侈品牌。

第六节　第六种财富：以"增长"为导向的股权结构

在奢侈品行业一直有一种观点，那就是真正的奢侈品牌应该由创始人家族牢牢掌控，不受外界干扰地按自己的节奏发展。引入外部投资、让渡控制权、被投资公司并购乃至公司上市，都会破坏品牌纯正的 DNA、损害其长期价值。

然而，翻开蒂芙尼 180 多年的成长历史，我们会惊讶地发现，老蒂芙尼在对公司所有权和控制权的把握上相当开放和灵活。

1837 年，公司在初创的时候名为"Tiffany & Young"，背后是老蒂芙尼和他的创业伙伴约翰。四年后，公司又引入了一个新的投资人（据说是蒂芙尼家族的亲戚）贾比兹·刘易斯·埃利斯，公司名称更改为" Tiffany，Young & Ellis"。正是埃利斯带来的新资本，让蒂芙尼可以进一步丰富产品线并负担得起海外采购的开销，逐渐走上了高级珠宝的全新发展道路。

1851 年，约翰的父亲去世，他回家继承遗产，两年后正式退出了蒂芙尼，同年（1853年），埃利斯也离开了。蒂芙尼最早的三位合伙人中，只有老蒂芙尼一人留下来，公司的名称也变成了"Tiffany & Company"。那么，在这之后，蒂芙尼的所有权结构发生了怎样的变化呢？我们目前看到的许多关于蒂芙尼的文章都会给我们造成错觉，好像自那时起，蒂芙尼就归老蒂芙尼一人所有且他大权独揽，蒂芙尼变成了一个家族企业。

或许是出于维护品牌统一形象的需要，蒂芙尼的官方网站和其他常见的公开资料都将老蒂芙尼作为蒂芙尼在1853年以后的唯一控制人。但其实答案早就体现在蒂芙尼的公司名称中——"Tiffany & Company"是合伙制公司的标准写法，它表明，这家公司是老蒂芙尼和其他若干合伙人共同所有的。事实上，蒂芙尼从1837年创立之初就是一家合伙制企业，直到1868年注册为股份制公司，蒂芙尼家族所占权益比例始终没有超过50%。

在英国兰卡斯特大学的尼古拉斯·亚历山大（Nicholas Alexander）教授和思克莱德大学的安妮·玛丽·多赫蒂（Anne Marie Doherty）教授联合撰写的论文（*The Origins of American International Retailing: Tiffany of New York in London and Paris*，1837—1914年）中，对蒂芙尼在1837—1867年的合伙人构成及利益分配比例有详细的介绍。

1841年，"Tiffany, Young & Ellis"的三位合伙人老蒂芙尼、约翰和埃利斯分别享有公司1/3的权益。1853年，在约翰和埃利斯离开后，蒂芙尼引入了三位新的合伙人：已经在1850年成为蒂芙尼欧洲公司合伙人的吉迪恩·弗兰奇·塞耶·里德，以及亨利·R.特雷德威尔（Henry R. Treadwell）和威廉·布兰奇（William Branch）。其中，老蒂芙尼和里德分别享有公司 3/8 的权益，另两位新合伙人则分别享有 1/8 的权益。在此后的 14 年里，蒂芙尼的合伙人构成又发生了多次变化，不过，老蒂芙尼和里德在公司所占权益一直是最大的，但都未超过 50%。

截至 1867 年 5 月 1 日，蒂芙尼的合伙人构成及权益分配比例如下：

老蒂芙尼拥有 3/8+1/32 的权益

吉迪恩·弗兰奇·塞耶·里德拥有 3/8+1/32 的权益

查尔斯·T.库克拥有 1/8 的权益

乔治·麦克卢尔（George McClure）拥有 1/32 的权益

约翰·洛克伍德（John Lockwood）拥有 1/32 的权益

早在 100 多年前，老蒂芙尼就清晰地认识到，"股权"是吸纳人才和资本，将蒂芙尼做大做强的"手段"，而非个人奋斗的"目标"。坐镇蒂芙尼 65 年，老蒂芙尼在公司享有的超然地位并非靠"一股独大"，而是通过他的专注、持之以恒，以及他所展现的卓越的领导力和创新精神获得的。

1850 年，蒂芙尼引入新的合伙人——波士顿的珠宝商吉迪恩·弗兰奇·塞耶·里德。这位里德先生心甘情愿背井离乡、远赴重洋，帮助蒂芙尼陆续在巴黎和伦敦开设办事处和海外门店——值得注意的是，为了开拓海外业务，老蒂芙尼慷慨地让这位新合伙人享有与自己相同份额的蒂芙尼权益，让他可以安心驻扎在大洋彼岸，为蒂芙尼开疆拓土，同时与纽约总部互通有无，一致行动。

在那个交通和通信都不甚便利的年代，没有这样一个利益深度绑定的合伙人，很难想象蒂芙尼可以顺利地开展海外业务。1870年10月，为了躲避普法战争的激烈战事，里德仓皇从巴黎逃往英国，在伦敦拉纳姆酒店的房间里继续开展蒂芙尼的海外业务。

在里德亲力亲为的运作下，蒂芙尼不仅领先美国其他同行建立了从欧洲采购珠宝和宝石的可靠渠道，还掌握了欧洲珠宝行业的最新流行趋势，吸引众多到欧洲观光购物的美国游客光顾蒂芙尼的海外门店，并逐步培育起包括皇室成员在内的一批欧洲本地高端客群，将"美国制造"的奢侈品反向输入奢侈品的源头。正是深耕欧洲市场获得的充足经验，让蒂芙尼在1867年信心十足地走进巴黎万国博览会，赢得了更高的国际声誉，为蒂芙尼品牌增光添彩。

1868年，在与纽约顶尖银匠约翰·C.摩尔达成独家合作关系17年后，蒂芙尼正式收购了摩尔父子的家族企业，牢牢地绑定了这个重要的"上游资源"，而摩尔家族也成为蒂芙尼的重要股东。正是摩尔父子帮助蒂芙尼建立起庞大的银器帝国，并在1852年推出后来被美国尊为行业标准的925标准纯银。

1868年5月1日，蒂芙尼正式以"Tiffany & Co."的名义注册成立股份制公司，确保在合伙人退休或退出后，公司的所有权可以得到更加有序的传承。新公司成立了董事会，三位大股东——老蒂芙尼担任总裁，里德担任副总裁，爱德华·C.摩尔担任银器和珠宝工坊的主管。另外几位小股东也各司其职：宝石学家和钻石专家乔治·麦克卢尔担任公司秘书长，从蒂芙尼的勤杂工一路做到管理层的查尔斯·T.库克担任助理秘书长。[3]

事实上，从1868年到1955年长达87年的时间里，蒂芙尼一直由蒂芙尼和摩尔两个家族共同管理。爱德华·C.摩尔担任蒂芙尼的设计主管达40年之久。除了1902—1907年由查尔斯·T.库克接替去世的老蒂芙尼担任总裁一职外，从1907年起，爱德华·C.摩尔的儿子（也叫约翰·C.摩尔）和他的孙子路易斯·德·贝比安·摩尔（Louis de Bebian Moore）相继出任蒂芙尼的总裁，直到1955年蒂芙尼被整体收购。

不过，随着时间的推移，仅靠蒂芙尼和摩尔两大家族支撑，已经无法让蒂芙尼的管理水平跟上时代的发展。在经历了大萧条的重创后，由于在第二次世界大战期间蒂芙尼转型生产军需设备和战后经济复苏，蒂芙尼品牌的业绩有了起色，但落后的管理和陈旧的款式让这家百年企业一直在盈亏线上挣扎，由此引来一些不速之客，也促成了蒂芙尼品牌历史上最重要、最彻底的大变革，这部分我们将在上篇第三章详细叙述。

---

3 这里需要指出一层特殊关系：乔治·麦克卢尔的妻子与老蒂芙尼的妻子是亲姐妹，即她们是老蒂芙尼最早的创业伙伴约翰的妹妹。

第七节　第七种财富：广纳英才的"平台思维"

我们经常基于二分法将"平台"和"品牌"看作时尚消费产业的两极：

"平台"注重的是共性和广度，需要在高速成长期快速聚集流量并将规模效应最大化，当市场趋于饱和时则必须从竞争对手处攫取份额，力求实现赢者通吃。

"品牌"注重的是个性和深度，只有"与世无争"地将差异化做到极致，才能夯实属于自己的核心竞争力。"流水不争先，争的是滔滔不绝"，这句话仿佛说的就是品牌特性，尤其是那些穿越不同时代、历久弥新的奢侈品牌，比如蒂芙尼。

然而，当我们放下成见，深入一个品牌成长的种种细节，往往会诧异地发现，这些"大道理"其实过于大而化之，"品牌"与"平台"之间并非如此泾渭分明。

以蒂芙尼为例，美国这片属于清教徒和拓荒者的热土原本缺乏奢侈品牌成长所必需的条件（家族传承的独门绝技、丰富的历史和文化积淀、引领世界潮流的精致生活方式），尽管我们已在本章历数了老蒂芙尼作为"amazing founder（了不起的创始人）"为品牌缔造的六种有形和无形的财富，但细究起来，每一种财富都并非不可复制，也不是蒂芙尼独有的。真正不可复制的财富，恰恰是蒂芙尼的"平台"属性——老蒂芙尼抓住了历史赋予的几个重要的机会窗口，先是将"小平台（高级杂货店）"做成了"品牌"，又将"强势品牌"做成了"大平台"，让最优质的行业资源汇聚到蒂芙尼的平台之上，合力缔造出足以穿越多个经济周期的常青树。

谈到高级珠宝行业的优质资源，许多人都会想到稀有的宝石矿藏、技艺高超的切磨和制作工厂、黄金地段的商铺、高净值的客群等，但实际上，高级珠宝行业背后最重要的资源还是人才——准确地说，是能持续为品牌创造超额价值，建立并维持竞争优势的"关键人才"。

在《七力：商业战略的基础》（*7 Powers: The Foundation of Business Strategy*）这本备受业界推崇的互联网时代战略名著中，身经百战的斯坦福大学教授汉密尔顿·海尔默（Hamilton Helmer）将"Cornered Resources（锁定核心资源）"作为企业建立竞争壁垒的七种核心力量之一。他尤其强调集合行业顶尖人才的重要性——当一批能力互补的关键人才集合起来，源源不断地释放个体和团队的最大潜能，同心协力地创造可持续的高额利润，且他们的贡献能够沉淀为企业的内在价值并代代相传时，就能为企业铸就难以撼动的长期竞争优势。这种关键人才值得企业领导者毫不犹豫甚至不惜代价地牢牢锁定。

老蒂芙尼一定认识到了这一点并对此深信不疑。或许正是因为他本人并非身怀绝技的"大师"，虽然这让他不能在创业之初"一招制胜"，却免除了"大师"通常会有的自负和固执。身为一个并非小富即安的商人，他清晰地意识到个人能力的局限性和吸引外部人才的迫切性，这让他能以开阔的胸怀将外部人才引到蒂芙尼这个平台上，让他们发挥更大的作用，为自己更为蒂芙尼获取更高的回报。而蒂芙尼品牌本身持续的"升级"进程，也让这个"平台"的号召力持续上升，在不同历史时期都能吸引到匹配品牌发展阶段的关键人才，而这些功成名就的关键人才的示范效应，反过来继续强化了蒂芙尼作为一个平台的吸引力，让更多优秀人才一浪接一浪地持续涌现并在蒂芙尼大展身手。

下面我们将通过蒂芙尼早期发展史上几位著名的关键人才来了解蒂芙尼这个"平台"聚合人才的能力，以及这些人才为蒂芙尼立下的汗马功劳。

珠宝专家班克斯

1848 年，是蒂芙尼引入外部关键人才的开端。

这一年，由于建立了稳定的海外进口渠道（始于 1842 年），以及蓝皮书（始于 1845 年）在美国成功推出，蒂芙尼的实力得到全面提升。我们常说，机会是留给有准备的人的，当这个机会降临时，为什么是"你"而不是别人将它抓住，就取决于"你"是否提前做好了"准备"。

前面提到，1848 年 2 月，合伙人约翰到巴黎采买下一季的"别致杂货"时巧遇法国爆发二月革命。他果断抛开原来的采购计划，将身上携带的所有现金用于购进法国皇室成员和贵族仓皇出逃前低价抛售的家藏珠宝和宝石，历史性地成就了蒂芙尼在美国的"钻石之王"的声誉。当时在约翰的背后，有一位鲜为人知的"关键先生"——托马斯·克兰·班克斯。目前的史料对他的记载甚少，我们唯一知道的是，他是蒂芙尼聘用的第一位真正意义上的"珠宝专家"，他陪伴约翰踏上那次法国采办之旅。正是这位珠宝行家的专业建议让约翰在无法与大洋彼岸的合伙人老蒂芙尼取得联系的情况下，果断下了"all in（倾囊而出）"的决心。

银器大师摩尔父子

我们在谈蒂芙尼的第六种财富时提到，1851 年蒂芙尼与纽约顶尖银匠约翰·C. 摩尔的结盟及后来两家公司的合并不仅推动蒂芙尼成为在美国采用 925 纯银标准的领导者，还帮助蒂芙尼多次在世界性博览会上赢得国际奖项。

早期蒂芙尼获得美国"钻石之王"的美誉，其实主要还是作为钻石和珠宝的跨境交易商。在蒂芙尼逐渐升级为具备强大原创设计和自有生产能力的奢侈品牌的进程中，摩尔父子起到了最重要的作用。同时，他们为蒂芙尼构建了银器量产能力，在 19 世纪下半叶及时响应美国富裕阶层提升家居生活品质的普遍需求，让蒂芙尼的产品走向了更大的市场，以银器奠定了其在美国乃至世界奢侈品市场的商业地位。

摩尔父子之所以愿意放弃作为独立银器工坊经营者的身份而加入蒂芙尼，正是因为蒂芙尼展示了成为世界级奢侈品牌的决心和勇气，为摩尔父子提供了更大的用武之地。

与此同时，摩尔家族崇高的业内声望也为蒂芙尼创造了一个"人才平台"——一波又一波满怀抱负、天资聪颖的年轻工匠和设计师投奔到爱德华·C.摩尔门下，在他领导的蒂芙尼学校磨炼银器和各类珠宝制作技艺，浸淫在他收藏的来自古希腊、古罗马、日本和伊斯兰世界等的1 600多件珍贵文物和艺术杰作的海洋里，汲取不同文化的丰富养分，相继成长为蒂芙尼最宝贵的创作力量。

宝石学家＆矿物学家坤斯

乔治·弗雷德里克·坤斯最广为流传的事迹，是在1878年为蒂芙尼购进了镇店之宝——287.42克拉的蒂芙尼黄钻。历数他的个人传奇经历，你会发现，在美国乃至全球宝石界，坤斯都是一位"大神级"人物。

坤斯于1856年出生在纽约，是一位德国面包师的儿子。据说他从少年时代起，就喜欢深入哈德逊河沿岸的山脉和丘陵，搜寻山里埋藏的珍奇矿石。到他14岁的时候，已经学会和石头藏家们做买卖。20岁那年，他以400美元一口气卖给明尼苏达大学4 000多块矿石标本，总重量超过一吨。也正是在1876年这一年，他遇到了生命中最重要的贵人——老蒂芙尼，后者从他手里收购了一颗电气石，开启了双方合作。

坤斯与蒂芙尼原本松散的合作关系在两年后出现重要的转折：1877年，南非金伯利钻石矿出产了一颗重达287.42克拉的稀世大黄钻。次年，在宝石"达人"坤斯的指点下，蒂芙尼斥资1.8万美元（约等于 2021 年的 47 万美元）将其收购。这颗惊为天人的钻石也让坤斯为之着迷。在反复研究一年后，他告诉老蒂芙尼，为了让这颗钻石呈现绝美的视觉效果，必须切磨掉钻石超过一半的重量。令人惊奇的是，时年 67 岁的老蒂芙尼居然对一位 22 岁的毛头小子言听计从，从而成就了今天蒂芙尼的镇店之宝——重 128.54 克拉，拥有 82 个璀璨切面的蒂芙尼黄钻。

在完成这件大事的那一年（1879 年），23 岁的坤斯结束了矿石"自由猎手"的生涯，正式入职蒂芙尼担任首席宝石学家，后来又被任命为公司副总裁。

在这里，需要特别提到的是，在带领蒂芙尼不断"升级"的过程中，老蒂芙尼一直在努力占据珠宝领域的制高点——稀有的钻石和其他宝石，此类顶级资源对于蒂芙尼抓住美国和欧洲国家最富有和挑剔的客群至关重要。为此，蒂芙尼在业内率先设置了"首席宝石学家"的职位，乔治·麦克卢尔是第一位担纲此职的专家。不过他在任上的十多年间，更多的是默默搜寻和筛选来自欧洲皇室的二手货源。到了 1879 年，坤斯取代麦克卢尔成为蒂芙尼第二任首席宝石学家兼公司副总裁，此后，蒂芙尼对于珠宝原材料的探索才进入了一个更高的境界。

老蒂芙尼聚合人才的能力正表现于此。他在发现一个不可多得的天才时，能够快速决策，给出对方无法拒绝的条件，让他心甘情愿地投入蒂芙尼门下，成为蒂芙尼的独占资源。值得一提的是，麦克卢尔和老蒂芙尼是亲戚关系，即便如此，他也不得不为这位"高

乔治·弗雷德里克·坤斯

能"青年让出宝座。

老蒂芙尼不拘一格用人的魄力非同小可——要知道，坤斯并非科班出身，虽然曾在库伯联盟学院（Cooper Union）就读过几年（中途辍学），但他掌握的渊博的矿物和宝石学知识基本上靠摸爬滚打自学而来。在功成名就之后，坤斯先后获得母校及纽约哥伦比亚大学等学校授予的荣誉学位，其中，德国历史悠久的马尔堡大学在1903年为他颁发荣誉博士学位，因此后人一直尊称他为坤斯博士。

除了在蒂芙尼工作外，坤斯还活跃在美国矿石协会和宝石协会等学术组织。他在宝石学方面发表的文章多达300多篇，出版的书籍包括前文提到的珍珠和戒指专著，以及《宝石传奇》（*The Curious Lore of Precious Stones*）等，具有很高的学术价值和实用参考价值。

为了搜寻珍稀宝石，坤斯的足迹遍及全球许多角落，从俄罗斯的乌拉尔山脉，到非洲的沙漠。有人甚至将坤斯比喻为现实生活中的"印第安纳·琼斯"[好莱坞大片《夺宝奇兵》(*Raiders of the Lost Ark*)中的著名探险家]。同时他为发掘和在全球推广美国本土出产的宝石、珍珠及各种半宝石做出了巨大贡献。为此他深入加利福尼亚山脉、蒙大拿山谷、新泽西的河流探查，还在蒂芙尼的根据地纽约曼哈顿岛有重大发现——1885年，在曼哈顿西35街的一处工地出土了美国境内发现的最大的石榴石，这颗石榴石被命名为"坤斯石榴石(The Kunz Garnet)"。

坤斯去世后，他个人收藏的数千件珍贵宝石和文献被出售给他曾兼职工作过的美国地质调查局图书馆，售价：1美元。

珠宝设计天才法纳姆

如果说坤斯为蒂芙尼从全世界网罗的五光十色的珍稀宝石好比顶级"食材"，那么同期供职于蒂芙尼的首席珠宝设计师G. 保尔丁·法纳姆(G.Paulding Farnham)则用他似乎永不枯竭的创意灵感，将这些"食材"烹制成一盘盘绝妙"好菜"。

值得一提的是，不是只有"外来的和尚"才会念经，关键人才也可以来自内部培养与历练，法纳姆就是一个典型，他其实是查尔斯·T. 库克(蒂芙尼第二任总裁)的外甥。

1879年，颇具绘画天分的法纳姆进入蒂芙尼学校当学生。1891年他接替师傅爱德华·C. 摩尔担纲蒂芙尼珠宝设计主管。法纳姆尤其擅长将钻石、彩色宝石和珍珠搭配起来镶嵌。他深得师傅真传，设计灵感来自大自然中的花、草、鱼、虫，也来自美国、伊斯兰和东方文化。他那美轮美奂的银器和珠宝杰作多次为蒂芙尼在世界博览会上赢得重要奖项，得奖数量超过了同时代的所有珠宝设计师。

法纳姆最具标志性的珠宝作品是用珐琅、钻石和黄金打造的一组惟妙惟肖的兰花胸针，这一作品曾在1889年的巴黎万国博览会上夺得金奖。1993年10月20日，在苏富比拍卖会上，这组胸针中的一枚——法纳姆兰花胸针被拍出41.5万美元的高价。著名珠宝历史学家、蒂芙尼前任档案管理员珍妮特·萨帕塔（Janet Zapata）认为，法纳姆是美国当代珠宝设计的奠基人。

1902年，老蒂芙尼去世后，他的儿子路易斯·康福特·蒂芙

G. 保尔丁·法纳姆

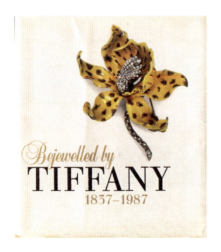

纪念画册（*Bejewelled by TIFFANY* 1837—1987）的封面

尼成为蒂芙尼的艺术总监兼公司副总裁，统管所有设计工作，法纳姆在蒂芙尼逐渐边缘化。或许是一山终归难容二虎，1908 年，法纳姆离开了蒂芙尼，并卖掉了自己持有的蒂芙尼股票。（就在前一年，他的舅舅、蒂芙尼的第二任总裁查尔斯·T. 库克去世，这让他失去了留在蒂芙尼的最后理由。）在生命余下的 20 年里，他再也没有重拾珠宝设计工作，而是从事雕塑和绘画工作，后来又投入美国西部的淘金热中，耗尽了个人的全部财富。

1908 年后，在相当长的一段时间里，G. 保尔丁·法纳姆这个名字几乎从蒂芙尼的语境中消失了，直到 1979 年新一任设计总监约翰·洛林（John Loring）走马上任。他用了 20 多年的时间研究了蒂芙尼 300 多万份档案，从中发掘了大量尘封已久的法纳姆的设计底稿，惊为天人，并据此撰写了一部专著《保尔丁·法纳姆：蒂芙尼失落的天才》(*Paulding Farnham: Tiffany's Lost Genius*)，将法纳姆重新拉回人们的视线中。

2006 年，在洛林的推动下，蒂芙尼举办了大型回顾展，展会荟萃 1837—1987 年的经典作品，并配套出版了纪念画册 (*Bejewelled by TIFFANY 1837—1987*)——用作这本画册封面的代表性作品不是别的，正是法纳姆设计的一枚黄色兰花胸针。

美国装饰艺术运动的领军人路易斯·康福特·蒂芙尼

苹果公司的联合创始人史蒂夫·乔布斯 (Steve Jobs) 有一张摄于 1982 年的生活照流传甚广。照片上，空空荡荡的客厅里，乔布斯盘腿坐在木地板上，除了墙边的音响、手里的咖啡杯、脚下的几张黑胶唱片，以及膝下一张素色的方毯外，整个空间里只有一件家具——一盏落地灯，青铜的灯座和灯杆，透过木兰花图案的玻璃灯罩洒下斑驳的光，内行人一眼便知，这盏灯是路易斯·康福特·蒂芙尼创办的玻璃工厂于 1910 年左右出品的经典作品。2005 年 12 月，佳士得拍卖行曾经拍出同款作品，成交价为 203.2 万美元。

走进位于美国纽约的大都会艺术博物馆美国艺术展厅，你会惊叹于路易斯·康福特·蒂芙尼涉猎的广度——油画、大厦门廊、教堂彩窗、扶手椅、玻璃器皿、瓷器、珠宝首饰，当然，少不了家喻户晓的蒂芙尼彩色玻璃灯具。

你或许会认为，作为老蒂芙尼的长子，路易斯·康福特·蒂芙

戴安娜·沃克尔（Diana Walker）摄影，版权归属：Contour by Getty Image for TIME

尼天生属于蒂芙尼的世界。然而事实上，与许多奢侈品企业的继承人不同，路易斯·康福特·蒂芙尼在成年后的很长一段时间都游离于蒂芙尼体系之外摸索自己的艺术道路，开创了独树一帜的玻璃艺术事业。他的玻璃工坊送展的作品曾多次获得国际性博览会大奖。和老蒂芙尼一样，他也获得过法国荣誉军团骑士勋章，还被法国巴黎的国家艺术协会（Société Nationale des Beaux-Arts）聘为荣誉会员，成为举世公认的美国装饰艺术运动的代表人物。

老蒂芙尼曾希望将心爱的儿子培养为蒂芙尼商业帝国的接班人，他为此殚精竭虑，甚至不顾儿子的奋力抗争将其送去军校接受军事化教育。无奈"含着金勺子"出生的路易斯·康福特·蒂芙尼对美的热爱远远超过对商业的热爱，在他眼中，钻石和玻璃并无多少差别，它们只是艺术表达的不同介质而已。他曾就读于

路易斯·康福特·蒂芙尼

美国纽约的国家设计学院，并先后师从美国风景画大师乔治·因内斯（George Inness）、塞缪尔·科尔曼（Samuel Colman）和法国风景画大师莱昂-阿道夫-奥古斯特·拜利（Leon-Adolphe-Auguste Belly）。除了学习欧洲的文化艺术之外，他还受到伊特鲁里亚人、埃及人和摩尔人的艺术风格的影响。年轻的路易斯·康福特·蒂芙尼酷爱旅行，在旅行中搜集的形形色色的纪念品包括巴比伦项链、埃及木乃伊的珠子项链和手链、贝宁臂章、西班牙耳环、古希腊金耳环、17 世纪意大利银十字架和印度教珠宝等，这些都成为他日后创作的灵感源泉。同时他也从蒂芙尼丰富的珠宝藏品，美国本土的山川矿藏、花草树木以及印第安人的传统工艺中汲取了充足的原创动力。

路易斯·康福特·蒂芙尼早年就展示了杰出的绘画才能，最终选择玻璃作为自己最主要的艺术媒介，在高手云集的艺术界"弯道超车"。对此，他的玄孙迈克尔·约翰·伯林厄姆客观地评说："那是因为当时的玻璃艺术最'费钱'，而他恰好'不差钱'！"

蒂芙尼雄厚的家底让路易斯·康福特·蒂芙尼可以不计成本地开展研发工作，聘用最优秀的化学家和冶炼技师，甚至买断铜箔专利将其发展为蒂芙尼染色玻璃技术。他的才华和"任性"，让他能够同时在技术和美学两方面精益求精，实现他梦想中的极致艺术效果。

蒂芙尼前任设计总监约翰·洛林曾指出，当路易斯·康福特·蒂芙尼进行创作的时候，他永远可以从库房里精准地找出自己需要的某一块具备特定色彩、色调和明暗度的彩色玻璃素材，这种"信手拈来"的背后，是对需以繁复工艺烧制的玻璃材料的巨大资金和人力投入。

在与几位同行合作了一段时间后，路易斯·康福特·蒂芙尼在1885年独立创办了自己的玻璃工坊"Tiffany Studio（蒂芙尼工作室）"，并破天荒地聘用了大批单身女子担任工匠和管理职位——这些美国最早的职业女性心灵手巧、踏实肯干，为工坊开展广泛的彩色玻璃业务提供了坚实的保障，人称"Tiffany Girls（蒂芙尼女孩）"。

在路易斯·康福特·蒂芙尼的领导下，经过数十年努力，工坊的玻璃制作工艺日臻完善，达到出神入化的境界。其中最具标志性的工艺是如彩虹般流光溢彩的法夫莱尔（Favrile）玻璃技法，此外还有乳白玻璃、断裂流光玻璃、环形斑驳玻璃、波纹玻璃等创新技法。它们都被天马行空地运用在形形色色的玻璃作品中，包括窗户、灯具、花瓶、马赛克拼接画等。路易斯·康福特·蒂芙尼的工坊多次受托为教堂、美术馆等大型公共建筑设计和制作彩色玻璃花窗和整体室内装饰。美国著名作家马克·吐温（Mark Twain）、美国第21任总统切斯特·艾伦·阿瑟都是他的客户，后者曾以3万美元的代价邀请他为白宫的主要房间更换内装。

蒂芙尼的玻璃制品在承袭文艺复兴时期威尼斯玻璃工艺精髓的同时，汲取了多种文化的精华——包括欧洲印象派绘画、美国本土的大自然和手工艺元素以及源自更古老的文明发源地——古埃及、古伊朗等的文化遗产，极大地提升了玻璃工艺的艺术含量，丰富了玻璃的可塑性和应用场景。

直到1902年老蒂芙尼去世，路易斯·康福特·蒂芙尼才正式加入蒂芙尼，担任品牌艺术总监（直至1918年）。他带领自己的女干将们[包括珠宝设计主管朱莉娅·芒森（Julia Munson）、梅塔·奥贝克（Meta Overbeck）等]，以独具一格的"艺术珠宝"为蒂芙尼品牌历史写下了浓墨重彩的一笔。

从某种意义上讲，路易斯·康福特·蒂芙尼也是蒂芙尼平台在发展过程中从"外部"引入的一位关键人才，他的回归一方面为品牌留下了大量的原创设计作品，一方面赋予了蒂芙尼这个名字更加丰富的美学内涵，将品牌影响力从奢侈品延伸到艺术范畴。

相比法纳姆用精巧的设计让稀有钻石、其他宝石和珍珠大放异彩，路易斯·康福特·蒂芙尼更多地将珠宝设计视为个人艺术表达的延伸，基于深厚的绘画造诣和工艺技术，大量采用珐琅及绿玉、锆石、蛋白石、月长石、黄水晶、石榴石、电气石等所谓"半宝石"以及他拿手的彩色玻璃，天马行空地创造出上至流光溢彩的珠宝艺术珍品，下至烛台、书挡、盒子、镜子等生活杂物，充分体现了新艺术运动"生活即艺术，艺术即生活"的主张。他的灵感来源非常丰富，从欧洲的绘画艺术，到印第安人的编织工艺，再到大自然的花草、水果、昆虫、鸟类等。

不过，路易斯·康福特·蒂芙尼更多的将自己看作"艺术家"而非奢侈品牌的珠宝设计师，在他眼中，珠宝就是"艺术的传教士"。路易斯·康福特·蒂芙尼的珠宝作品非常丰富，也具有很高的艺术性，但更多的是供人仰慕的"作品"，而非容易批量复制和规模化销售的"商品"。事实上，在路易斯·康福特·蒂芙尼主持蒂芙尼的设计工作期间，他甚至拒绝让自己的"艺术珠宝"作品登上 *VOGUE*、*Harper's Bazaar* 等时尚杂志。

即便如此，路易斯·康福特·蒂芙尼时代的蒂芙尼依然堪称"艺术市场化"的杰出代表——史蒂夫·乔布斯对这一点非常着迷。1981 年，他曾经带领刚刚组建不久的麦金塔（Macintosh）电脑开发团队从硅谷跑到旧金山参观路易斯·康福特·蒂芙尼的回顾展。他希望团队明白：他们不只是伟大的程序员，也是艺术家。

结　语

这一章，我们详细解读了老蒂芙尼为蒂芙尼品牌留下的七种财富。可以说，正是这些财富赋予了蒂芙尼强大的韧性，让品牌在这个不确定的世界里拥有了难能可贵的"确定性"，在老蒂芙尼去世百年之后，依然潜移默化地引导着品牌未来前进的方向。

斗转星移，物是人非，这些有形的、无形的财富却沉淀下来，融入蒂芙尼的品牌 DNA，形成了难以复制的品牌资产并持续释放能量，在为股东创造利益的同时，也让品牌本身的价值得以累积，让后来人可以游刃有余地将蒂芙尼的故事一代代讲述下去。

第三章

蒂芙尼品牌传承背后的驱动要素

谈到品牌的传承，对难以复制的经典奢侈品牌来说，似乎是一件再自然不过的事情。"守业"好像不需要动什么大脑筋，将之前做对的事情一直做下去就好，顾客就应该持续为品牌的经典产品、精湛工艺、悠久历史和独一无二的品牌 IP（知识产权）买单。倘若如此，蒂芙尼就应该牢牢地掌握在创始人家族手中，无须上市，更不会被多次转手并购。

要理解奢侈品牌"守业"的难度，蒂芙尼恰好是一个绝佳的案例——品牌的发展同时受到宏观经济环境、行业竞争态势以及公司内部管理的制约，考虑到蒂芙尼在美国珠宝行业独一无二的地位，我们在分析影响蒂芙尼发展的决定要素的时候，可以暂时忽略"行业竞争"这个变量，聚焦于宏观经济环境和公司自身，从而更清晰地理解两者的相互作用如何决定了品牌在创始人身后的发展轨迹。

第一节 奢侈品牌传承的逻辑：一个新名词 & 一个新公式

为了更清晰地解读驱动蒂芙尼品牌传承的核心要素和基本逻辑，并从中引发更具普遍意义的深层思考，我在这里创造了一个新名词和一个新公式。

一个新名词

品牌财富（Brand Fortune）——这里"财富"一词对应的英文单词"Fortune"其实比常用的"Asset（资产）"一词更能准确传达我要讲的几重含义。

来自柯林斯英语词典对作为名词的"Fortune"的释义为：

① an amount of wealth or material prosperity.（一笔财富或物质财产）

② a power or force, often personalized.（一种人格化的力量）

③ luck, esp when favourable.（好运气）

④ a person's lot or destiny.（一个人的命运）

正如"Fortune"这个单词所暗示的，奢侈品牌是财富的象征；成功的奢侈品牌能够不断创造新的财富。一个奢侈品牌能够走过百年甚至更长的时间，根深叶茂，生生不息，通常都有一定的运气成分，与特定的时代背景和关键人物休戚相关。作为所有品牌中最富于"人性"色彩的一类品牌，奢侈品牌永远在努力掌握自己的命运，但多少要"听天由命"。

支撑著侈品牌代代传承并发扬光大的力量，已经不是干巴巴的"品牌资产"一词所能承载的。其内涵的丰富性和复杂性，其外延的渗透力和影响力，更适合用"品牌财富"这个更具张力、更微妙的词来指代。

一个新公式

Brand Fortune（品牌财富）＝ $F1 \times n+$（F2+F3+F4+F5）$\times t+$（F6$\times x$+F7$\times y$）

这里我用 F1、F2、F3、F4、F5、F6、F7 代表构成"品牌财富"的七个要素，它们是从本书上篇第二章所述的蒂芙尼品牌创始人老蒂芙尼留下的七种财富演化而来的。

F1——标志性元素，源自"突破式创新"的标志性元素，能够穿越不同周期沉淀下来，并持续发挥重要作用。

F2——用户基础，核心用户的价值、黏性和可扩展性。

F3——品牌定位，品牌的差异化定位和溢价能力。

F4——品牌内容，品牌内容的质量、密度、相关性和影响力。

F5——商业模式，运营系统的完备性、有效性和创新性。

F6——所有权，通过所有权的更迭达成新的利益组合，引发长期战略的演变。

F7——关键人物，品牌发挥"平台"作用吸引而来的重要人才，他（她）能够"点石成金"或触发重大的"蝴蝶效应"。

$F1 \times n$——一个"常量"，即品牌标志性元素的认知度和美誉度

通过岁月的洗礼被 n 倍放大或缩小的结果。

（F2+F3+F4+F5）×t——四个"渐变量"随着时间 t 的推进，被强化或弱化、被优化或劣化的结果。

F6×x+F7×y—— 两个"突变量"分别发生 x 倍和 y 倍的突变而产生的积极或消极的后果。

其中，标志性元素 F1 与品牌核心 DNA 的联系最为紧密，最需要有序传承并不断强化公众认知，可以将其称为品牌传承中的"常量"。用户基础 F2、品牌定位 F3、品牌内容 F4 和商业模式 F5 这四项则是企业经营管理者必须一直面对的"渐变量"，需要适应不同的历史时期、市场环境和公司内部条件，与时俱进地进行调整和优化：

①用户基础：根据消费者的社会属性、经济实力、消费偏好和行为模式的变化，界定、获取、留存并合理扩大目标用户群体。

②品牌定位：维持并强化奢侈品定位，兼顾差异化竞争策略。

③品牌内容：在现实语境下，为品牌创造优质内容并有效传播。

④商业模式：从生产、销售、营销、财务等角度不断优化品牌的中短期战略并高效执行。

对于这些"渐变量"的调整，无论方向、大小、快慢，也无论正确还是错误，在一定程度上是可以预见和规划的，大多有章可循，产生的结果也是线性的。

相比之下，所有权 F6 的更迭和关键人物 F7 的出现则充满了不确定性，可以称作"突变量"——既受到宏观社会和经济条件的影响，又取决于"小气候"状况，即能否有"正确的人"在"正确的时间"出现在"正确的地方"，凑齐"天时、地利、人和"，其结果往往是非线性爆发，或正向或反向，这既取决于纯粹的"运气"，也取决于一连串"关键选择"的叠加。而选择的背后，必定站着一位位"关键先生"或"关键女士"。

这些常量和变量彼此也相互作用，发生特殊的化学反应。接下来，我将重点剖析两大"突变量"——"所有权"和"关键人物"在蒂芙尼品牌创始人老蒂芙尼身后100多年里的重大变迁，及其产生的深远影响。

第二节　突变量之一：所有权

之所以将所有权归于品牌财富公式的"突变量"，是因为它的更迭往往充满了不确定性，其一旦发生更迭，就会让原本波澜不惊的品牌发展进程出现历史性转折，让品牌的战略方向出现重大改变。

当很多人听到蒂芙尼将被LVMH集团收购的消息时，第一个反应就是创始人家族的后代撑不住了，要卖掉老祖宗留下的遗产。其实，蒂芙尼家族从1955年起就不再是蒂芙尼这家公司的控股方，蒂芙尼在纽约证券交易所上市也已经超过30年，之前更经历了三次戏剧性的所有权更迭。

150 多年前确立的现代化公司治理结构

蒂芙尼是美国最早采用现代化公司体制的零售企业之一，早在 1868 年 5 月 1 日就以 "Tiffany & Co." 的名义注册成立了具有现代化治理结构的股份制公司，相比之下，创办于 1858 年的美国梅西百货（R. H. Macy）直到 1919 年才注册成立股份制公司。

1868 年，作为股份制公司的 "Tiffany & Co. " 成立之初，除了蒂芙尼和摩尔两个家族，其他合伙人和高管也持有一定的股份，比如欧洲业务的负责人、公司副总裁里德，宝石学家和钻石专家兼秘书长麦克卢尔，助理秘书长（后来的总裁）库克等。不知道大家有没有注意到本书上篇第二章中的一个细节——蒂芙尼珠宝设计主管法纳姆在 1908 年离开蒂芙尼的时候出售了自己持有的股份，可见早在 100 多年前，蒂芙尼就为管理与设计方面的核心工作人员提供股权激励。

蒂芙尼家族与摩尔家族的结盟，不仅让蒂芙尼获得了顶尖的银器设计和制作能力，还在未来的岁月里弥补了蒂芙尼在经营管理方面的人才缺口。

老蒂芙尼育有两子两女，但大儿子路易斯·康福特·蒂芙尼早年一心扑在自己的艺术和设计事业上，直到老蒂芙尼去世，他才加入蒂芙尼担任艺术总监，但并未负责过公司的管理和运营工作。小儿子伯内特·扬·蒂芙尼（Burnett Young Tiffany）则因为资质平平，只能在蒂芙尼担任薪水微薄的低级雇员。

1902 年，在老蒂芙尼去世后，多年追随他的 "老臣" 查尔斯·T.

库克接过了总裁的职位，但仅过了五年他就在任上去世了。1907 年，爱德华·C.摩尔的儿子约翰·C.摩尔（与祖父同名）成为蒂芙尼的第三任总裁，他在 1940 年退休后成为蒂芙尼第一位董事会主席，而他的儿子路易斯·德·贝比安·摩尔则成为蒂芙尼的第四任总裁，任职到 1955 年。

老蒂芙尼身后的三位总裁虽然没有为品牌留下轰轰烈烈的丰功伟绩，却也尽职尽责，让蒂芙尼经受住了第一次世界大战、美国经济大萧条以及第二次世界大战的轮番打击，尽管销售额和公司市值一路下滑，不复往日荣光，却始终屹立在纽约曼哈顿岛的核心商圈。不得不说，这种韧性与蒂芙尼早早确立的现代化公司治理结构密不可分。

第一次被收购：1955 年，白衣骑士扭转乾坤

蒂芙尼在历史上第一次被整体收购发生在 1955 年。彼时，蒂芙尼陷入低迷已经很长一段时间，上一次登上报纸头条还是 1940 年其纽约第五大道新店落成的时候。

1953 年，蒂芙尼全年的净利润仅有 24 906 美元。第四任总裁路易斯·德·贝比安·摩尔已经 65 岁，只是在靠惯性勉力支撑着这家百年老店。

如果蒂芙尼此时依然是一个家族企业，大概率会一直这样不温不火地维持下去，慢慢退化为纽约人缅怀流金岁月的一个注脚。所幸，老蒂芙尼在 1868 年为公司奠定的股份制公司体系在这个历史节点发挥了决定性的作用。

虽然蒂芙尼还不是纽约证券交易所的上市公司，但其股票也可以通过 OTC（场外交易市场）流通。经年累月，蒂芙尼原始股东和高管手里的不少股份已经在不断转手的过程中流入外部股东手中，而且数量越来越庞大。

其中一位名叫欧文·梅德曼（Irving Maidman）的股东通过 OTC 购买了将近 2.5% 的蒂芙尼股票。这位梅德曼先生的身份是房地产投资人，一方面他认定了蒂芙尼位于纽约黄金地段的房地产价值（当时蒂芙尼并不拥有这座大楼的土地所有权，但享有长期租约），另一方面他也希望通过进入蒂芙尼董事会推进一系列改革，却被蒂芙尼管理层断然拒绝。1955 年 7 月，无心恋战的梅德曼将自己持有的全部蒂芙尼股票（3.3 万股）以 200 万美元（约合 60 美元 / 股）出售给了当时的宝路华手表公司（Bulova Watch Company）——这是美国历史最悠久的钟表公司之一，从某种意义上说也是蒂芙尼的竞争对手，而且两家颇有渊源——宝路华的创始人，约瑟夫·宝路华（Joseph Bulova）在 1870 年左右从捷克移民到美国后的第一份工作就是在蒂芙尼的制表部门任职。

当时，蒂芙尼股票总数为 132 451 股，梅德曼持有的 3.3 万股占比 2.5%，蒂芙尼管理层持有约 5.5 万股，占比 41.5%。为了防止蒂芙尼的控制权被宝路华这样的竞争对手攫取，蒂芙尼和摩尔两个家族以及蒂芙尼管理层急需找到一位"白衣骑士"来拯救自己。

不过，在 20 世纪 50 年代的美国，私募股权投资才刚刚萌芽，可供选择的潜在投资者非常有限，而且通常是从事相近业务的同行。或许是冥冥中注定，蒂芙尼在第五大道旗舰店的隔壁找到了这位"白衣骑士"——纽约奢侈品百货公司邦维特·特勒的所有者沃尔特·霍温。

当时，在奢侈品百货业身经百战的霍温于九年前成立了自己的投资控股公司 Hoving Corporation，收购了邦维特·特勒百货公司。基于多年的奢侈品零售经验，霍温认定收购蒂芙尼是一个不可错过的历史性机遇。他在 1955 年 8 月以 382.5 万美元收购了 6.8 万股蒂芙尼股票，占比 51%——当时蒂芙尼的整体估值仅为 750 万美元（约等于 2021 年的 7 300 万美元），要知道，41 年前（1914 年），

沃尔特·霍温

蒂芙尼一年的销售收入就有 700 万美元！

收购完成后，霍温亲自担任蒂芙尼董事会主席和首席执行官。两个月后，53 岁的宝石专家、执行副总裁威廉·蒂芙尼·拉斯克（老蒂芙尼的曾孙）接替路易斯·德·贝比安·摩尔担任蒂芙尼总裁。

虽然成为蒂芙尼的新东家，不过仅仅过了一年，1956 年 7 月，资金实力并不特别雄厚的霍温就把自己的控股公司 Hoving Corporation 的控股权（包括蒂芙尼、邦维特·特勒百货公司）整体出售给了美国服装鞋履零售巨头格涅斯科（Genesco），并于 1960 年辞去 Hoving Corporation 总裁的职位，告别自己的同名企业，但仍保留了在蒂芙尼的职务。

随着霍温更深地介入蒂芙尼的具体管理工作，着手实施一系列改革措施，他越来越强烈地意识到蒂芙尼尚未被发掘的巨大潜力。为了更好地施展拳脚，他需要对蒂芙尼拥有绝对的控制权，而不是受制于控股方格涅斯科。

1961 年 10 月，63 岁的霍温下定决心将自己的余生押注在蒂芙尼上。他组织了一个小型财团，以 600 万美元收购了格涅斯科持有的全部蒂芙尼股权（占比 52%，约合 85 美元 / 股），此时蒂芙尼的整体估值已经超过 1 100 万美元，比六年前霍温第一次收购时溢价 50%。

此前，在霍温的推动下，蒂芙尼于 1960 年实现了 57 万美元的净利润，相比 1955 年的区区 17 万美元已经有了明显的改善，但对于当时已经跻身美国标准普尔 500 指数成分企业之列，正雄心勃勃扩大多元化零售业版图的格涅斯科来说，只有一家门店的蒂芙尼几乎可以忽略不计。值得一提的是，在 2019 年这一年，依然是美股上市公司的格涅斯科年销售收入为 22 亿美元，正好是蒂芙尼的一半；截至 2021 年 9 月 25 日，格涅斯科的公司市值仅为 9.13 亿美元，相当于 LVMH 集团给蒂芙尼的最终报价（158 亿美元）的 5.8%！

收购格涅斯科持有的蒂芙尼股份后，霍温领导的财团也收购了宝路华持有的蒂芙尼股份，至此，时年 63 岁的霍温成为蒂芙尼绝对的主人——他在 1976 年接受《纽约时报》采访时曾披露，自己持有蒂芙尼 20% 的股权，而其他股东的持股比例都不高于 2%。

历史证明，霍温抛开其他事务，全身心投入蒂芙尼是一个无比正确的决定，而且他选了一个好得不能再好的时间节点：他与格涅斯科达成的交易是 1961 年 10 月 28 日正式对外公布的，而就在三周前（1961 年 10 月 5 日），好莱坞派拉蒙影业公司（Paramount Pictures, Inc.）的新片《蒂芙尼的早餐》在全美的影院正式公映——这部成本为 250 万美元的影片叫好又叫座，为派拉蒙赚进 1 400 万美元（约等于 2021 年的 1.2 亿美元）。而这部影片为蒂芙尼品牌带来的传播和增值效应，远远超过这个数字。

在霍温以"蒂芙尼品位"为导向的坚定战略指引下，蒂芙尼的销售业绩节节攀升。1963 年，蒂芙尼终于有了足够的财力，以 280 万美元将第五大道旗舰店的土地所有权买下，这预示着那里将成为蒂芙尼的永恒殿堂，静候世界各地一波又一波的仰慕者前来"朝拜"。也正是在这一年，蒂芙尼终于走出了自己的大本营纽约，将美国的第二家门店开到了旧金山，接着是芝加哥、休斯敦、洛杉矶、亚特兰大。

1966 年，蒂芙尼的年销售额达到 2 190 万美元，净利润为 170 万美元；此后八年增长放缓，1974 年的销售额为 3 520 万美元；随后三年又进入高速发展阶段，1977 年蒂芙尼的年销售额达到 6 020 万美元，净利润为 400 万美元。

进入 1978 年后，出乎许多人的意料，80 岁高龄的霍温做出了一大一小两个决定：

小决定——将蒂芙尼第五大道旗舰店的空域所有权以 500 万美元卖给了特朗普。

大决定——将蒂芙尼整体出售给美国直销美妆巨头雅芳集团，价格是 1.04 亿美元（以等额的雅芳股票支付）。

第二次被收购：1979 年，完成历史使命后急流勇退

1977 年，年事已高但依然风流倜傥的霍温迎娶了自己的第三任夫人——百老汇著名女歌唱家简·皮金斯（Jane Pickens），20 世纪 40 年代她曾被誉为"百老汇会唱歌的演员中最美丽的一位"。

或许是为了更轻松惬意地享受余生，或许是希望在蒂芙尼的历史高点（1977 年，蒂芙尼的年销售额超过 6 000 万美元，三年翻了将近一番）上急流勇退，或许是困扰蒂芙尼的一些老大难问题（比如陈旧的手工会计系统、低效的库存管理模式、因实力所限而在固定资产等方面投入不足）很难靠现有团队的力量去解决，在执掌蒂芙尼第 22 个年头之际，霍温萌生了退意，决定出售蒂芙尼的所有

权（他本人彼时还持有 17% 的蒂芙尼股权，为最大的单一股东）。

一个看似不相干的收购方冒了出来——美国美妆和香水直销商雅芳集团。创立于 1886 年的雅芳集团是美国美妆领域的巨头，当时的年销售额高达 16.5 亿美元，净利润为 1.9 亿美元，拥有 100 多万名遍布全美各地的直销顾问，以上门一对一推销为主要销售手段。不过随着时代的变迁，这家百年老牌也面临不少挑战：随着更多美国女性走上工作岗位，推销员登门造访时经常遇到闭门羹，而石油危机后油价飙升，又让直销顾问的交通成本上升。与此同时，传统的香水业务增长停滞，核心的彩妆、卫浴业务增速放缓（年增速仅为 5%~10%），而近几年拓展的时尚首饰业务正快速跃升为新增长点，1977 年时尚首饰业务为雅芳创造了 2.6 亿美元的销售额，比上年大幅增长 60%，利润率更高达 28%。此时，雅芳集团已成为美国最大的时尚首饰经销商。

为了强化珠宝业务，并探索上门直销之外的零售模式，雅芳集团决定将蒂芙尼这个美国珠宝行业皇冠上的明珠揽入旗下。这笔交易是以"换股"的方式完成的，彼时蒂芙尼的股票总数为 2 309 280 股，可兑换 1 951 340 股雅芳集团股票，按雅芳集团发布收购消息时的股价计算，给蒂芙尼的报价折合每股 45 美元，总计 1.04 亿美元[1]，比当时在场外市场交易的蒂芙尼公司股票的市价高出 19.25 美元，溢价幅度高达 43%。

---

1 若按收购完成时雅芳集团的股价折算，则交易金额约合 9 400 万美元。

1979 年初，收购交易完成后，霍温继续担任蒂芙尼董事会主席兼首席执行官，但仅过了一年多就全身而退，他的职位由蒂芙尼总裁路易斯·康福特·蒂芙尼的曾孙亨利·巴斯托·普拉特(Henry Barstow Platt) 接任。

在并无任何奢侈品行业经验的雅芳集团治下，蒂芙尼将向何处去？当时许多人都抱着怀疑的心态。这种怀疑很快被证明是有道理的。

在被雅芳集团接管的时候，蒂芙尼一直是小步快跑的状态，在 1963—1978 年的 15 年间陆续在美国开出五家新店（分别在旧金山、休斯敦、洛杉矶、芝加哥、亚特兰大）。在日本代理商三越百货集团的精心打理下，从 1972 年起，蒂芙尼的日本业务也渐渐风生水起。

雅芳集团接手蒂芙尼后，曾定下在全美开出 15 家新店的宏伟蓝图——不过，等到真正着手实施，雅芳才发现开设奢侈品牌专卖店是一件多么耗时、耗资、回报慢的麻烦事，结果到 1984 年 9 月底，蒂芙尼的零售版图上仅仅增加了三家新店，分别位于美国达拉斯、堪萨斯城和波士顿。

不过，凭借在管理大型现代化企业方面积累的经验，雅芳集团还是为蒂芙尼带来了不少新气象：

• 为了提高公司的运营效率，雅芳集团将蒂芙尼的会计系统全面计算机化，在蒂芙尼的企业销售部门引入了订单处理系统，在门店内引入了现代化的 POS 机（销售点情报管理系统）。

- 为了促进销售额健康增长，雅芳集团将蒂芙尼的核心门店进行翻新，面向忠实顾客推出了蒂芙尼专属信用卡，还大大拓展了直邮业务。蒂芙尼蓝皮书里的产品种类更加丰富——从 20 万美元的钻石戒指到 50 美元的圆珠笔，琳琅满目。

- 在团队建设方面，雅芳为蒂芙尼设立了员工培训体系和奖励方案。

- 从 1979 年到 1984 年的短短五年里，雅芳集团给蒂芙尼的追加投资达到 5 300 万美元。

那么这些努力得到了怎样的回报呢？1983 年，蒂芙尼的销售收入增长到 1.25 亿美元，比收购前的 1977 年增长了整整一倍，但净利润下滑了 50%，为 210 万美元，净利润率还不到 3%，远远低于雅芳集团内部设定的 8% 的及格线。这主要是因为增加的收入大多来自毛利润较低的品类，诸如手表、瓷器和玻璃器皿等。随着门店和其他运营支出的持续增加，运营成本攀升的幅度大大超过了销售收入增长的幅度。更令人头痛的是，雅芳集团用于改善应收账款和库存管理方面的硬件投入并没有收到预期的效果，蒂芙尼的整体经营效率依然处于较低水平。与此同时，对运营效率和大众化市场的关注让蒂芙尼对高端客群的需求不再敏感，一些老客户感觉自己被怠慢和忽视。

作为一家通过上门直销做到数十亿美元销售额的美妆公司，雅芳集团对蒂芙尼在品牌广告上的大额支出可能相当不爽——连续三年的广告预算持平，而同期的杂志广告价格则按年增长了 15%，这意味着蒂芙尼的广告投放量连年下滑，蒂芙尼的奢侈品牌形象在人们的心目中变得越来越淡。

雅芳集团的行事风格在蒂芙尼内部也遭遇了不小的抵触情绪，雅芳集团曾一度计划将集团的名字"Avon"刻在蒂芙尼第五大道旗舰店的门面上，蒂芙尼的设计总监约翰·洛林的回应是："绝对不行！"

1984 年，美国《新闻周刊》（*Newsweek*）的一篇文章写道：蒂芙尼第五大道门店里充斥着如此之多的廉价货色，让这里好像是正在举办年度大促销的梅西百货，而客人们对质量和服务的抱怨之声不绝于耳，渐渐地，纽约上流社会的老主顾们越来越少光顾蒂芙尼。

对于年销售额已经增至 30 亿美元，但正为利润节节下滑而头痛不已的雅芳集团来说，蒂芙尼已经失去最初收购时的动人光彩，变成了"鸡肋"，甚至是"烫手山芋"。雅芳集团的首席执行官表示，雅芳集团必须回到传统的核心业务上——也就是美容、保健和邮件营销。蒂芙尼的奢侈品显然不在其列。

第三次被收购：1984 年，私募基金＋管理团队的完美一搏

在收购仅仅五年之后，雅芳集团决定出售蒂芙尼。据说当时对其感兴趣的潜在买家超过 25 个，包括美国西尔斯百货（Sears）、来自中东的珠宝钟表商懋婉（Mouawad）等。其中一个潜在买家最为特别，那就是蒂芙尼的董事会主席：威廉·R. 钱尼。

时年 51 岁的钱尼原本的身份是雅芳集团的总裁。1984 年 1 月他被集团派到蒂芙尼主事后不久，就遇到了蒂芙尼历史上又一个重要的转折点。我们有理由相信，在雅芳集团做出股份出售决定时，钱尼就已经做好了万全的准备。

1984 年 6 月 18 日的晚上，也就是雅芳集团对外公布出售蒂芙尼的消息的前一日，钱尼在蒂芙尼第五大道旗舰店的大厅里召开了全体大会。面对眼前约 600 名员工，他淡定地宣布了这个重大变化："我支持蒂芙尼所有权的变动，我相信这个决定将为我们带来更美好的未来！"虽然没有透露细节，但他表示新东家将在 90 天内敲定。

果不其然，仅仅过了 70 多天，雅芳集团就揭晓了最终胜出的竞购者：钱尼在私募基金 Investcorp 的支持下，以 1.355 亿美元现金的代价，整体收购了蒂芙尼。

这个价格比雅芳集团期望的 1.6 亿美元要低不少，仅相当于 1983 年蒂芙尼销售收入的 1.08 倍，但在雅芳集团实际谈判过的十几个潜在买家中已经是最高的出价了！

站在钱尼背后的，是一家 1982 年刚刚成立的新锐私募股权投资公司 Investcorp，其总部位于伦敦，但基金的管理人和出资人主要来自中东（Investcorp 后来还曾收购意大利奢侈品牌古驰）。不过，这桩收购案最引人瞩目的参与者是钱尼带领的蒂芙尼现任管理团队，30 名高管合计获得了蒂芙尼 20% 的股权，实现了从"打工者"向"所有者"的跨越。

在宣布收购交易达成的时候，钱尼对蒂芙尼的未来貌似已经胸有成竹："我们的目标就是引领蒂芙尼走进新时代。"他表示，当务之急就是"升级"——让蒂芙尼重新回到为高端顾客提供高端产品的道路上，彻底扭转蒂芙尼过去几年的低端化和大众化倾向（或许是为了避免得罪老东家，钱尼特别指出，这种倾向在蒂芙尼被雅芳集团收购前就已经开始了）。

2019 年 5 月，巴西美妆巨头纳图拉（Natura & Co）整体收购了雅芳集团，根据双方达成的换股协议，对雅芳的估值为 20 亿美元，这是 LVMH 集团给蒂芙尼最终报价（158 亿美元）的 1/8。

在纽约交易所上市：1987 年，走向公开资本市场，轻装上阵

值得一提的是，钱尼联手 Investcorp 对蒂芙尼的这次收购采用的是所谓"杠杆收购"的方式。在谈蒂芙尼的上市历程之前，我们先来了解一下这个金融工具。

杠杆收购的英文是"Leveraged Buyout"，简称 LBO，20 世纪 80 年代在美国金融市场兴起，指的是通过大额举债完成对标的公司的收购，交易所需资金中自有资金占比往往仅有 10% 或更少，其余则通过抵押标的公司的资产和 / 或未来收益向银行或其他金融机构借款获得。

为了从雅芳手中收购蒂芙尼，Investcorp 筹措了 9 550 万美元的过桥贷款，余下的资金缺口则通过出售并回租蒂芙尼纽约第五大道旗舰店的房地产弥补。1985 年 5 月，这笔贷款的大部分被来自通用电气公司（GE）旗下的信贷公司——通用电气信贷公司

（General Electric Credit Corporation，简称 GECC）的 8 500 万美元新贷款置换 [包括 7 500 万美元的循环信贷，1 000 万美元的次级票据（1992 年到期）]，作为附带条件，GECC 获得了最高可购买 25% 蒂芙尼股票的认购权证。

交易完成后，蒂芙尼的 30 位高管联合拥有蒂芙尼 20% 的股权，Investcorp 拥有 49.8% 的股权，GECC 拥有 25.7% 的股权（在认购权证执行的情况下），其余部分由其他一些金融机构持有——作为本次交易的主要中介，投资银行雷曼兄弟公司（当时的名称为 Shearson Lehman Brothers）也获得了 1% 的股权。

必须指出的是，LBO 这种金融工具虽然有可能帮助收购方以小博大、斩获超额的投资回报，却也承担了巨大的风险。标的公司因为 LBO 必须按时支付巨额的利息费用，一旦公司的成长速度放缓、现金流状况恶化，就可能落入破产的境地。2020 年新冠肺炎疫情暴发期间申请破产保护的美国奢侈品百货公司尼曼（Neiman Marcus）、美国时尚品牌克鲁（J.Crew）都是因为 LBO 而背负了沉重的债务负担，狼狈不堪。

成功的 LBO 需要天时、地利、人和，并且以下三大要素至关重要：

①公司业务健康成长，现金流充沛，不仅足够偿还高昂的利息，而且能够为公司的长期发展投入必要的资金。

②在适用浮动利率的情况下（比如蒂芙尼与通用电气信贷公司的融资协议），市场利率持续走低，让公司的利息负担能够逐步

减轻。

③股票市场景气，让公司能够在较短的时间里成功完成首次公开募股（IPO），通过上市获得充足的股本金，用以偿清或大幅减少所欠债务。

可以说，这三大要素中的要素②和要素③并不以公司的意志为转移，更多凭借的是公司对市场时机的判断与把握，也不乏"运气"的成分在内。而对蒂芙尼来说，要素①的"公司业务健康成长"的背后，则全靠蒂芙尼多年积累的品牌资产、用户资源以及团队的不懈努力——事实证明，多达30人的公司管理团队成员自掏腰包参与此次LBO并购，表明了他们对蒂芙尼品牌和自己的信心。虽然团队许多成员是在雅芳时代入职的，但当他们拥有了"所有权"时，"同样一批人"就能做出"不一样的事"！他们会更主动积极地工作，更在意公司的每一分钱，会更愿意开动脑筋用更少的钱办更多的事，并会秉持更长远的眼光，不仅为眼前的绩效，还为公司和品牌的长期价值着想。

事实上，在1984年LBO并购后以及1987年上市后很长一段时间，蒂芙尼的团队都相当稳定。有几个值得注意的数字：根据2007年的粗略统计，蒂芙尼员工的离职率不到10%，高管团队平均在职时间高达18年，并且包括高管在内的50%的员工都持有蒂芙尼股票。

这的确是一个罕见的、有"长性"的团队，从1984年钱尼全面掌权，到钱尼的"亲传弟子"、1983年加入蒂芙尼的迈克尔·J.

科瓦尔斯基（Michael J. Kowalski）在 2015 年离任 CEO 的 30 年里，这个特别"能打"的团队将蒂芙尼的年销售额从 1984 年的 1.35 亿美元一路推高至 2014 年的 42.5 亿美元，净利润更从 –500 万美元，增长到 4.8 亿美元——而这一切，是在努力平衡蒂芙尼的奢侈品定位和触达市场广度的基础上实现的。

然而，在杠杆收购刚刚完成的时候，蒂芙尼的前景看上去并没有那么美妙。

1984 年，蒂芙尼的利息支出高达 730 万美元，直接让公司陷入超过 500 万美元的净亏损；1985 年的利息支出更高达 1 230 万美元，基本抵消了团队开源节流的成果，所幸亏损面已有所收窄——当年仅亏损了 260 万美元，曙光似乎就在前方。

在这期间，钱尼和他的团队按月密切跟踪蒂芙尼的各项财务指标，唯恐有一丝一毫的闪失。由于没有足够的资金开设新店，1985 年蒂芙尼的销售额只有微弱增长，但钱尼团队在精简人员、改善应收账款和库存管理等方面的努力正在收到成效，这一年，除了利息之外的经营成本得到了有效控制和削减。而重新关注高端客群的产品和服务策略也开始发挥积极的作用。与此同时，与蒂芙尼独家合作的两位天才女设计师艾尔莎·佩雷蒂和帕洛玛·毕加索正在源源不断地为品牌输送新一代的经典珠宝作品。

1986 年 3 月，蒂芙尼的门店业绩率先出现转机，随后是企业销售和邮购业务开始进入上升通道。在没有新开门店的情况下，1986 年蒂芙尼全年销售实现了近 30% 的增长，并成功扭亏为盈，净利润达到了 740 万美元。

除了主观努力，我们不得不承认：蒂芙尼公司、钱尼和他的团队，以及初出茅庐的私募基金 Investcorp 的确受到命运的眷顾！

20 世纪 80 年代，蒂芙尼在美国市场艰难求生的同时，其日本市场却欣欣向荣，蒂芙尼充满美国梦幻色彩的珠宝产品受到日本消费者的追捧。日本独家代理商三越百货从 1972 年起就与蒂芙尼合作，到 1986 年，蒂芙尼在日本的销售网点已达到 15 个，这让蒂芙尼在无须投入自有资本开店运营的情况下，通过批发业务从日本获得了稳定的收益，补充了吃紧的现金流。（以 1988 年的数据为例，这一年，蒂芙尼的销售额为 2.9 亿美元，其中 2 600 万美元来自日本三越百货支付的采购款。）

受到日本市场的鼓舞，1986 年 9 月，蒂芙尼在尚未在美国开设新店的情况下，在英国设立了合资公司。这是蒂芙尼自英国撤店 46 年后第一次回到伦敦开设门店。蒂芙尼重新回到了欧洲消费者的视野里，扩大了收入来源，新门店的租金和经营成本则主要由当地的合作伙伴承担。

进入 1986 年，美国经济持续向好，通货膨胀率和利率大幅下降，这对蒂芙尼来说更是天大的好消息——因为蒂芙尼与通用电气信贷公司签订的贷款协议规定了按"浮动利率"而非"固定利率"计算利息，随着市场利率持续走低，蒂芙尼的利息支出也随之显著减少——从 1985 年的 1 230 万美元减少到 1986 年的 892 万美元。

进入 1987 年，钱尼团队踌躇满志地迎来了蒂芙尼创立 150 周年的大日子，在这一年首次推出了品牌香水，每盎司香水售价高达220 美元；随后又仿效欧洲其他奢侈品牌，陆续推出了羊毛围巾、丝巾、领带等配件产品。

这些积极的内部和外部因素不断叠加、快速发酵，与此同时，美国股票市场步入历史性的大牛市。经验丰富的蒂芙尼管理层敏锐地意识到，要想摆脱沉重的债务负担，轻装前进，并为品牌的加速成长准备更加充足的资本后盾，就必须在蒂芙尼业绩好转和股市持续走高的当口，让蒂芙尼尽快成为一家上市公司！

1986 年 10 月，距离蒂芙尼脱离雅芳集团这家上市公司独立为一家私人企业仅仅过去两年，蒂芙尼管理层和董事会就做出决议：在 1987 年上半年完成 IPO。这个进程比钱尼和 Investcorp 原先的计划提前了两到三年时间。

经过董事会评估，美国最大的两家投资银行——雷曼兄弟公司和高盛银行（Goldman Sachs）分别成为蒂芙尼 IPO 的主承销商和副承销商，其中雷曼兄弟公司此前就参与了对蒂芙尼的杠杆收购，手握蒂芙尼 1% 的股权。

整个 IPO 过程非常顺利，蒂芙尼品牌在美国拥有极高的知名度，过去两年令人印象深刻的业绩提升，以及在日本和英国拓展市场的过程中赢得的国际声望，让蒂芙尼的股票在路演过程中收获了相当于发售量四倍的超额认购量，蒂芙尼不得不将原本计划发售的400 万股提高到了 450 万股。投资人除了来自美国本土，还来自英国、德国、瑞士、法国、日本——回顾蒂芙尼的历史，这些国家与蒂芙尼都有着千丝万缕的联系：创业初期从德国采购的玻璃首饰、在拍卖会上斩获的法国皇室珠宝、巴黎和伦敦的老店、瑞士的手表工厂、伦敦的新店、日本的三越百货等。这些历史痕迹让"蒂芙尼"这个名字在国际金融市场上拥有了一种特殊的魔力。

最终，蒂芙尼以23美元一股的价格出售了450万股股票，其中200万股是蒂芙尼发行的新股，所得资金主要用于偿还通用电气信贷公司的大部分债务；另外250万股是蒂芙尼现有股东出售的老股。两大机构股东——Investcorp 和通用电气信贷公司（如前所述，它通过执行认购权证拥有了大量蒂芙尼股票）都获得了丰厚的回报。而最值得一提的是，在1984年夏天那个充满未知的节点上，选择自掏腰包参与收购蒂芙尼的30位管理团队成员们——《纽约时报》当年的文章披露，他们投入的自有资金约合计100万美元，获得了20%的公司股份，在蒂芙尼上市时，这部分股票的价值已经超过4 000万美元，三年的回报高达40倍以上！他们中的一些人选择出售股票套现，更多人选择继续持有大部分甚至全部股票。如果他们一直持有股票到2020年底LVMH集团收购蒂芙尼的这一刻，这些股票的总价值还将增加60多倍！

这一节，我们详细回顾了在蒂芙尼的漫长历史中发生的四次重要的所有权更迭，每一次重大转折的出现都有一定的偶然性，受到许多不可控外因的影响，但几乎都恰逢其时。蒂芙尼这个品牌仿佛有一种魔性，让每一个有幸得到它的人欲罢不能并调动出自己的最大潜能，去推动蒂芙尼在品牌、产品、管理和销售等方面的进化。

在 180 多年的时间里，蒂芙尼前进的脚步虽然时快时慢，但始终没有停下。即便是不那么"和谐"的雅芳时代，也间接促成了钱尼和他的团队入主蒂芙尼，最终蒂芙尼完成了从"小而美"（年销售额 1 亿美元左右）到"大而美"（年销售额超过 40 亿美元）的飞跃，拥有了可以抵御未来更多不确定性的"金身"。

在过去的 100 多年里，有无数像蒂芙尼这样曾经辉煌的奢侈品牌销声匿迹，有的虽然还活着，却只能发出微弱的声音。和它们相比，蒂芙尼是幸运的，这种幸运一方面体现在老蒂芙尼和他的团队为品牌积攒的丰富遗产，一方面也体现在每到一个重要的历史关口就会有"关键先生（女士）"在正确的时间、以正确的方式聚合到蒂芙尼搭建的平台上，施展他（她）们的"魔法"，创造新的奇迹。

在本书的上篇接近尾声的时候，让我们来好好了解一下这些关键先生（女士）以及他（她）们为蒂芙尼做出的重大贡献。

第三节　突变量之二：关键人物

今天，当我们评估一家创业公司的成长潜力时，往往会特别强调"人"的因素，尤其是创始人和核心团队成员的决定作用——对蒂芙尼这样的经典老牌来说，其实也是这样，只不过因为年代久远，许多"关键人物"的印记已经模糊乃至被世人淡忘。

通常，我们观察蒂芙尼这样自带光环的老牌子，都是通过一个"长焦镜头"，只有落在焦点上的人和事才清晰可见，焦点之外的东西则被虚化成朦胧的背景，历史越久远，这个长焦镜头也就越长，虚化为背景的人和事也就越多。只有当我们真正走进蒂芙尼的历史长廊，细细揣摩品牌每一个重要里程碑出现的前因后果时，这些模糊的人和事才渐渐清晰起来，我们于是恍然大悟——原来，在蒂芙尼的盛名背后，站着如此精彩的关键先生（女士）——品牌今天拥有的一切，归根到底都是源自这些"关键人物"在正确的时间出现在正确的位置，做了正确的选择并发挥了能永远被铭刻在品牌历史上的"正确"作用。

这些"关键人物"本身所具有的能力和特质都是独一无二、无法复制的，而他（她）出现的时机和大环境条件更是充满不确定性的——可以说，每一位推动品牌更上一层楼的"关键人物"的出现都是一个不小的"奇迹"。正因为如此，我把"关键人物"设为品牌传承公式的一个重要的"突变量"。

蒂芙尼超长的历史和极强的"平台"属性让聚合在其上的"关键人物"异常丰富和有趣，我把他（她）们简单划分为这样三类：

①平台的建构者：创立并壮大品牌，构建具备吸引力的平台。

②平台的连接者：为平台聚合重要人才，并人尽其才。

③平台的创造者：借助品牌提供的平台创作出"划时代的产品"。

蒂芙尼不只是一个品牌，更是一个"平台"。这是因为：

● 蒂芙尼是一个"吸睛"的品牌，它的名字在全世界家喻户晓，拥有很高的知名度和关注度。

- 蒂芙尼是一个"有料"的品牌，拥有一批蜚声行业内外的"标志性元素"。

- 蒂芙尼是一个"自治"的品牌，拥有垂直整合的庞大供应链和零售网络，能够轻松地将"想法"变为"现实"。

- 蒂芙尼是一个"包容"的品牌，在漫长的发展历史上融合了不同地域的多元文化，并一直游走在"高贵"和"平易"、"传统"和"创新"之间，堪称左右逢源。

- 蒂芙尼是一个"可靠"的品牌，一直在成长，销售规模和盈利能力早已跨越了临界点。（对奢侈品牌而言，这个临界点大约是年销售额 10 亿美元、净利润率 10%，稳定在这个临界点之上是品牌抵御经济风险的重要保证——蒂芙尼的年销售额在 1997 年超过 10 亿美元，目前是 40 多亿美元；其净利润率在 2000 年突破 10% 并基本稳定在这个水平。）

吸睛，有料，自治，包容，可靠——这五个特质让蒂芙尼具备了成为"平台型"品牌的完备条件，得以在不同时期聚合业内最优秀的管理人才和创意人才为品牌所用，并彼此成就。

平台的建构者

正是因为蒂芙尼具备"平台"属性，所以当我们在评价蒂芙尼历史上的"关键人物"时，首先需要了解的就是"平台的建构者"。

老蒂芙尼

蒂芙尼"平台"的第一位建构者，当然是老蒂芙尼，他就是

21世纪的风险投资家们踏破铁鞋去寻找的那个"Amazing Founder（了不起的创始人）"。

什么是"Amazing Founder"？ 无须赘言，看看老蒂芙尼的所作所为，你就懂了。

因为是"Amazing Founder"，所以他会放弃继承家业，向父亲贷款1 000美元，离开康涅狄格州的小镇，来到纽约曼哈顿岛开创属于自己的天地；

因为是"Amazing Founder"，所以他既能一丝不苟地在账本里记录下4.98美元的微薄收入，又能混迹在纽约码头搜罗好货；

因为是"Amazing Founder"，所以当生意小有所成、两个早期创业伙伴纷纷金盆洗手后，他会义无反顾地继续向前走，一直工作到90岁；

因为是"Amazing Founder"，所以他会用大量股权为代价，吸引"大牛"加盟，让品牌攀上一个又一个新的台阶——银器大师摩尔父子、远涉重洋去巴黎驻扎的里德等；

因为是"Amazing Founder"，所以他会"突发奇想"买下20英里长的大西洋海底电缆，为蒂芙尼掀起一波完美的传播风暴；

因为是"Amazing Founder"，所以他会在身后把公司的管理权托付给董事会和尽职尽责的高管，而非自己的艺术家儿子；

因为是"Amazing Founder"，所以他会留下内涵丰富、个性鲜明的宝贵财富，它们有形或无形地一一沉淀为品牌不可磨灭的DNA，始终引领着品牌未来的发展方向。

可以说，没有这样一位"Amazing Founder"，就没有蒂芙尼，他引领蒂芙尼走过初创期和成长期，成为美国珠宝行业独一无二的龙头，并在海外市场上建立起知名度和美誉度，为品牌未来的全球拓展奠定了扎实的基础。

从1902年老蒂芙尼过世，到1955年第一次收购交易发生，其间的50多年里，蒂芙尼一直处于一种比较"闷"的状态，不过，在一连串的战争和经济萧条的重压下，这样一个发轫于"镀金时代"的奢侈品牌，一直能够"活着"，也算是一个不小的成绩。这种"韧性"一方面得益于第一代创业者留下的丰厚财富，另一方面也得益于蒂芙尼早年确立的现代化公司治理体系，它让蒂芙尼的管理一直井然有序。也正是由于这种韧性，蒂芙尼终于迎来了下一次"突变量"的爆发：第二位"平台的建构者"——霍温，在正确的时间出现了。

沃尔特·霍温

要理解为什么说在1955年这个时间点上，对蒂芙尼来说霍温就是"最正确的那个人"，必须从了解他的个人特质和成长经历开始。

霍温于1897年出生在北欧瑞典的一个德高望重的外科医生家庭，他的母亲是一名歌剧演员。6岁时，霍温随父母移民美国。身在异国他乡，他的父亲一直不遗余力地传播祖国的历史与文化，曾为瑞典传奇女歌唱家林德举行盛大的纪念活动，并获得了瑞典国王的嘉奖——而林德曾在1850年美国巡演期间与蒂芙尼结下过不解之缘，或许正是这位"女神"冥冥中的指引，霍温最终成为蒂芙尼的"白衣骑士"。

从常春藤名校布朗大学毕业后，霍温逐渐为自己找到了一个貌似"乏味"的人生方向——零售业。事实证明，根植于欧洲文化的家庭背景培养了霍温优雅的举止、不俗的品位和对生活细节的关注，这对于从事高端零售业者来说堪称得天独厚。加入著名的梅西百货后仅仅几年，30 岁的霍温就被提拔为副总裁。工作之余，他还连续四年参加了美国大都会艺术博物馆举办的各类艺术培训班，有意识地强化自己在艺术方面的知识储备，修习的课程包括绘画、面料设计、古董银器和家具等——这些也为他日后接手蒂芙尼打下了良好的基础。

霍温在高端百货业和邮购业一路过关斩将，平步青云，到 1936 年，不满 40 岁的他成为美国历史最悠久的奢侈品百货公司罗德与泰勒（Lord & Taylor）的总裁。十年后，在高端百货业身经百战的霍温离职成立了自己的投资公司 Hoving Corporation，陆续收购了一些零售资产，其中最重要的一项就是另一家美国高级百货公司——与蒂芙尼纽约第五大道旗舰店仅一墙之隔的邦维特·特勒。

1955 年，在得知隔壁的蒂芙尼面临被宝路华钟表公司吞并的风险时，霍温当即驱车赶往纽约长岛的蚝湾，登门拜访时任蒂芙尼总裁的路易斯·德·贝比安·摩尔。他表示，自己愿意收购蒂芙尼的控股权，作为交换条件，他保证会维护蒂芙尼的品牌传统，并让原来的管理层——来自蒂芙尼的两大股东蒂芙尼和摩尔家族的后代继续留任。

收购完成后，霍温成为蒂芙尼董事会主席和首席执行官。两个月后，宝石学家、原副总裁威廉·蒂芙尼·拉斯克接替路易斯·德·贝比安·摩尔担任公司总裁，他是路易斯·康福特·蒂芙尼的孙子、老蒂芙尼的曾孙。

1961年，63岁的霍温摆脱了母公司格涅斯科的控制，成为蒂芙尼"说一不二"的掌门人，直至1980年。蒂芙尼家族成员则逐渐淡出了实质的管理层，更多的充当行业专家和公司形象代言人的角色。

至今在蒂芙尼的年度报告中依然会缅怀霍温的丰功伟绩。他不仅给蒂芙尼带来了自己丰富的奢侈品零售管理经验，更以"长袖善舞"的资本运作能力为蒂芙尼注入了急需的资金，同时保持了蒂芙尼品牌的独立性。而霍温傲气十足的贵族派头和对"品位"一意孤行的坚持，为蒂芙尼上下注入了一剂强心针，让有些落寞的蒂芙尼再度高高地昂起了头。当然，电影《蒂芙尼的早餐》的热映也适时为霍温的振兴努力雪中送炭，让蒂芙尼重新成为奢侈品消费者关注的焦点、美国好品位的象征。

谈到霍温的傲气，流传最广的一个段子是这样讲的：

1962年的一天，刚刚经历了古巴导弹危机的肯尼迪总统为了感谢与他共渡难关的助手们，打算向蒂芙尼订购32张人造荧光树脂日历卡作为礼物，却遭到霍温的拒绝。霍温告诉总统："我们不卖塑料。"最终，总统还是和蒂芙尼做成了这笔生意，不过日历的材质换成了蒂芙尼925标准纯银。

霍温入主蒂芙尼后所做的第一件大事就是进行品牌历史上最大规模的"清仓甩卖"——把所有他认为不符合蒂芙尼应有品位的东西全部清理掉：从"廉价货"（比如售价 6.75 美元的银火柴盒封面）到"粗俗货"（比如售价 29 700 美元的钻石和祖母绿胸针），一概不留。

霍温还为蒂芙尼的商品企划制定了几条铁律，包括不卖镀银、锡合金和铜的东西（因太廉价），不卖男士钻戒（因太粗俗）。他还将皮具和古玩从蒂芙尼的产品线中剔除，因为"不值得花那个精力"。

霍温深谙奢侈品零售的精髓，他在蒂芙尼留下的许多金句至今值得玩味：

"Aesthetics, if properly understood, will almost always increase sales."["美学，如果能得到正确的理解，就是提升销售的法宝。"]

"Selling 'Esthetic Excitement'."["蒂芙尼卖的就是'美的兴奋感'。"]

在霍温任上，蒂芙尼又恢复了当年美国设计界领军者的角色，吸引了一批又一批优秀设计师为蒂芙尼创作精美绝伦、个性鲜明的珠宝杰作。霍温告诉这些设计师："放手去设计你认为美的东西，别操心是否卖得动，那是我们的工作。"

霍温在蒂芙尼主政的 24 年间，一直都在强调"设计"的重要性。那个时候，设计师去蒂芙尼应聘工作必须要过一道关：摆在眼前两样东西，设计师要指出哪一个是"好设计"，哪一个是"坏设计"，如果选错了（按照霍温的标准衡量），设计师就会因为"品位差"而被毫不留情地淘汰。

关于门店，霍温认为："每一个门店都必须有自己的主张，大多数门店没有，但蒂芙尼有。""我们不自诩拥有美国最好的品位，但我们会坚持自己的品位。蒂芙尼卖给顾客的都是自己喜欢的东西，因为只要是蒂芙尼喜欢的，大家应该就会喜欢。"

霍温为蒂芙尼门店管理立下的一些规矩对于当今的奢侈品零售业依然能有所启发，特别是在处理顾客与店员的关系上面。

一方面，蒂芙尼的店员被要求将每一位走进门店的人当作潜在的购买用户来对待，即便这个人一看就是来闲逛的。（考虑到今天的蒂芙尼第五大道旗舰店已经成为全球旅游者打卡的景点，能做到这一点着实不易。）另一方面，霍温对那些粗鲁的顾客也毫不手软，一旦出现不尊重蒂芙尼店员的劣迹，此人就会被蒂芙尼列入"黑名单"。

霍温掌管蒂芙尼的 24 年（1955—1979 年）里，蒂芙尼的门店数量从一个（纽约第五大道旗舰店）增长到六个；年销售额的增幅超过 10 倍，净利润的增幅超过 30 倍，公司估值从霍温第一次收购时的 750 万美元，增长到 1979 年雅芳集团收购时的 1 亿美元，增幅接近 13 倍。

然而，霍温对蒂芙尼做出的真正贡献，远远要超越这些表面的数字。在蒂芙尼最需要扭转"颓势"的时候，最重要的不是"钱"，而是"信心"和"方向"。

在"硬实力"方面，霍温拥有惊人的奢侈品零售履历且深谙资本玩法；在"软实力"方面，霍温家庭深厚的欧洲文化根底和他个人对艺术的浓厚兴趣，让他对奢侈品的理解超过了那个时代的大多数美国人，他能够准确洞察蒂芙尼这个拥有欧洲和美国双重渊源的百年老牌最独特的价值所在，懂得如何抹去蒂芙尼身上的灰尘，让它重新散发出诱人的"魔力"。而且，风流潇洒的霍温本人在美国上流社会交际甚广，这让他对蒂芙尼的核心客群最需要什么心知肚明。

平心而论，霍温本人的投资公司并不算财大气粗（否则也不会早早被格涅斯科收购），到他离任的时候，蒂芙尼的账面也并不宽裕。蒂芙尼要重拾"美国品位领导者"的地位，靠的不是"砸钱"，而是"会玩"。霍温恰恰是一位难得一见的"大玩家"，他当年的许多"玩法"放在今天看可能会让许多人觉得匪夷所思。

作为蒂芙尼董事会主席和首席执行官，霍温最大的爱好竟然是"写段子"——他以蒂芙尼的名义陆续撰写了多达 25 篇"散文体"广告刊登在各大报纸上。这些散文并非讲述蒂芙尼的品牌故事或产品特色，而是关于五花八门的主题：

一些是恶作剧式的，比如一组假托"林肯总统"之口的名人名言；

一些是故意"挑事儿"的，比如 1972 年圣诞节前，霍温在《华尔街日报》（*The Wall Street Journal*）上发文，隔空向美国第一国家城市银行的老板喊话，呼吁他不要再点亮纽约公园大道边那棵粗俗的铁艺圣诞树，以免污染大家的视野；

一些则是霍温直抒胸臆，表达个人的政治观点，他特别享受自己的出格言论激起正反两方的强烈反应。

当然，也不乏直接"安利"蒂芙尼的"冷幽默"。1963年他在题为"Overheard（无意中听到）"的小文中写道："上周六，一位年轻的女士带着她五岁的儿子走进蒂芙尼。男孩转头问他妈妈，语气中透露着一丝挑战的意味：'妈咪，这是什么地方？'这位母亲迟疑了一下，然后带着倦意回答道：'亲爱的，这里就是妈咪的F.A.O. Schwarz。'"（F.A.O. Schwarz是当时纽约最大的玩具购物城）

与霍温高调的贵族气派形成鲜明对比的，是蒂芙尼第三位"平台的塑造者"——低调朴实的威廉·R.钱尼。

关于钱尼，我们能找到的历史资料非常有限，他接受过的几次采访都只讲了关于蒂芙尼的管理心得，完全不曾谈及自己。他的个人履历超级简单甚至"单调"：曾在美国第11空降师服役，本科就读于堪萨斯大学工商管理专业，23岁加入美国美妆直销巨头雅芳集团从基层干起，一路升迁到集团总裁（位置仅次于首席执行官）。1984年，51岁的他被雅芳集团派到一直不见起色的蒂芙尼担任董事会主席，由此改变了他后半程的人生轨迹。

如果说，对于霍温来说，与蒂芙尼的交集是偶然中的必然——他本人的家庭背景、兴趣爱好和丰富的人生经历似乎都是为他在58岁这一年接掌蒂芙尼做铺垫；那么对于钱尼来说，和蒂芙尼结缘更像是阴差阳错——他没有显赫的家世，没有奢侈品零售经验，也没有任何迹象表明他个人对珠宝艺术有偏爱，然而凭借在大型消费品企业积累的多年管理经验，也许还有在空降师服役时培养的快速反应能力和判断力，在钱尼 51 岁这一年，他意识到自己面前的蒂芙尼是一个千载难逢的机遇——经过将近 150 年的积淀和近 30 年的复兴，它已经蓄足了能量，所缺乏的就是一个释放能量的通道，而他所要做的，其实只是集结力量去深挖并拓宽这个通道，让这些能量尽情释放出来。

钱尼在雅芳集团这样运营系统非常复杂的大型企业历练了 20 余年，培养了很强的团队意识和组织能力，在目睹了蒂芙尼被雅芳收入麾下后种种运转不灵的窘境后，他深知理顺蒂芙尼这样的百年奢侈品老牌，绝不是仅靠自上而下的发号施令就可以实现的，他需要更有内驱力和共同目标的团队——而达成这一目标的手段并不复杂，那就是让蒂芙尼脱离雅芳集团庞大的"官僚体系"，让管理团队拥有充分的自主权和足够分量的股权，深度绑定团队和企业的利益，这样才能把蒂芙尼的事变成大家自己的事。

回顾历史，蒂芙尼早期的成功不就是通过合伙制和股份制，将一批优秀的人才紧紧地团结在老蒂芙尼周围来实现的吗？ 150 年后的钱尼为蒂芙尼重新找回了"赋能团队"这个制胜法宝。

事实证明，这样深度绑定的利益共同体的确可以化腐朽为神奇，30 人共享蒂芙尼 20% 股权的高管团队被证明超级"能打"，在短短三年间完成了几乎"不可能的任务"——在钱尼担任首席执行官的 15 年（1984—1999 年）里，蒂芙尼的年销售额从 1.35 亿美元增长了整整十倍，达到 14.6 亿美元；净利润则从 - 500 万美元，增长到 1.46 亿美元。

在蒂芙尼从雅芳集团独立出来后的头两年，蒂芙尼账上的现金一直十分吃紧，还背负了沉重的债务负担。如履薄冰的钱尼汲取了雅芳时代的教训，在投资开店方面非常审慎。从 1984 年 10 月到 1988 年底，蒂芙尼都没有在美国开出新店，还关闭了业绩不佳的堪萨斯城门店。1986 年在最紧张的爬坡期，蒂芙尼却在当地合作伙伴的支持下，在英国伦敦的老邦德街开出了伦敦旗舰店，这是蒂芙尼在 1940 年和 1952 年分别关闭了伦敦门店和巴黎门店后首次回归欧洲市场——钱尼深知，塑造真正的国际性奢侈品牌不可能固守美国本土市场，必须走向世界。从 1984 年到 1994 年的十年间，蒂芙尼海外销售额的占比从 10% 提高到了 40%。

特别值得一提的是，1993 年，当蒂芙尼常年的日本合作伙伴三越百货遭遇经营困难的时候，钱尼果断出手接管了原本由三越百货经营的 29 家日本门店，不惜为此蒙受 3 270 万美元的短期损失——那一年，蒂芙尼的全球总销售额才刚刚突破 5 亿美元大关，此举直接导致蒂芙尼自 1987 年上市后首次出现年度净亏损，却保证了蒂芙尼在日本市场的长期利益，到 1999 年钱尼卸任蒂芙尼首席执行官时，蒂芙尼总销售额中的 28% 由日本市场贡献。

在钱尼心中有一个非常清晰的对标——比蒂芙尼晚十年创办的法国珠宝巨头卡地亚。20 世纪 80 年代，卡地亚在少壮派领导人阿兰·D. 佩林（Alain D. Perrin）的带领下一路高歌猛进，年销售额突破 10 亿美元（是蒂芙尼的三倍左右），跻身当时全球三大奢侈品牌之一。卡地亚的纽约旗舰店就位于第五大道，距离蒂芙尼第五大道旗舰店五个街区的地方。

借鉴卡地亚的成功经验并反思了雅芳时代蒂芙尼的战略失误，钱尼在上任初期果断实施了一系列改革措施，明确蒂芙尼的首要目标不是扩大销售规模，而是恢复蒂芙尼的奢侈品定位，重新赢回高端客群的芳心。钱尼坚定地认为，"富人"的数量和购买力正在攀升，而蒂芙尼必须抓住这个机会。

雅芳时代的蒂芙尼曾经干了一件现在看来匪夷所思的"傻事"——卖掉蒂芙尼仓库里多年积攒下来的、尚未被镶嵌成珠宝首饰的珍稀宝石，只是为了换取现金用于改善公司的自动化系统。钱尼接手蒂芙尼后很快改变了这种短视的做法。尽管在最初几年里蒂芙尼的现金流一直很紧张，但钱尼决定，宁可不开店，也要收"大钻"。他从另一家美国著名珠宝商海瑞·温斯顿（Harry Winston）那里挖来了宝石学家彼得·C. 施奈拉（Peter C. Schneirla），给施奈拉安排的首要任务就是采购更多的优质钻石和其他宝石，为蒂芙尼打造单价 10 万美元以上的 "image-setting pieces" ——能彰显品牌形象的奢华珠宝作品，其中一条标价 59.5 万美元的铂金锁骨链由总重 44 克拉的 159 颗钻石和总重 34 克拉的红宝石镶嵌而成。

除了这些"炫耀品"外，施奈拉的注意力其实还是更多地放在吸引高收入职业女性上，针对这类顾客日常穿戴的需求为其提供更加丰富的珠宝品种。这一时期，蒂芙尼销售的镶钻和其他宝石的珠宝首饰价位在 1 000 美元到 1.5 万美元，相比之下，卡地亚同类产品的价位在 3 000 美元到 2.5 万美元。

为了让更多人了解蒂芙尼的新面貌，除了产品方面的升级，钱尼一反之前雅芳集团持续压缩蒂芙尼营销开支的做法，着重强化了针对富裕消费者的营销投入。从 1984 年到 1988 年，蒂芙尼的销售额增加了一倍，但广告支出增加了两倍，蒂芙尼夺目的祖母绿、大钻石，天才设计师们充满想象力的新作，连同蒂芙尼标志性的蓝盒子，都更加频繁地出现在各大时尚杂志的页面。

不只是平面广告，蒂芙尼还对活动营销进行了大量投入。1989年，蒂芙尼珠宝珍藏展"*The Diamonds of Tiffany*"先后在美国、欧洲和日本巡回举办，同时为当地的慈善活动募捐。巡展上，价值 700万美元、镶嵌着重达 107 克拉金丝雀黄钻的胸针让观众们啧啧称奇，唤起大家对昔日"钻石之王"的美好回忆。

20 世纪 80 年代，除了自家品牌的产品，蒂芙尼也经销其他品牌的产品——1984 年，蒂芙尼品牌产品的占比仅为 50%，五年后这个比重提高到了 72%。整体毛利率也随之大幅改善。

在产品和营销方面实施大刀阔斧的"升级改造"后，蒂芙尼切实提升了在美国精英人群和富裕阶层中的号召力，同时这种变化也让更多大众消费者趋之若鹜——老蒂芙尼当年彻悟到的"消费金字塔"传导效应，在 120 多年后依然奏效。为了将这种"吸引力"及时转化为实在的"销售"，钱尼充分发挥了自己在雅芳集团多年练就的销售功底和对消费者的敏锐洞察力，对蒂芙尼的销售环节从以下几个方面进行了深入细致的变革。

①加强消费者行为研究，推出针对性的服务和产品。

为了简化顾客购买订婚钻戒的决策流程，强化蒂芙尼在这个领域的权威性，蒂芙尼推出了自编的小册子《如何购买钻石》(*How to Buy a Diamond*)，第一次面向大众普及了钻石的"4C"标准，第一批 10 万本小册子被一抢而空，随后蒂芙尼顺势推出了《蒂芙尼珍珠首饰指南》(*A Guide to Tiffany Pearls*)。

在拓展欧洲市场的过程中钱尼发现，蒂芙尼最引以为豪的六爪镶嵌钻石戒指 (Tiffany® Setting) 被欧洲顾客认为过于张扬，为此蒂芙尼特别推出了设计更加含蓄的产品适应当地需求。

②强调蒂芙尼是"物超所值"的奢侈品。

尽管蒂芙尼是一家奢侈品牌，但身处美国这个大市场，蒂芙尼始终强调自己"亲民"的一面，在强化奢侈品属性的同时，也不让大众望而却步。在 20 世纪 90 年代初，蒂芙尼曾推出一个非常成功的系列广告，标语是" For less than you may have believed, a Tiffany diamond is more than you ever imagined（你不敢相信的低价格，一颗蒂芙尼钻石会超出你的想象）"——当时一枚附带证书的蒂芙尼订婚钻戒最低标价仅为 850 美元，这个广告的推出直接将蒂芙尼钻石首饰的销售额提高了 36%！按照通行的奢侈品战略理论，蒂芙尼这样的宣传角度是不恰当的，但考虑到美国市场的特殊性——拥有数量庞大、消费力旺盛的中产阶级，深耕本土的蒂芙尼很难一味仿效欧洲奢侈品牌的传播和定价策略。

钱尼的亲传弟子、在他之后接任蒂芙尼首席执行官的科瓦尔斯基认为："高品质的产品并不必须是昂贵的，它本身就是一种商业模式——我们有数量极大的回头客，他们为什么回来？因为购买我们的产品让他们获得的满足感（意指物超所值的感觉）激发了他们更多的购买欲望。如果我们持续在品质方面进行投入，就无须在营销上花太多钱。"

以 1994 年为例，这一年蒂芙尼的年销售额达到 6.8 亿美元，比上一年增长了 21%，但广告支出只有 2 000 多万美元，仅为销售额的 3% 左右。到 1999 年钱尼离任首席执行官这一年，蒂芙尼的年销售额已经达到 14.6 亿美元，比上一年增长 25%，而广告支出的比例依然不到 4%。

③强化销售团队建设。

钻石等高级珠宝的销售非常依赖顾客与销售人员的互动，钱尼为蒂芙尼的门店销售团队制定了非常严谨的培训系统。针对每一条特定的产品线，只有完成了相应的内部培训课程、获得资格认证的销售人员才能处理顾客的问询。

在钱尼的领导下，蒂芙尼的销售流程逐渐从"商品型销售"转型为"顾问型销售"——因为很多走进蒂芙尼门店的顾客，一开始都不知道自己到底想要什么，这就需要销售顾问与他们展开对话，共同解决到底买什么的问题——这种细致入微的"顾问服务"能带来更高的购买转化率和更多的回头客，但同时也对销售人员提出了更高的要求——他们必须耐心、敏感、技能娴熟，善于与顾客建立个人化的联系。

为了打造一支过硬的销售团队，蒂芙尼要求管理团队必须经常在销售第一线进行指导，并承担大量的培训工作。为了提高内训工作的效率，统一全球门店的管理标准，蒂芙尼早在 20 世纪 90 年代初就广泛推行远程"视频会议"——每周的新品介绍、库存审查以及特别的培训课程都会通过远程会议面向各地的销售人员进行，不仅实时连线交流，还会播放事先精心制作的视频节目，讲解如何为顾客修理产品、提供刻字服务等复杂事项。

同时，钱尼还为销售团队设立了全方位的评估体系，除了考查销售业绩外，还要考查销售人员的销售流程是否规范、客户服务是否周到、是否为团队营造了良好的工作氛围、是否拓展了客户基础、是否提升了自己的产品知识、是否改进了销售技巧等。

将蒂芙尼的年销售额增长十倍，霍温用了 24 年（从 1955 年的 700 万美元，增加到 1979 年的 8 400 万美元），而钱尼只用了 15 年（从 1984 年的 1.35 亿美元，增加到 1999 年的 14.6 亿美元）。当然，没有霍温为蒂芙尼扭转乾坤、正本清源，就没有后来钱尼的高歌猛进、无往不利。

霍温是幸运的，在蒂芙尼来到历史的转折点时，他的身份恰好是一个拥有丰富行业经验的投资者，他的企业恰好就在蒂芙尼门店的隔壁，而《蒂芙尼的早餐》这部电影正在不远处等他——在 20 世纪 50 年代末—60 年代初这个时间窗口，他被命运赋予了这个特殊的使命，一个可能只有他适合完成的使命——带领蒂芙尼从历史性的低谷走出，走上更高更宽的舞台，这一切仿佛是水到渠成。

钱尼也是幸运的，从老东家雅芳集团手里接过的蒂芙尼虽然遭遇了暂时性的困难，但依然有霍温打下的扎实的底子以及几位天才设计师的作品蓄势待发。而雅芳集团投下的 5 300 万美元也并非全部打了水漂，它至少让蒂芙尼的管理系统走上了现代化的道路。以日本为首的海外市场为蒂芙尼打开了全新的机会窗口，而活跃的金融市场则为钱尼和他的团队输送了充足的"弹药"。

霍温和钱尼共同的幸运之处在于，他们都在正确的时间，出现在蒂芙尼重要的历史节点上。而在这两个时间点上推动蒂芙尼继续前进所需的领导者特质大相径庭，却恰好对应了霍温和钱尼各自的背景和性格。如果两人调换一下所处的时间点，可能就是完全不同的结果。

霍温和钱尼还有一个重要的共同点，那就是他们所主导的对蒂芙尼的收购交易，从本质上说，都是所谓的"management buyout（管理层收购）"，即公司的高级管理层从金融机构得到资金支持，买下公司很大比例的股票，从经营者变为所有者。

1955 年，霍温第一次从创始人家族手中低价收购控股权，更多的是"近水楼台先得月"（他此前收购的邦维特·特勒百货公司就在蒂芙尼门店隔壁）；1961 年，他第二次从格涅斯科手中溢价收购蒂芙尼的控股权，则是因为他在担任蒂芙尼首席执行官后，通过实际操盘切身感觉到品牌的未来增长潜力，所以决心把蒂芙尼从格涅斯科独立出来，以便自己全面掌控，实施更大胆的发展计划，这第二次收购就属于"管理层收购"。

钱尼与蒂芙尼结缘，是因为雅芳集团的一次被普遍认为"失败"

的收购，正是这个机缘，把钱尼这样一个"局外人"送上了蒂芙尼最高管理者的宝座，给了他深入了解蒂芙尼问题的症结和发展潜力的机会，让他最终决定放手一搏，联手私募基金将蒂芙尼从雅芳集团手中买下，并大范围地动员管理团队和自己一起并肩战斗，成为蒂芙尼真正的主人。

奢侈品牌仿佛一个拥有多面性格的"人"：是理性而思维缜密的工程师，也是感性而喜怒无常的艺术家；是精明算计的商人，也是情感充沛的亲人。在奢侈品牌漫长的演化过程中，一定会混杂偶然和必然，逻辑与不合逻辑，高瞻远瞩的规划和随机游走的运气。作为"局外人"，往往很难看穿奢侈品牌的种种门道，面对投资与并购机会，或者因过于谨慎而错失良机，或者因盲目乐观而一脚踩进爬不出来的"坑"里。

正因为霍温和钱尼已经从"局外人"变成了"局内人"，得以深入品牌管理的种种细节，身处第一线运筹帷幄，从干中学，从自己和他人的错误中学，才能够及时把握千载难逢的历史性机遇。站在河边看的，永远不如跳进水里游的！

在本章中，我详细解说了在蒂芙尼发展历史上最关键的三位领导者：老蒂芙尼、霍温、钱尼。老蒂芙尼为蒂芙尼打下了强大的根基，并在他有生之年让蒂芙尼拥有了美国"奢侈品之王"的尊贵地位；通过资本手段入主蒂芙尼的霍温是蒂芙尼品牌历史上第二位真正"强势"的领导者，他带领品牌走出低谷，在"精神"层面恢复了蒂芙尼往日的荣光；在更现代化的金融工具和更繁荣的经济大环境的支持下，钱尼把蒂芙尼重新带回了全球市场，在"物质"层面确立了蒂芙尼奢侈品头部企业的牢固地位。

这三位领导者接力构建了蒂芙尼这样一个独一无二的"平台"，为吸引优秀的创造者——技艺精湛的珠宝工匠和才华横溢的设计师——提供了土壤和养分。作为消费者，我们能够切实感知到的蒂芙尼，其实是这些创造者创造的产品和作品，我将在本章的结尾重点介绍他们当中最光彩夺目的几位。而"平台的建构者"们更多地承担着资本运作和企业管理的角色，他们又是如何识别并锁定那些如繁星般散落在各处的创造者的呢？

要了解这一点，我必须先介绍几位"平台的连接者"。借助他们在全球时尚和设计界广泛的人脉和卓越的品位，蒂芙尼这个平台的视野和触角不断延展，具有不同背景和文化的优秀创造者接踵而至，蒂芙尼的设计高度和产品宽度被极大地提升了，成就品牌的同时也成就了一批才华横溢的设计师们。

平台的连接者

在蒂芙尼发展的不同历史阶段，我们都可以看到这样的"超级连接者"的身影，前文提到的传奇银匠爱德华·C. 摩尔可以说是其中的第一位。

爱德华·C. 摩尔

从前文我们了解到，爱德华·C. 摩尔不仅是一位顶级的银器工艺大师，还是足迹遍布世界各地的旅行家和收藏家。自 1851 年起主持蒂芙尼设计工作，40年里他不仅为蒂芙尼打造了许多精美的产品，还创建了蒂芙尼学校，让有志于从事珠宝事业的年轻人纷纷投奔到蒂芙尼，为蒂芙尼日渐完善的自有珠宝产业链奠定了坚实的基础。在他去世后（1891年），他的亲传弟子 G. 保尔丁·法纳姆接过他的衣钵，继续主持蒂芙尼的设计工作直到1908年，其间多次为蒂芙尼在国际性博览会上赢得殊荣。

在路易斯·康福特·蒂芙尼于1918年辞去蒂芙尼艺术总监后的30多年里，蒂芙尼的设计工作室依然照常运转。根据蒂芙尼的文献记载，在1931—1952年，奥古斯都·豪斯（Augustus Haus）一直担任蒂芙尼的首席珠宝设计师，关于他本人的公开报道几乎无法找到。我们只知道，在他任职期间，蒂芙尼接连遭遇了美国经济大萧条和第二次世界大战的打击，业绩连连下滑，1933—1939年蒂芙尼一直在裁员减负。但其间也有高光时刻——1939年纽约举办万国博览会，蒂芙尼特别展出了一套无比奢华的钻石首饰，最让人瞠目结舌的是其中一条由429颗钻石和一颗重达200克拉的海蓝宝石制作的项链，它成为继蒂芙尼黄钻项链之后又一件载入蒂芙尼史册的珠宝珍品。

尽管蒂芙尼的珠宝杰作依然夺目，但很长时间都没有再出现像 G. 保尔丁·法纳姆、路易斯·康福特·蒂芙尼这样名震四方的大师级人物。蒂芙尼品牌的声音日渐微弱，其作为平台对人才的吸引力也越来越小。

1955年，霍温成为蒂芙尼的新东家。他一方面遵守承诺，让蒂芙尼原来的管理层继续留任（老蒂芙尼的曾孙、53 岁的宝石专家威廉·蒂芙尼·拉斯克升任总裁），另一方面开始从外部物色具备"连接"能力的"关键人物"。1956 年，霍温向美国最知名的设计学府帕森斯设计学院的前院长凡·戴·楚克斯（Van Day Truex）发出了邀请，聘请他担任蒂芙尼的设计总监兼副总裁，他的首要任务就是：让蒂芙尼重新成为美国"好品位"的领导者。

凡·戴·楚克斯

凡·戴·楚克斯在美国设计史上享有特殊地位，被誉为 20 世纪美国设计之父。他在帕森斯设计学院的巴黎和纽约分校度过了前半生，为美国培养了大量设计人才，他本人也是备受业内尊敬的室内设计和家居产品设计大师，更重要的是，他是美国为数不多能够"连接"美国与欧洲国家时尚和设计界的"关键人物"。

楚克斯于 1904 年出生在美国中西部偏远的堪萨斯州。尽管成长在一个与艺术和时尚几乎绝缘的保守家庭中，他却早早展露了绘画天分。在表哥 [身居美国著名连锁百货杰西·潘尼（JC Penney）最高管理层] 的鼓励和资助下，他在 19 岁的时候只身来到纽约，进入美国最早的设计院校——帕森斯设计学院学习广告设计（学校当时的名称为" The New York School of Fine and Applied Art"，即纽约艺术和工艺学校）。一年多后，楚克斯赢得了去帕森斯设计学院巴黎分校学习的宝贵机会，从此开启了自己在巴黎长达 15 年的学习和工作生涯，法国也成为他一生中最挚爱的地方。

楚克斯毕业留校任教及后来担任巴黎分校校长期间，正值巴黎作为世界艺术和时尚中心的黄金时代。除了带领学生们（大多数来自美国）深入欧洲各大博物馆临摹经典艺术作品外，作为一名颇受欢迎的室内设计师，楚克斯在课余时间穿梭在五光十色的社交派对间，与汇聚巴黎的国际名流、文化精英、艺术大师和时尚达人为伍，结识了一大群引领时代风尚的"漂亮朋友"们。1939 年他回到帕森斯设计学院纽约分校后，这些重要人脉帮助他快速融入纽约的上流社会和文化语境。

楚克斯在 1942—1952 年担任帕森斯设计学院纽约分校的校长。相比于"偏重设计技能的教育"，他更加推崇"体验"特别是"视觉体验"对于培养学生"设计判断力"的重要性。换句话说，一名优秀的设计师必须见多识广且长期耳濡目染，才能对"品质"和"风格"形成好的直觉。

20 世纪 50 年代，在商业氛围浓厚的美国，能够认识到所谓"设计判断力"的价值的人屈指可数，而蒂芙尼的新老板——霍温就是其中一位。霍温下定决心要让蒂芙尼重新恢复往日的荣光，急需一位能够提升蒂芙尼品牌整体品位的关键先生。他向相识多年的楚克斯伸出了橄榄枝。1956 年，楚克斯应邀来到霍温在蒂芙尼纽约旗舰店五层的豪华办公室。霍温寒暄几句后准备切入正题："关于蒂芙尼，你一定很了解，无须我赘言。"得到的回应竟是："不，我不了解蒂芙尼，这是我第一次走进蒂芙尼的门店。"对于深受欧洲时尚和设计文化影响的楚克斯来说，彼时的蒂芙尼并未入他的法眼。霍温没有因此感到被冒犯，他诚恳地向楚克斯解释了自己重振蒂芙

尼的想法："这是一个伟大的品牌，一家伟大的公司，品质依然卓越，但缺乏设计感和魅力。"当楚克斯得知霍温希望他能够指导蒂芙尼内部的银器、玻璃和陶瓷制品工坊时，脱口而出："我不懂怎么做这些东西。"霍温直截了当地告诉他："你不需要懂得怎么做，重要的是你有好品位！"

霍温明白，作为一个产业链高度垂直整合的奢侈品老字号，蒂芙尼自身拥有一支庞大的工匠团队和多年积累的精湛工艺，这让蒂芙尼具备了"实现产品"的强大能力——能够将形形色色的设计转化为高品质的产品。但这种强大的"产品实现力"并不必然等于对时尚消费者的"感染力"和"影响力"，真正能够打动新时代消费者的，是那些难以言说的微妙的东西——风格和品位。一方面，对深陷产品细节的匠人来说，他们往往很难站在一个恰当的角度去理解所谓"风格"和"品位"；另一方面，因为常年"专注"而练就高超技能的匠人，其个人的视野往往受到工作本身的局限，缺乏对"泛知识"的横向吸收能力。而广阔的"视野"和对"泛知识"的横向吸收，恰恰是楚克斯这个"局外人"所擅长的，他卓越的品位或者说设计判断力来自他的设计训练经验，更来自他广博的见识和优质的朋友圈。

接下来的12年里，楚克斯用自己厚积薄发的设计判断力引领蒂芙尼重新成为美国好品位的代名词。虽然楚克斯也亲手为蒂芙尼留下了一些经典的家居设计作品，比如一系列艺术餐瓷、常年热销的竹节银餐具、被纽约现代艺术博物馆（MOMA）收藏的醒酒器等，但他对于蒂芙尼最大的贡献其实在于"连接"：让蒂芙尼的传统"工艺"与更高层次的"品位"建立连接；让蒂芙尼的一些被埋没的经典产品重见天日，在"历史"与"现实"之间建立连接；通过大大小小的合作项目让蒂芙尼品牌与杰出的建筑师、艺术家建立连接[当时刚刚崭露头角的波普艺术大师安迪·沃霍尔（Andy Warhol）就曾为蒂芙尼设计过一系列圣诞贺卡]。这些点滴的努力潜移默化地影响了蒂芙尼的发展方向——不再局限于美国本土的市场需求，而是成为一个真正具备全球影响力的奢侈品牌。楚克斯曾经这样评价自己："我是一种催化剂，激发人们去做我自己无法完成的事情。"

楚克斯的存在也让蒂芙尼公司吸引了更多欧洲优秀人才的加盟。蒂芙尼历史上最重要的珠宝设计师之一、法国人让·斯伦贝格尔就是楚克斯在巴黎时的旧友，在1956年经楚克斯的举荐加入蒂芙尼，为品牌留下了一大批"名垂青史"的珠宝杰作。

霍温给予楚克斯的信任可以说是空前的，不仅在他任职期间给予了楚克斯绝对的设计自主权，即便当楚克斯在蒂芙尼工作12年后决意回到自己在法国普罗旺斯亲手设计的房子里享受人生，霍温还是坚持让楚克斯继续担任蒂芙尼的顾问并每年至少回美国一趟审核品牌所有重要的设计决策——这让楚克斯亲手挑选的继任者乔治·奥布赖恩（George O'Brien）处于非常尴尬的境地，因为没有楚克斯的首肯，霍温几乎什么也不允许他做。

1978年的秋天，在奥布赖恩离职后，霍温又将已74岁高龄的楚克斯请回蒂芙尼担任设计总监，同时寻找下一位合格的继任者。1979年4月，楚克斯在纽约因病离世。在撒手人寰之前，他为蒂芙尼物色到又一位重要的"连接者"——约翰·洛林。

约翰·洛林

虽然年纪相差了整整35岁，但约翰·洛林（生于1939年）与楚克斯有许多惊人的相似之处。

他们对蒂芙尼都非常"长情"：楚克斯为蒂芙尼前后工作了23年，其中12年担任设计总监，另外11年是品牌设计顾问；而洛林在蒂芙尼设计总监的位子上一坐就是30年。

青年时代，他们都曾在欧洲学习和工作多年，是巴黎的"死忠粉"，在那里建立了一个横跨时尚、室内设计和艺术的国际化名流朋友圈。

此外，他们之间还有一个非常奇特的共同点：二人的家庭背景和成长环境可以说都与"时尚"和"艺术"毫不沾边。或许正是由于经历了"反差"如此强烈的人生跨越，终其一生他们都保持了对底蕴深厚的欧洲文化强烈的好奇心和探索欲。

两人的少年时代都在美国偏僻的中西部度过——楚克斯在堪萨斯州一个小城出生，据他回忆，出生的时候房子外面正刮着龙卷风，而他后来搬去居住的怀俄明州矿山小镇则是满目疮痍、寸草不生；洛林在亚利桑那州的牧场长大——用他的话说，那里到处都是狼蛛、蝎子、响尾蛇、美洲狮。

楚克斯的父亲是杰西·潘尼百货连锁店的一名经理，为人刻板，据楚克斯回忆，那时家里没有任何"艺术氛围"；而洛林的家境虽然优越得多，但也没有多少"艺术"基因——他的父亲是一个"Victorian English（因循守旧的英国人）"，母亲来自美国一个非常富有的家族，这个家族从 19 世纪开始，通过经营巡回马戏团、开创"公路广告牌"和开采石油这些"粗活"积累了大量财富。洛林进入耶鲁大学后，一开始选择的专业是数学，后来发现自己志不在此，改为攻读英语文学专业。

从耶鲁大学毕业后，20 岁的洛林来到巴黎（楚克斯也是在这个年龄左右去的巴黎），在巴黎的美术学院学习了四年，和 40 年前来到巴黎的楚克斯一样，他也被巴黎浓厚的艺术和时尚氛围折服，在那里如鱼得水，乐不思蜀。课堂之外，五光十色的社交生活为他在欧洲的高端文化圈打通了许多宝贵的"节点"——在巴黎，他借住在知名建筑设计师埃米尔·阿约（Emile Aillaud）的家里，后者的妻子"恰好"是法国时装设计大师伊夫·圣洛朗（Yves Saint Laurent）和著名女作家弗朗索瓦丝·萨冈（Françoise Sagan）的好朋友，洛林由此踏进了巴黎"顶流"的社交圈。

洛林的母亲在意大利威尼斯拥有一所15世纪的房子，邻居"恰好"就是美国著名的艺术收藏家和社交名媛佩吉·古根海姆（Peggy Guggenheim）。古根海姆那坐落于威尼斯大运河边的豪华宫殿后来成为威尼斯最著名的艺术博物馆之一，20世纪60年代，这里经常举办名流云集的沙龙活动，年轻的洛林在这里结识了各路"达人"。他还与意大利酒店业大亨奇普里亚尼（Cipriani）家族合作，在威尼斯为圣罗兰（Yves Saint Laurent，简称YSL）品牌开出了一家生意兴隆的门店。经由古根海姆介绍，他结识了当时年仅17岁的帕洛玛·毕加索——艺术巨匠巴勃罗·毕加索（Pablo Picasso）的女儿。在洛林的引荐下，帕洛玛开始为圣罗兰的副线品牌"左岸（Rive Gauche）"设计珠宝配饰。十多年过去，洛林正式出任蒂芙尼设计总监后，第一个想到的外聘设计师人选正是帕洛玛。

1968年，洛林在欧洲大陆梦幻般的八年时光被横扫法国的学生运动打断（楚克斯则是因为第二次世界大战爆发被迫离开了生活了15年的巴黎）。"逃离"巴黎后，洛林并未立刻返回美国，而是

约翰·洛林

又在伦敦"游荡"了一年半。这一次，收留他的朋友是英国著名电影导演约瑟夫·罗西（Joseph Losey）和他的妻子，其间他有幸见证了电影《幽情密使》（*The Go-Between*）的制作过程，体验了一段难忘的"视觉盛宴"，这部影片获得了1971年戛纳电影节金棕榈奖。

回到美国，洛林一边继续从事自己的绘画和摄影事业，一边积极投入纽约上流社交圈。很快，他就被著名的建筑和室内设计杂志《建筑文摘》（*Architectural Digest*）相中，担任杂志的纽约分部主管，并成为主力撰稿人。同时，他还兼任加利福尼亚大学的艺术教授、纽约现代艺术博物馆印刷品和绘本部门的收购委员会成员。

1978年下半年，年逾古稀的楚克斯在老东家霍温的恳请下，从法国普罗旺斯回到纽约再一次担纲蒂芙尼的设计总监，健康状况欠佳的楚克斯马上着手为蒂芙尼寻找一位自己能够放心托付的继任者。

洛林在纽约参加了一次美国设计界的高端午餐会（具体时间可能是 1978 年底或 1979 年初），在座的除了德高望重的楚克斯外，还有好几位美国设计界响当当的大师级人物。席间，楚克斯私下向洛林征求建议：谁能接替他担任蒂芙尼的设计总监？刚刚年满 39 岁的洛林不假思索地指向了在座的几位"老法师"，却被楚克斯认为一个都不靠谱。话里话外，洛林隐隐感觉到，楚克斯真正中意的人选可能就是自己。

在楚克斯心目中，蒂芙尼的下一位"设计总监"，并不是位高权重的"设计大师"，而是像他一样的"连接者"，除了具备过硬的设计功底外，更重要的是有卓越的品位、开阔的视野，以及愿意在蒂芙尼这个大平台上聚合并成就更多优秀人才的宽广胸怀和积极心态。和他有着相似人生轨迹的洛林恰恰就符合这些条件。

午餐会的这个插曲被在座一位 70 多岁的老夫人看在眼里。这位老夫人名叫埃莉诺·兰伯特（Eleanor Lambert），人称"美国时尚教母"，她一手创办了纽约时装周和美国时装设计师协会（CFDA）。午餐会结束后的当天，心直口快的兰伯特给洛林打去一个电话，告诉他别犹豫了，去拿下这份工作吧！因为明摆着蒂芙尼下一任设计总监非他莫属。放下兰伯特的电话，洛林拨通了楚克斯的电话，直截了当地毛遂自荐。

事实证明，这一场午餐会和随后的两通电话是多么及时——

1979 年 4 月 24 日，就在楚克斯和洛林完成工作交接仅仅几个月后，楚克斯就因病与世长辞了。与此同时，年事已高的霍温将蒂芙尼卖给了雅芳集团，他在离开蒂芙尼之前，给了洛林一个明确的指示："带领蒂芙尼走进 21 世纪"。

尽管此后蒂芙尼在公司所有权和管理风格上经历了几年的波折，但洛林似乎并不以为意，他一头扎进蒂芙尼浩如烟海的历史档案里，梳理前人留下的宝贵遗产，不疾不徐地推动蒂芙尼走向新的时代。

洛林坚守并发扬了蒂芙尼设计部门的优良传统——"回归本质"，这也是创始人老蒂芙尼立下的老规矩，即在原材料、工艺和设计品质上决不妥协。为此，他不知疲倦地奔走在世界各地，把蒂芙尼的设计理念与全球优质的奢侈品供应链资源密切联系起来——瑞士的制表商、葡萄牙的陶器生产商、意大利穆拉诺的玻璃工坊、科莫的丝绸生产商、巴黎的手绘瓷器工坊，当然还有蒂芙尼自己传承百年的珠宝和银器工坊。

关于"本质"的东西，洛林有自己独到的诠释："设计不应从繁复的概念入手，而应从简单的符号或标记入手，从自然界的细节入手，这些简单的东西是不同文化背景的人们易于理解的。让想法像'雨滴一样落在每个人的身上'。复杂的概念很难流传。那些简洁的要素是创始人老蒂芙尼在 19 世纪获得成功的根本，对今天的我们而言依然如此。表达简洁的设计可以迅速地被人们接纳，它们更具辨识度。人们会这样告诉自己，'我也可以有'。"

从这些"本质"的"单纯"的要素出发，洛林希望蒂芙尼不仅是"稳重可靠"的，更要"活在当下"，具有时尚的活力，能引领新一代消费者的生活方式。为此，蒂芙尼品牌陆续推出了辨识度更高、个性更鲜明的多样化产品，"Tiffany"的首字母"T"也逐渐成为品牌新的标志性元素，出现在从领带到手袋的各类产品上。

1980 年，洛林为蒂芙尼引入名门之后帕洛玛·毕加索，她与先前加盟蒂芙尼的设计才女艾尔莎·佩雷蒂构成了蒂芙尼的"双子星"。洛林则用他的慧眼和耐心让这些天才闪动的灵光一一落到蒂芙尼的平台上，催生出一个又一个属于 20 世纪八九十年代，也属于 21 世纪的新经典珠宝系列。

作为一个超级"连接者"，洛林的触角之广甚至超过了他的恩师楚克斯——加入蒂芙尼时，楚克斯已经是公认的美国设计界泰斗，而洛林则没有这种光环加持，这反倒让他更容易放下身段与时俱进——在彼时蒂芙尼所有权频繁更迭并更加偏重销售驱动的大背景下，这种适应能力对于设计总监来说弥足珍贵。

得益于多年从事杂志行业的经验，洛林意识到，对于蒂芙尼这样一个有着丰富内涵和厚重历史的奢侈品牌，最好的传播素材就是品牌自己生产的"内容"，应当将蒂芙尼的不同侧面以文本形式详细介绍给当下的读者——也就是品牌潜在的消费者和传播者。

在担任设计总监的 30 年时间里，基于对蒂芙尼档案库里多达130 万件素描、照片和各类文献的整理和研究，洛林编撰和出版的品牌书籍多达 21 本，主题涵盖蒂芙尼的发展历史、核心产品线、

代表性设计师、合作的艺术家和明星、家居设计和生活方式等，
例如：

《蒂芙尼新式餐桌布置》（*The New Tiffany Table Settings*，1981 年）

《蒂芙尼品味》（*Tiffany Taste*，1986 年）

《蒂芙尼 150 年回顾》（*Tiffany's 150 Years*，1987 年）

《蒂芙尼婚礼》（*The Tiffany Wedding*，1988 年）

《蒂芙尼派对》（*Tiffany Parties*，1989 年）

《蒂芙尼美食和烹饪指南》（*The Tiffany Gourmet Cookbook*，1992 年）

《蒂芙尼的圣诞节》（*A Tiffany Christmas*，1996 年）

《蒂芙尼的 20 世纪：美国风格肖像》（*Tiffany's 20th Century: A Portrait of American Style*，1997 年）

《蒂芙尼珠宝》（*Tiffany Jewels*，1999 年）

《保尔丁·法纳姆：蒂芙尼失落的天才》（*Paulding Farnham: Tiffany's Lost Genius*，2000 年）

《华美的蒂芙尼银器》（*Magnificent Tiffany Silver*，2001 年）

《路易斯·康福特·蒂芙尼在蒂芙尼公司》（*Louis Comfort Tiffany at Tiffany & Co.*，2002 年）

《蒂芙尼的动植物》（*Tiffany Flora/Tiffany Fauna*，2003 年）

《蒂芙尼和时尚》（*Tiffany in Fashion*，2004 年）

《蒂芙尼时计》（*Tiffany Timepieces*，2004 年）

《安迪·沃霍尔为蒂芙尼所作的圣诞贺卡》[*Greetings from (Andy Warhol): Christmas at Tiffany's*，2004 年]

《蒂芙尼钻石》(*Tiffany Diamonds*，2005 年)

《蒂芙尼和棕榈滩》(*Tiffany's Palm Beach*，2005 年)

《蒂芙尼珍珠》(*Tiffany Pearls*，2006 年)

《蒂芙尼彩色宝石》(*Tiffany Colored Gems*，2007 年)

《蒂芙尼风格》(*Tiffany Style*，2008 年)

值得一提的是，霍温的老朋友，曾在美国双日出版社（Doubleday）任职的前总统夫人杰奎琳·肯尼迪（Jacqueline Kennedy）还以编辑身份深度参与了其中六本书的出版工作。

这些装帧精美的书籍，一方面让蒂芙尼尘封已久的辉煌历史重见天日，一方面也让蒂芙尼品牌成为一种特殊形式的"媒体"，将塑造和传播品牌的话语权和主动权牢牢掌握在蒂芙尼自己手中。坐拥海量优质"内容"，洛林本人则担负起了蒂芙尼品牌大使的角色，他出现在大大小小的公众场合，用自己优雅的谈吐将蒂芙尼讲不完的故事向世人娓娓道来。

洛林在蒂芙尼的 30 年，见证了蒂芙尼从美国的六家门店扩张到全球 20 多个国家 206 家门店（截至 2009 年 1 月底），年销售额从 8 000 多万美元（1979 财年）一路增长到 28 亿美元（2008 财年）。2009 年 2 月，洛林从蒂芙尼退休，但继续担当名誉设计总监。

洛林是极其幸运的，当他走进蒂芙尼时，这个品牌不仅坐拥百年的积淀和显赫的名声，又在具有远见卓识的霍温和楚克斯手里成功振兴；但他也是如履薄冰的，刚刚上任就接连经历了雅芳集团的收购、钱尼领导的杠杆收购以及随后的公司上市。这期间，蒂芙尼从一家按自己的节奏循序渐进生长的"私有企业",快速转变为一家大型的上市公司,每个季度的业绩都必须接受市场严苛的检验。作为设计总监,洛林需要在维护蒂芙尼的品牌 DNA 和精致品位的同时,最大程度地让蒂芙尼的产品可以满足"大市场"的需求,这种平衡的把握是极其微妙的。幸好,洛林本人特有的淡定和从容让他可以一方面随遇而安,与时俱进地适应外部世界的剧烈变化;一方面将自己对蒂芙尼"本质"的理解与坚持润物细无声地贯彻始终。

洛林的幸运还在于,他身处一个群星闪耀的年代,借力蒂芙尼这个在商业上非常成功的大平台,他能够连接全球时尚和艺术界最优秀的一群"创造者",为他(她)们的创造性劳动提供施展身手、赢得丰厚回报的舞台,并在其中指点迷津。作为一名艺术品鉴赏家和收藏家,洛林无比享受这个过程。

平台的创造者

毋庸置疑,我们前面列举的蒂芙尼历史上这些关键的"连接者"本身也是优秀的"创造者",爱德华·C.摩尔是 19 世纪下半叶美国顶尖的银器设计和制作大师,楚克斯的室内设计和家居设计作品在国际上获得过高度评价,洛林也为蒂芙尼设计了经典的"Atlas"系列手表和珠宝作品。

过去的 180 多年里,除了他们以外,在蒂芙尼这个大平台上还有不计其数的优秀珠宝设计师和工匠留下了自己的印迹,但大多数人默默无闻。事实上,即使是曾经声名显赫的爱德华·C.摩尔和 G.保尔丁·法纳姆，如今也已湮没在历史档案里。在蒂芙尼创立后第一个百年里活跃过的设计师中，至今依然被广泛传颂的就是老蒂芙尼的儿子路易斯·康福特·蒂芙尼，他是当之无愧的蒂芙尼"艺术珠宝"的奠基人。不过，对许多人来说，他是以美国装饰艺术的代表人物和缤纷的彩色玻璃作品名垂青史的，他的珠宝作品更像是艺术品，留存在品牌档案馆和艺术博物馆里，如今已经不能从蒂芙尼的销售渠道买到。

在那些为蒂芙尼做出大大小小贡献的"平台的创造者"中，能够有名有姓地被写进品牌发展史且至今依然被高调传播并在门店中销售其署名作品的，只有屈指可数的几位。我们从蒂芙尼的公司年报中可以找到他们的踪迹。

在蒂芙尼最新发布的年度报告（截至 2020 年 1 月 31 日的 2019 财年）中，公司的主要产品线被划分为三大板块：

珠宝系列（jewelry collections）——涵盖不同价位的金、银和铂金类珠宝，部分镶嵌有钻石和其他宝石，2019 年的销售占比为 55%。

订婚类珠宝（engagement jewelry）——包含和订婚、结婚相关的珠宝，以金和铂金戒指为主，大多数镶有钻石，2019 年的销售占比为 26%。自从蒂芙尼于 1886 年发明了著名的六爪镶嵌（Tiffany® Setting）订婚钻戒以来，订婚戒指就成为该品牌经久不衰的核心品类。

设计师珠宝（designer jewelry）——这是蒂芙尼最有特色的一

个板块，目前包括蒂芙尼历史上三大独家签约设计师系列：艾尔莎·佩雷蒂、帕洛玛·毕加索和让·斯伦贝格尔。该板块在 2019 年为蒂芙尼贡献了 12% 的销售额，约合 5.3 亿美元。

从蒂芙尼的网站和年报中，我们可以看到，为蒂芙尼贡献最大的业务线"珠宝系列"拥有蒂芙尼最广为人知的产品系列，比如"Tiffany Keys"钥匙造型系列、"Tiffany Victoria^{TM}"维多利亚钻石系列，"Tiffany Soleste®"太阳系列（由几圈白钻石围绕着一颗大钻石或彩色宝石），"Tiffany HardWear"工业设计风系列，"Return to Tiffany^{TM}"——源自 1969 年一款印有"（如果捡到）请归还至蒂芙尼纽约门店"字样的钥匙坠。但这些经典珠宝设计背后的设计师究竟姓甚名谁，在公开资料中我们基本无法看到，只能说它们都是蒂芙尼内部工坊集体智慧的结晶。

即便是有案可查的由蒂芙尼几任设计总监主导的作品系列，蒂芙尼门店和网站在展示商品的时候也不会标示设计师的姓名。如"Tiffany Atlas®"罗马数字系列，以蒂芙尼第五大道旗舰店门顶的"大力神"巨型时钟为灵感，由洛林主导设计；"Tiffany T"系列主打蒂芙尼的首字母"T"字，由蒂芙尼历史上第一位女性设计总监弗朗西斯卡·阿姆菲希尔特洛夫（Francesca Amfitheatrof）主导设计；"Tiffany Paper Flowers®"花瓣系列，由来自美国轻奢皮具品牌蔻驰（Coach）的设计总监里德·克拉科夫（Reed Krakoff）主导设计。

分别于 1956 年、1974 年和 1980 年与蒂芙尼达成独家合作关系的三位设计师艾尔莎·佩雷蒂、帕洛玛·毕加索、让·斯伦贝格尔则有着与其他蒂芙尼内部设计师不同的待遇：在蒂芙尼官方网站上我们可以很容易地了解他们的生平；在蒂芙尼门店，这些设计师的系列作品被展示在独立的专柜里，他们的亲笔签名清晰可见。

以独立设计师身份通过独家授权合作协议与蒂芙尼展开深度合作，首开先河的就是法国设计师让·斯伦贝格尔。

让·斯伦贝格尔

1956 年，在楚克斯的举荐下，霍温力邀让·斯伦贝格尔加盟处于历史转折点的蒂芙尼。斯伦贝格尔不负众望，完美续写了 G. 保尔丁·法纳姆、路易斯·康福特·蒂芙尼的传奇，让蒂芙尼重新成为全球珠宝设计界的一面大旗，不仅吸引了一大批高级珠宝的贵客，更以自己独树一帜的珠宝艺术语言，在精神层面赋予蒂芙尼全面复兴的充足底气。即使在 1987 年斯伦贝格尔去世后的 30 多年时间里，其在蒂芙尼的语境里依然是神一样的存在。

1907 年，斯伦贝格尔出生在法国阿尔萨斯（当时属于德国）。他的家族是当地实力雄厚的纺织品生产商。斯伦贝格尔从小酷爱绘画，这一爱好却一直遭到家人反对。家人强令他去柏林攻读金融专业，而他却跑到了巴黎，寻求属于自己的艺术道路。

斯伦贝格尔从不讳言自己没有受过正规艺术教育的事实。他曾不无遗憾地告诉记者："我母亲说过，'你的内在是一块什么料，早晚有一天会显山露水'。这话可能不假，不过如果我当年能接受艺术教育，那么路会走得更顺一些。"

他早年在巴黎曾经做过多种杂活，包括给出版商设计海报，给法国高定设计师品牌吕西安·勒龙（Lucien Lelong）设计包装（后来自立门户的传奇设计师克里斯汀·迪奥也曾为勒龙工作多年）。

据说，斯伦贝格尔的人生转折点就发生在他被勒龙解雇的那一天。勒龙解雇他的理由是"此人毫无潜力可言"。沮丧的斯伦贝格尔游荡到巴黎跳蚤市场散心，淘来了 120 朵德国德累斯顿出产的梅森瓷花，用它们制成了别致的胸针，意外地受到朋友们的热烈欢迎。受此鼓舞，他和姐姐合伙开了一家首饰工作室，开启了自己的时尚珠宝设计生涯。

20 世纪 30 年代，意大利天才女设计师艾尔莎·夏帕瑞丽（Elsa Schiaparelli）成为香奈儿最强劲的竞争对手。她被斯伦贝格尔不拘一格的新奇设计吸引，聘请他担任配饰设计师。出自斯伦贝格尔之手的那些充满想象力的异形纽扣和别针与夏帕瑞丽超现实主义的服装设计相得益彰。斯伦贝格尔的灵感大多来自海洋、森林和古代神话，设计造型包括海星、鹅卵石、贝壳、蜘蛛、被剑刺穿心脏的小天使……

第二次世界大战的爆发，中断了斯伦贝格尔的事业轨迹。他加入法国军队，积极投身抵抗运动，在著名的敦刻尔克大撤退中侥幸生还，此后继续追随戴高乐将军（全名 Charles André Joseph Marie de Gaulle）在英国和中东地区从事自由法国运动。

战后斯伦贝格尔受美国高级时装屋 Chez Ninon 的邀请来到纽约，转行从事时装面料的设计。1946 年，他和自己的童年好友、同样是珠宝设计师的尼古拉斯·邦加德（Nicolas Bongard）合伙，在纽约开设了珠宝设计工作室，重操旧业。斯伦贝格尔的艺术天分与邦加德在珠宝制作方面的造诣珠联璧合，最早造访工作室的客户就有美国著名时尚主编戴安娜·弗里兰（Diana Vreeland）——她后来成为斯伦贝格尔最热忱的"粉丝"。弗里兰曾说："一件斯伦贝格尔的珠宝就能点亮一整间屋子。"

1956 年，蒂芙尼的主席霍温给斯伦贝格尔和邦加德开出了他们难以拒绝的条件——将蒂芙尼纽约旗舰店的夹层辟为斯伦贝格尔的专属工作空间，有专门的电梯可以直达，在保证二人绝对的创作自由的同时，由蒂芙尼提供丰富的宝石和贵金属原材料，以及充足的后勤保障。斯伦贝格尔和邦加德还被委以蒂芙尼副总裁头衔。

海洋、森林、神话、艺术和异国风土人情都是斯伦贝格尔的灵感源泉。在他的笔下，树叶、贝壳、热带植物、海洋生物、陆地的飞禽走兽，以及神话中的凤凰、独角兽，都被幻化成惟妙惟肖、立体感十足的珠宝艺术作品。斯伦贝格尔对"水母"尤为着迷，在他的多个代表作品中都出现了状如水母触须的设计元素。

谈到自己的设计风格，斯伦贝格尔表示："我试着让每件作品看上去都是动态的、不规则的和随机的，仿佛正在生长着，显得生机勃勃。"

斯伦贝格尔堪称 20 世纪五六十年代最著名的"珠宝造梦师"。他的珠宝作品集浓烈的色彩、丰富的动感和精妙的构造于一体。那些源于大自然的流动线条和雕塑般的刻画，冲破了 20 世纪三四十年代一度盛行于珠宝设计界的工业风几何造型，引领了珠宝界的

让·斯伦贝格尔

"文艺复兴"。

1961年,奥黛丽·赫本在《蒂芙尼的早餐》宣传照中佩戴的钻石项链就出自斯伦贝格尔之手,这条项链的中心是蒂芙尼的镇店之宝——蒂芙尼黄钻,连接它的是缀满白钻的铂金缎带,流动的造型让项链仿佛在风中飘动。斯伦贝格尔为蒂芙尼设计的"Bird on a Rock(石上鸟)"胸针也是蒂芙尼当代最具知名度的高级珠宝作品之一,曾以不同类型的宝石材质被反复演绎。

不过,斯伦贝格尔本人对以宝石的大小、价位来衡量珠宝价值的风气颇为不屑:"那还不如干脆在领口别上一张支票!"在他看来,无论是名贵宝石还是普通材料,都只是传递设计理念的介质,可以被随心所欲地混搭使用。

1958 年，斯伦贝格尔成为第一位荣获美国时尚评论家科蒂大奖的珠宝设计师。20 世纪 70 年代晚期，斯伦贝格尔从蒂芙尼退休后回到巴黎安度晚年，直至 1987 年去世。在他过世后八年即 1995 年，收藏了斯伦贝格尔原作的巴黎装饰艺术博物馆授予他"Un Diamant dans la Ville（城中钻石）"称号。斯伦贝格尔是第三位获此殊荣的珠宝设计师。

拥有高超绘画和制图功底的斯伦贝格尔为蒂芙尼留下了数千份珠宝设计手稿，其中许多还没来得及付诸制作。这些宝贵的档案资料让蒂芙尼得以在斯伦贝格尔过世后的几十年里持续不断地以他之名推出新品。

斯伦贝格尔去世后，他的常年合作伙伴邦加德又操持工作室生意五年，后于 1992 年将斯伦贝格尔的全部商标权出售给了蒂芙尼。

从蒂芙尼的年度报告中我们可以发现，斯伦贝格尔的产品在 2012—2016 年这五年曾被并入蒂芙尼"高级、精致和顶级珠宝"产品线，从 2017 年起，斯伦贝格尔的产品又重新加入艾尔莎和帕洛玛产品的行列，形成了当今蒂芙尼"独家合作的设计师珠宝"产品线三足鼎立的格局。

斯伦贝格尔在蒂芙尼开创了品牌与设计师深度合作的"平台"模式。这种模式一方面可确保才华横溢的设计师享受充足的创作自主权，并获得有足够吸引力的回报；另一方面又通过独家协议深度"绑定"设计师与品牌，确保品牌对设计师产出的作品拥有专属权 ——这就让品牌可以将自己的商业资源（如宝石库存、内部和

让·斯伦贝格尔的珠宝作品

外部的生产商、销售网络、营销传播投入等）毫无保留地输送给设计师，让品牌能够在以市场为导向的常规商品之外，源源不断地产出更多让世人惊喜的"作品"。这些"作品"不仅大大提高了品牌在珠宝行业的美誉度，也及时满足了高端客群日益个性化的时尚消费需求。

斯伦贝格尔的许多忠实客户也是他的私人朋友，这个名单拉出来堪称美国顶级名媛圈的"花名册"，包括美国前第一夫人杰奎琳·肯尼迪，影星伊丽莎白·泰勒（Elizabeth Taylor），豪门之后格洛丽亚·范德比尔特（Gloria Vanderbilt）、贝贝·佩利（Babe Paley）、黛西·费罗斯（Daisy Fellowes）、格洛丽亚·吉尼斯（Gloria Guinness）、雷切尔·兰伯特·梅隆（Rachel Lambert Mellon）等。其中最忠实的顾客当数雷切尔·兰伯特·梅隆 [昵称"兔子梅隆（Bunny Mellon）"]，她的家族发明了利斯特灵漱口水，她的丈夫出身显赫的梅隆家族，她本人则是一位品位卓越的园艺师和艺术品收藏家。去世前，兔子梅隆一次性捐赠给美国弗吉尼亚艺术博物馆的斯伦贝格尔珠宝藏品就多达 142 件！

如果说，在 20 世纪五六十年代，这种"个性化"的珠宝消费还只属于"名媛"小圈子的话，那么进入 20 世纪七八十年代后，随着女权运动的高涨，更广大的女性群体开始希望通过"时尚"彰显自己的独立个性，珠宝不再只是来自男士的馈赠，更多是出于女性"悦己"的需求。艾尔莎·佩雷蒂的出现恰逢其时。

蒂芙尼前董事会主席兼首席执行官迈克尔·J. 科瓦尔斯基是这样评价艾尔莎·佩雷蒂的："艾尔莎·佩雷蒂加入蒂芙尼的那一天，标志着我们品牌翻开了创新之路的全新篇章。"可以说，正是艾尔莎·佩雷蒂引领蒂芙尼的设计风格"由繁入简"，实现了"设计的民主化"，创作出真正让大众负担得起的设计师珠宝。

蒂芙尼在与这位意大利"奇女子"结缘之前，其实已经经历了十年左右的"年轻化"尝试。20 世纪 60 年代，蒂芙尼的掌门人霍温敏锐地感知到正在美国和欧洲发生的"youthquake（青年震荡）"——渴望冲破传统的年轻人掀起了一波又一波流行文化浪潮。他意识到，蒂芙尼必须与时俱进，设计部门必须引入更多的新鲜血液。在霍温的授意下，当时的公司总裁、路易斯·康福特·蒂芙尼的曾孙亨利·巴斯托·普特拉（Henry Barstow Platt）为公司招徕了一批年轻的珠宝设计人才。其中最出色的一位就是 1965 年加盟蒂芙尼的美国设计师——毕业于帕森斯设计学院的唐纳德·克拉弗林

（Donald Claflin），他深受斯伦贝格尔的自然主义风格影响，创造性地将皮革、硬木等非常规材质引入珠宝设计，用更加灵动活泼的立体造型（许多取材于童话故事里的动物形象），为蒂芙尼带来了属于新时代的美式珠宝。

1968 年，普拉特在探访欧洲的玉石工坊时，邂逅了刚刚在非洲乞力马扎罗山脉的坦桑尼亚发现的深蓝色宝石坦桑石（Tanzanite），他赞叹其为"近两千年来发现的最美丽的蓝色宝石"。普拉特毫不犹豫地买断了这批坦桑石的采购权，在克拉弗林和设计团队的手中，这些美丽的蓝宝石被打造为当年蒂芙尼最热销的高级珠宝系列。

此外，普拉特还为蒂芙尼招募了另外几位年轻设计师，其中最突出的一位是 1944 年出生在奥地利的女设计师——安吉拉·卡明斯（Angela Cummings）。她三岁随父母移民美国，后来在意大利的佩鲁贾学习艺术，在德国的珠宝之乡哈瑙学习宝石学、金匠工艺和珠宝设计，23 岁就加入蒂芙尼，成为克拉弗林的助手。卡明斯的灵感同样来自大自然，同时受到日本设计风格的影响。她以银杏叶、莲藕、雪花、蜘蛛网、海水的泡沫等自然元素为原型，创作了一系列造型简洁、诗意盎然的珠宝作品。基于扎实的珠宝工艺训练，她非常擅于运用色彩和不同材料，将绿松石、珊瑚、玛瑙、珍珠、翡翠、红碧玉等与金和银自由搭配，其作品在 20 世纪 70 年代受到蒂芙尼高端客群的追捧。

不过，由于和当时蒂芙尼的所有者雅芳集团发生矛盾，安吉拉·卡明斯于 1983 年 10 月离开了效力 16 年的蒂芙尼，和丈夫布鲁斯·卡明斯（Bruce Cummings，曾任蒂芙尼宝石学家）一起自立门户。

安吉拉·卡明斯的离开，对蒂芙尼来说是一个不小的损失，根据美国《时代》（*Time*）杂志的报道，1982 年，蒂芙尼售出了 4.5 万件卡明斯设计的作品，创造的销售收入达到 1 000 万美元左右，占当时蒂芙尼年销售额 1.15 亿美元的 9% 左右。

幸运的是，艾尔莎·佩雷蒂的崛起及时弥补了这一缺憾。

艾尔莎·佩雷蒂

相比在她之前的蒂芙尼当家设计师，并没有多少珠宝设计科班经历的艾尔莎反倒拥有更清晰的"用户"视角。她的设计充满了强烈的个人色彩，却不是为"少数人"创造，而是指向千千万万的普通女性。无论是亲民的价位还是极度简洁的线条和造型，她的作品都让珠宝艺术真正走进了大众视野，超越时代，与不同文化背景的时尚消费人群产生了绵延不绝的共鸣。

正如蒂芙尼前任主席霍温所愿，艾尔莎的作品让蒂芙尼以珠宝风尚引领者的姿态从 20 世纪走进了 21 世纪。艾尔莎对于蒂芙尼的重要性在蒂芙尼历年财务报告中一目了然：

艾尔莎名下的设计产品对蒂芙尼总销售额的贡献比例从 20 世纪 70 年代中期起一路攀升，在世纪之交时达到巅峰，1998—2003 年这五年间持续高达 15%。以 2003 年为例，这一年蒂芙尼的年销售额为 19.3 亿美元，而艾尔莎系列产品的销售额接近 3 亿美元。虽然此后这个占比有所下降，但直到 2019 年蒂芙尼的年销售额增长到 44.2 亿美元的时候，艾尔莎系列产品的占比依然有 7%，销售额超过 3 亿美元。其市场影响力绵延了近半个世纪，累计销售总额早已超过 50 亿美元，而且有望在不远的将来达到 100 亿美元！约翰·洛林直言：艾尔莎·佩雷蒂是有史以来在商业上最成功的珠宝设计师，没有之一。

许多珠宝品牌都曾有过能"点石成金"的设计师，但他们的名字都被隐藏在品牌背后，艾尔莎·佩雷蒂的名字能如此清晰地呈现在世人面前，是因为她不是蒂芙尼的雇员，而是以独立设计师的身份通过独家授权协议与蒂芙尼紧密合作的，她同时拥有销售分成权和签名权，个人的商标权也始终掌握在她自己手中。

或许正是这种既彼此独立又亲密无间的特殊合作关系，让艾尔莎能够一直保持旺盛的创造力。但要想真正解开艾尔莎"现象级"成功的秘密，就必须从了解她传奇的个人经历入手。

1940 年 5 月 1 日，艾尔莎出生于意大利佛罗伦萨（她的家人生活在罗马，但她母亲信赖的产科大夫在佛罗伦萨），是家中最小的女儿。就在她出生的七年前（1933 年），她的父亲费迪南多·佩雷蒂（Ferdinando Peretti）创办了石油公司 Anonima Petroli Italiana（简称 API），该公司在第二次世界大战结束后蓬勃发展，费迪南多·佩雷蒂被誉为战后意大利最成功的企业家之一。

坐拥金山银山的艾尔莎原本应该是一位出入于欧洲上流社交场所的名媛，就如同蒂芙尼那些 VIP 客户一样，然而她却走出了一条完全属于自己的人生道路。

刻板保守的家庭环境没有压抑艾尔莎的自由天性，反倒激发了这位金牛座女性的叛逆精神。她在 1974 年接受《纽约时报》专访时，描述过父母希望她过上和姐姐一样的生活："她穿蕾丝内衣，用真丝床单，有四个漂亮的孩子，她神圣的资产阶级丈夫每天开着奔驰，戴着灰色手套去上班。"（艾尔莎的姐夫后来继承了 API 的家业，她的姐姐也绝非碌碌无为之人，而是为意大利红十字会辛勤工作了 30 年并担任国家巡视员。）

21 岁那年，艾尔莎义无反顾地离家出走，与父母彻底断绝了往来，也因此失去了这个巨富家族的经济支持。起初，她主要的谋生手段是教授意大利语和法语，也曾在瑞士山区做过滑雪教练。1964 年，艾尔莎来到西班牙巴塞罗那，这里的"大海、妓女和鲜花"以及热情奔放的各路朋友都让她感觉如鱼得水。在大家的鼓励下，身高 1.75 米、线条优美、容貌出众的艾尔莎成为一名时装模特。她开心地混迹于西班牙加泰罗尼亚的知识分子和艺术家圈子，还曾为西班牙著名画家萨尔瓦多·达利（Salvador Dali）当过模特。

1968 年，她在伦敦邂逅了名模威廉敏娜·库珀（Wilhelmina Cooper），后者创办的模特经纪公司与艾尔莎签约，让她到美国发展。就这样，艾尔莎只身来到纽约，她曾告诉《名利场》（Vanity Fair）杂志的记者："我当时很穷，但穷得很自在。"

这种"自在"的感觉在她当时的情人、德国时尚摄影大师赫尔穆特·牛顿（Helmut Newton）的镜头下流露无遗。在一张摄于 1975 年某日上午 11 点的著名照片中，艾尔莎身着自己在化装舞会上穿过的兔女郎服，靠着阳台慵懒地向后仰身，背后是纽约无尽的天际线。

在纽约，艾尔莎很快成为顶流时尚和艺术圈子的活跃分子，当时纽约冉冉上升的一帮年轻时装设计师几乎都是她的朋友：斯蒂芬·伯罗斯（Stephen Burrows）、乔治·迪·圣安吉罗（Giorgio di Sant'Angelo）、侯司顿（Halston）等，还有大名鼎鼎的波普艺术大师安迪·沃霍尔、时装插画大师乔·尤拉（Joe Eula）等。她称这些朋友为"我的家人"。这当中，风流倜傥的时装设计师侯司顿是艾尔莎最铁杆的"死党"，他们一度可以称得上是形影不离，结伴游荡在纽约形形色色的迪斯科舞厅、音乐酒吧和私人派对之间。纽约当时最火爆的传奇夜店"Studio 54"将二人奉为上宾。

20 世纪 70 年代在美国时尚圈呼风唤雨的侯司顿身边几乎永远簇拥着一班光彩照人的顶级模特 [人称"Halstonettes（侯司顿女郎）"]，包括凯瑞·比约森（Karen Bjornson）、安吉丽卡·休斯顿（Anjelica Huston）等，艾尔莎也是其中一员。但敏感的侯司顿很快发现了艾尔莎的不同之处："其他模特只不过是衣服架子——你为她们化好妆、做好发型，转眼她们就又穿上蓝色牛仔裤（才感觉自在）；但艾尔莎是真正有格调的，她穿上那些走秀的服装就像穿自己的衣服一样。"其实，对于自己的模特事业，艾尔莎的心情一直十分复杂，这份工作让她能够挣到养活自己的钱，但在美国，那些所谓"完美"的模特都是金发、看上去只有 16 岁，而且必须有一副"模特脑子"——就是要自我感觉"特别的美"。而艾尔莎已经年近 30 岁，无论是口音还是作派都非常"欧洲"，关键是她对自己的外貌并没有多大兴趣，让她真正着迷的是"object（东西）"——那些她在日常生活中邂逅的大大小小的东西。她说："我所有的作品都来自我的生活……我有一种天分，能够看见别人看不见的线条和形状。"

艾尔莎在青少年时代曾在瑞士和意大利接受教育，在罗马学习过室内设计，并曾为米兰的建筑设计师达多·托里贾尼（Dado Torrigiani）工作过。但直到 29 岁之前，她都没有真正从事过珠宝设计工作，可以说是一个珠宝界的"闯入者"。她早期的设计几乎都是跟随自己的直觉，因为她清晰地知道"自己想穿戴什么"。

艾尔莎在 1971 年告诉《纽约时报》的记者："触摸很重要：我很多的灵感都来自可以触摸的东西，或许因为我的视力不太好。"她的第一件首饰作品，灵感就来源于她在跳蚤市场淘来的一只很小的银质花苞形花瓶。她产生了要把它挂在身上的想法，于是以此为原型，进一步缩小并打破了花瓶原有的对称结构，将瓶身倾斜。西班牙一位名叫阿巴德（Abad）的银匠根据她的设计图打造了一个迷你的银质花瓶吊坠，艾尔莎将一条皮绳从花瓶的把手间穿过，把花瓶随意地挂在胸前。当这条设计极简的项链出现在 1969 年时装设计师乔治·迪·圣安吉罗的大秀上时，立刻成为全场亮点。此后，艾尔莎也开始为侯司顿的品牌设计用于搭配服装的时尚珠宝（包括一条拴在硕大的马蹄环上的腰带），还为侯司顿的第一款香水设计了泪滴形状的香水瓶（作为报酬，她得到了一件貂皮大衣）。

1972 年，她设计了自己最经典的作品之一——模仿腕骨结构的手镯"Bone Cuff（腕骨手镯）"。这个设计的灵感来源于艾尔莎童年时探索罗马"人骨教堂"的难忘经历；而手镯流畅自然的曲面结构则呼应了西班牙建筑设计大师高迪（Gaudi）在巴塞罗那建造的米拉之家那蜿蜒起伏的石材外墙。

这款手镯在此后近 50 年的时间里曾被许多著名女演员佩戴过。从 1972 年美国歌舞巨星丽莎·明尼里（Liza Minnelli）开始，意大利巨星索菲亚·罗兰（Sophia Loren）、法国巨星凯瑟琳·德纳芙（Catherine Deneuve）、美国女星安吉丽娜·朱莉（Angelina Jolie）都曾佩戴它出席不同场合；世纪之交热映的美剧《欲望都市》（*Sex and the City*）里的女主角之一莎拉·杰西卡·帕克（Sarah Jessica Parker）、2020 年公映的电影《神奇女侠 1984》（*Wonder Woman* 1984）中的女主角盖尔·加朵（Gal Gadot）也曾佩戴它出镜——堪称经典首饰作品"timeless（永不过时）"的最佳写照。

在推广艾尔莎的早期作品方面，她的知己侯司顿起到了非常重要的作用。他曾经这样告诉好友丽莎·明尼里："宝石得留着等男士送你；当你买不起金饰时，银饰便是最好的选择。"丽莎·明尼里成了艾尔莎最著名的"铁杆粉丝"之一。

1971 年，艾尔莎荣获美国时尚评论家科蒂大奖。随着越来越多人喜欢艾尔莎的作品，1972 年，奢侈品百货公司布鲁明戴尔百货店（Bloomingdale's）为她开设了专柜。

关于艾尔莎是如何与蒂芙尼发生联系的，她本人是这样回忆的：

"当时蒂芙尼的设计总监乔治·奥布赖恩向时尚女编辑嘉莉·多诺万（Carrie Donovan）征询意见，后者找到了侯司顿，侯司顿告诉了我，于是有了我与蒂芙尼高管的会面。"

在这个信息传递的链条上，可以清楚看到三位隐形"连接者"的身影：乔治·奥布赖恩——我们在讲述他的前任特鲁斯时曾经提到过他；嘉莉·多诺万——时尚杂志 *Harper's Bazzar* 的著名女编辑，她活跃在纽约时尚圈，之前在 *VOGUE* 工作，曾是传奇女主编戴安娜·弗里兰最信赖的助手和忠实门徒。就像弗里兰大力推动了让·斯伦贝格尔在纽约的珠宝事业，嘉莉·多诺万也慷慨地向蒂芙尼推荐了初出茅庐的艾尔莎；侯司顿——作为当时纽约最红的时装设计师，他也是一位慧眼识珠的伯乐，他准确预见了艾尔莎的巨大潜力，促成她与蒂芙尼达成这项对于彼此都意义重大的历史性合作。

1974 年 2 月初的一天，侯司顿带着艾尔莎来到蒂芙尼第五大道旗舰店与老掌门霍温会面。艾尔莎的专长是银饰，而蒂芙尼已经有差不多 25 年没有出品过新的纯银珠宝首饰了。在检视过艾尔莎的几件作品后，霍温的直觉告诉他，这些线条流畅、设计简约摩登的银饰，或许就是蒂芙尼想要吸引的年轻消费者所需要的。他当即拍板，确定了合作意向。

主导艾尔莎与蒂芙尼谈判的，其实也是侯司顿。他在前一年刚刚把公司以 1 600 万美元出售给了美国商业大亨诺顿·西蒙（Norton Simon）。虽然获得了财务上的保障，侯司顿却丧失了对自己个人

艾尔莎·佩雷蒂和她设计的腕骨手镯

IP 的所有权和主导权。对此后悔不已的他告诫艾尔莎，要最大程度地掌控自己的品牌和知识产权。

经过几轮磋商，艾尔莎最终和蒂芙尼达成了独家合作协议：在保留自己个人品牌和设计所有权的前提下，艾尔莎设计的产品全部交由蒂芙尼负责生产、销售和推广，但会标记设计师的签名，同时根据销售额按一定比例进行分成。双方第一次签约的协议期为五年。

1974 年，在蒂芙尼为艾尔莎举办的发布会上，超过 2 000 名"粉丝"闻风而来。艾尔莎在会后告诉记者："我为职业女性设计""我的珠宝不是身份的象征，而是有价的'美'。"

很快，蒂芙尼就意识到，艾尔莎带来的，不仅是一种全新的设计理念，还是商业上的一个奇迹：1977 年，蒂芙尼全年实现的销售额为 6 020 万美元，其中 600 万美元来自艾尔莎设计的产品。1979

年双方合约到期前，蒂芙尼毫不犹豫地与艾尔莎续签了更长时间的独家合作协议。

有了蒂芙尼做坚实后盾，艾尔莎旺盛的设计力得以尽情释放。除了她之前设计的花瓶系列、腕骨手镯系列和 1973 年设计的蛇形系列（灵感来自一位美国得克萨斯州人送给她的一条响尾蛇的尾巴），又陆续推出风靡全球的"Bean design®"豆子系列（灵感来自她在沙滩上捡到的一块鹅卵石）、"Scorpion"蝎子系列（她在西班牙乡村住所附近观察所得）、海星系列、苹果系列，以及最畅销的"Open Heart®"镂空心形系列——关于这个系列的灵感来源，一说是来自亨利·摩尔（Henry Moore）的一座中空的雕塑作品，一说是源自艾尔莎在一本画册中看到的亚历山大·考尔德（Alexander Calder）创作的动态雕塑。

据说，艾尔莎设计出不对称的镂空心形吊坠后，却一直纠结于如何将它悬挂在链子上。蒂芙尼当时的珠宝部门主管、经验丰富的德国裔金匠威尔海姆·卡利奇（Wilhelm Kalich）一语点破："何不直接从吊坠中间穿过？"艾尔莎大喜过望，将第一件成品送给了卡利奇的未婚妻。

这款经典的"Open Heart®"项链也出现在 1977 年 4 月 4 日出版的美国《新闻周刊》杂志的封面上，在这一期的封面文章《珠宝新势力》（*Jewelry's New Dazzle*）中，作者热情洋溢地写道："艾尔莎对珠宝有全新的认知：重要的是设计感，而不是装饰性……她让每个女店员都买得起并驾驭得了货真价实的珠宝。"

这本杂志意外地成就了艾尔莎人生中另一个重要的转折点——她多年未曾谋面的父亲费迪南多·佩雷蒂看到了这期《新闻周刊》，他让人将封面文章翻译成意大利语仔细阅读，欣慰地发现原来离家多年的小女儿已经事业有成，于是主动与艾尔莎取得联系，父女重归于好。仅仅几个月后，费迪南多·佩雷蒂就因病与世长辞。

谈到自己的创作方法，艾尔莎说："我热爱自然，但我试图做出一些改变，而非复制。当我画下一条曲线，就会停下来静静地端详它，让它成长为我的主题。然后，我会围绕它开展设计工作，尝试不同的尺寸和做法，或者是一个项链坠，或者是一个皮带扣，直到穷尽所有可能。"她还说："好的线条和好的形状可以经得起时间考验……我希望我的设计清晰、简单，同时也是令人肃然起敬的。"

除了自己最擅长的银饰之外，在蒂芙尼的支持下，艾尔莎也开始尝试在设计中使用黄金、钻石和各类其他宝石。但在她心目中的典型用户，一直都是那个初到纽约、囊中羞涩的艾尔莎。考虑到年轻女性有限的经济实力，艾尔莎为蒂芙尼推出了一个非常创新的钻石珠宝系列——她将 12 颗小钻石镶嵌在一根 36 英寸长的纤细的黄金链子上，钻石间的距离大约为 3 英寸，恰好是英制的一码（Yard），因此侯司顿为它取名"Diamonds by the Yard®（码间钻石）"。随后，艾尔莎通过增加或减少不同大小的钻石、调节链子的长度，解锁了这款产品的更多变体。这一系列产品中最便宜的起价只需要 100 美元左右（当时的价格），让钻石珠宝从此"走下了神坛"。

"Bean design®" 豆子系列项链

与此同时，蒂芙尼还为艾尔莎创造了游历世界的大量机会，从中国香港、日本、欧洲等地的旅行经历中她获得了源源不断的灵感，开始在珠宝设计中应用玉石、藤条等自然材料。

艾尔莎还与纽约时装学院的珠宝设计教授塞缪尔·贝泽(Samuel Beizer)合作开发了著名的金属丝网系列"Mesh"（灵感源自她在印度珠宝贸易中心斋浦尔的旅行），推出了一系列刚柔并济的创新产品，如丝网围巾项链，丝网黄金文胸、吊带等。

在那期美国《新闻周刊》的封面故事《珠宝新势力》中，著名时尚主编戴安娜·弗里兰断言：艾尔莎可以设计任何东西，甚至汽车！如今，蒂芙尼出售的艾尔莎签名作品有 30 个以上的不同系列。除了珠宝首饰外，艾尔莎还将自己的设计理念运用到各式各样的家居用品上，包括比萨饼切割器、放大镜、打火机、餐具、瓷器、水晶制品等。[2021 年初卸任的蒂芙尼首席艺术官瑞德·克拉考夫曾主持编撰了一本艾尔莎设计作品全集，总页数接近 500 之巨。]

如今，艾尔莎的许多经典设计作品已经作为永久收藏，进入伦敦大英博物馆、纽约大都会艺术博物馆、波士顿美术博物馆、休斯敦艺术博物馆等。

"Style is to be simple（格调来自简约）"。艾尔莎始终崇尚简约，但这种简约并非工业化的简单产物，而是高度凝练的个性化表达，作品背后是她个人丰富的阅历、广阔的视野和对身边事物的细致观察与独立思考。

随着年龄的增长，艾尔莎逐渐厌倦了纽约社交圈的浮夸、热闹，为了抗拒那种不断掏空自己甚至毒化人际关系的负能量，她越来越多地将时间花在自己亲手建设的"世外桃源"里——西班牙加泰罗尼亚的一个僻静的小村庄圣马蒂维尔（Sant Martí Vell），距离巴塞

"码间钻石"系列

罗那约一个半小时车程。

中世纪后期，瘟疫夺去了村庄大部分居民的生命，此后数百年，这里一直处于半荒芜状态。1968 年，艾尔莎在朋友那里看到这个村庄的照片，一眼便爱上了。她从不多的积蓄中拿出 6 000 美元，买下村里两座不通水电的破败老屋。在此后的十多年里，她一有空就跑到这里亲力亲为地开展修缮工作。随着经济实力逐渐增强，她又陆续买下了村里更多的房产，重建了老教堂，开辟了葡萄园，还资助发掘这里的历史古迹，让整个村庄重新焕发了生机。2013 年，她成为第一个被授予西班牙 Culture and the Arts（CoNCA）国家文化奖的非加泰罗尼亚人。

尽管艾尔莎也与一些意大利和日本的手工艺工坊有合作关系，但她最主要的合作工匠都在西班牙巴塞罗那周边。以圣马蒂维尔为大本营，一方面她可以和本地匠人们深度切磋工艺，一方面她也让自己远离大都市的喧嚣，返璞归真，更自主地把控自己的生活和工作节奏。这种选择让艾尔莎在人生的后半程始终保持着旺盛的生命力和创造力。

2012年，艾尔莎与蒂芙尼的合约即将到期，72岁的她曾经认真考虑过退休，但还是感到自己对那些合作多年的工匠们负有责任——"他们了解我，熟悉我做事的方法。续约意味着更多可能性。"

经过漫长的谈判，蒂芙尼与时年72岁的艾尔莎再度续约，期限是20年！根据蒂芙尼公布的新协议条款，蒂芙尼每年需向艾尔莎支付45万美元的基础授权费（此前的协议为30万美元），并按季度支付其设计产品销售额的5%（与此前协议相同），此外，蒂芙尼同意向艾尔莎额外支付销售额的2%作为"品控服务费"，并承诺将相关产品销售额中至少2.6%的金额用于广告和营销活动。令人瞩目的是，在这份协议签订后，蒂芙尼向艾尔莎一次性支付了高达4705.9万美元的签约费——这足以说明艾尔莎对于蒂芙尼不可替代的重要价值。

对此时的艾尔莎来说，更多的金钱其实并没有多少实际的意义。早在1977年她父亲去世的时候，她就继承了API公司44.25%的股份。不过，一生都在为"公平"而战的艾尔莎对这个安排并不满意，她认为自己应该与姐姐平分家产。经过长达四年的法律诉讼，仲裁庭在1989年判给她额外的4.75%股份，这样她合计持有API

公司 49% 的股份，依然不是她所希望的 50%！最终，艾尔莎把所有股份全部卖给了她姐姐一家，全身退出。（API 公司 2018 年的年销售额高达 68 亿欧元。）

卖掉股份后，艾尔莎坐拥数亿欧元的飞来横财，她觉得自己并没有权利使用这些钱。2000 年，她用这笔财富的绝大部分设立了一个慈善基金，以她父亲和自己的名字命名为"南多和艾尔莎·佩雷蒂基金会（Nando and Elsa Peretti Foundation）"，亲力亲为地挑选自己认可的公益项目，涉及的主题异常广泛，包括环境保护、生物多样性、社会福利、老人儿童脱贫、人权保障、健康医疗、文化艺术、历史文物保护等，迄今已累计向 81 个国家的 1 000 多个项目捐款 5 000 多万欧元。

虽然常年隐居在小村庄里，但艾尔莎一直与外部世界保持着联系——无论是她在蒂芙尼常年热销的产品，还是她向不同国家素昧平生的人们发出的一笔笔善款；无论是向慕名而来的记者们敞开心扉，还是通过社交媒体与年轻一代直接对话——2016 年，她在 76 岁高龄开通了个人 Instagram（照片墙）账号，热情地分享自己的设计草图、灵感之源、生活片段以及内心感悟，活跃度不亚于一个"00 后"网红。

2021 年 3 月，突然传来了艾尔莎在圣马蒂维尔去世的消息。来自她的家族办公室以及南多和艾尔莎·佩雷蒂基金会的一份声明称，她是于 2021 年 3 月 18 日晚间在睡梦中离开人世的。

她的好友、常年合作伙伴、西班牙时尚摄影大师曼努埃尔·奥图穆罗（Manuel Outumuro）后来告诉媒体，因为意外摔伤了盆骨，无法爬台阶（圣马蒂维尔坐落在一座山丘上），艾尔莎在生命中的最后几个月其实并未住在自己家里，而是借住在山脚的一所房子里，那里是已故西班牙弗拉戈门舞大师安东尼奥·加德斯（Antonio Gades）的故居。

艾尔莎终身未婚未育，因为新冠肺炎疫情，分布在世界不同角落的至爱亲朋们大多无法亲临现场为她送别，但有与她朝夕与共的西班牙工匠、艺术圈好友和圣马蒂维尔的村民们相伴，她注定不会寂寞地离去。

她曾经说："人总是会被快速遗忘，而我想在人们的记忆里'活'下来。"对艾尔莎而言，"活"的最好方式就是创造一些永恒的东西。她还说："没有所谓的'新'设计，因为线条和美丽的形状是亘古不变的。"可以想象，每当艾尔莎凝视着她笔下的"线条"和"形状"陷入沉思的时候，她的内心深处一定在反复追问：它会是永恒的吗？

艾尔莎神一般的存在，无形中给蒂芙尼未来的设计师合作设置了一个极高的门槛。在艾尔莎与蒂芙尼首次签约后的 46 年里，只有两位设计师享受过类似的待遇，其中一位就是接下来要讲的第三位"平台的创造者"——帕洛玛·毕加索。[另一位设计师是美国建筑设计大师弗兰克·盖里（Frank Gehry），不过双方的合作已经于 2014 年终止，因此本书暂且略过。]

帕洛玛·毕加索

蒂芙尼前任设计总监约翰·洛林曾经用三个词精辟地总结了帕洛玛·毕加索对蒂芙尼的重大贡献：想象力、才华和"个人风范"。其中最后一点是最为独特的，"毕加索"这个伟大的姓氏加上帕洛玛独树一帜的个人风格，从一个非常特别的角度强化了蒂芙尼的品牌形象和公众认知度。

1949 年 4 月 19 日，帕洛玛·毕加索出生在法国巴黎，青少年时代在法国南部度过。在很多人的记忆里，她不仅是一位珠宝设计师，更是蒂芙尼最具感染力的形象代言人：深邃的大眼睛（酷似她的父亲毕加索）、鲜艳的红唇、齐耳的黑色短发，搭配她自己设计的辨识度极高、充满力量感的珠宝作品——以"X"为代表的涂鸦系列，生机勃勃的橄榄叶系列以及色彩明艳、造型夸张的半宝石系列等。

相比帕洛玛广为流传的视觉形象，关于她个人生活的文字记录却相当少，这与她的家庭正好相反——她的父亲、西班牙人巴勃罗·毕加索恐怕是 20 世纪全世界知名度最高的画家，她的母亲、法国知名画家和作家弗朗索瓦·吉洛（Françoise Gilot）因为一部惹恼毕加索的大胆自传《与毕加索生活的日子》（*Life with Picasso*）而声名远扬。

对比艾尔莎和帕洛玛两个人的成长经历是一件很有意思的事。

艾尔莎来自一个保守的商人家庭，为了追寻自由，她宁愿与家庭断绝往来，父亲直到临终前才与她和解。而帕洛玛从小在自由开放、艺术氛围浓厚的家庭环境中成长，她在十六七岁的时候去威尼斯独自游荡，母亲不仅没有阻拦，还将自己在威尼斯艺术圈的重量级朋友介绍给她，其中就包括佩吉·古根海姆——美国著名的艺术品收藏家。在古根海姆位于威尼斯的艺术宫殿里，帕洛玛结识了她最重要的一位事业导师——约翰·洛林。十多年后，正是因为洛林的引荐，她成为蒂芙尼的签约设计师。

艾尔莎一生有过不少情人（其中关系维持最久的是一名意大利货车司机），但她拒绝被正统的家庭观念束缚，一生未婚；帕洛玛则相对传统，她的第一段婚姻维持了 20 年，第二次结婚嫁给了一名热爱艺术的骨科大夫，婚后日子一直过得平静低调。

艾尔莎的设计灵感主要源自大自然的动植物，以及她自己亲手触摸到的各种"实物"；而帕洛玛的设计更多源于古典神话、富于象征意义的符号、她各处采集的矿石，还有地中海蔚蓝的海水和摩洛哥耀眼的阳光。

不过，两个人却有一个有趣的共同点，那就是，她们的珠宝设计生涯都源于在跳蚤市场淘货所得。艾尔莎的第一件珠宝作品源自她在跳蚤市场上发现的一只小小的银质花苞形花瓶，时间是 1969 年；而帕洛玛的第一件珠宝作品则是用自己在跳蚤市场淘来的几颗水钻串起的项链，时间是 1968 年。

艾尔莎的早期作品通过她的时装设计师好友圣安吉罗和侯司顿的时装秀得以在时尚圈快速传播。而帕洛玛则自带光环 [3 岁的时候，她就成为父亲的模特，出现在题为"帕洛玛之蓝（Paloma

Blue)"的著名画作中]，她展露的珠宝设计天分早就获得了巴黎时尚和艺术圈的关注。她初出茅庐，就有一家巴黎剧团邀请她设计戏服的配饰。在洛林的引荐下，圣罗兰的副线品牌"左岸"也聘请她设计了一系列时尚配饰，那时她还只有19岁。在法国和意大利的珠宝学校和工坊进行深造后，她正式开启了自己的珠宝设计生涯。从1971年起，她前往希腊，为当地久负盛名的高级珠宝品牌佐罗塔斯（Zolotas）设计了一系列将传统黄金工艺与当代审美结合的创新作品：状如雏菊花瓣的项链和手链、带有月亮面孔的手链等。在希腊，她爱上了黄金，因为它"温暖，让人踏实并给予人保护"，18K金成为帕洛玛日后最主要的创作素材。

　　1979年，刚刚就任蒂芙尼设计总监的洛林邀请帕洛玛为蒂芙尼的大型展览设计一套餐桌布置方案。1980年，在获得了蒂芙尼主席霍温和总裁普拉特的首肯后，洛林向他多年的老友正式发出聘书，帕洛玛就此成为蒂芙尼第三位最重要的独家合作设计师，她的第一个系列作品就是"Paloma's Graffiti（涂鸦系列）"。

从一枚形如潦草笔迹的胸针起步，这个系列逐渐演化出以字母"X"和"O"为核心的不同主题，以及类似"Love（爱）""Kiss（吻）""Peace（和平）""Rock Roll（摇滚）"这样简单有力的手写单词，为珠宝行业打开了全新的设计思路，成为蒂芙尼常年热销的经典款。

20 世纪 80 年代，纽约街头随处可见的青少年涂鸦一直被认为是毁坏公物的劣迹。帕洛玛却说："我希望换个视角看待这些涂鸦，展示出它们积极的一面。"她成为最早把涂鸦化为时尚的设计师之一。她用精致的贵金属和钻石为涂鸦正名，使之成为人们趋之若鹜的美丽珠宝。正如帕洛玛所言："我的人生目的就是让一切变得更美好。"

事实上，在帕洛玛轮廓分明、妆容浓烈的外表之下，隐藏着一颗单纯而谦和的心。她回忆童年短暂的美好时光时谈道，父亲毕加索在工作的时候就让她待在自己身边，因为她非常腼腆、不声不响，用她的话讲就是"别人对毕加索都有所图，而我却一无所求"，她只想静静地和父亲在一起，间或涂涂画画。

声名显赫的艺术家父母让帕洛玛对"艺术"二字心怀敬畏，她自认不是一名艺术家，而是有艺术感觉的人。帕洛玛从小就喜欢摆弄母亲的珠宝首饰，她通过这些美丽的东西找到了属于自己的人生定位——一名将艺术融于畅销商品的珠宝设计师。这让她没有重蹈自己哥哥和几位同父异母的兄弟姐妹的覆辙，也从纠缠不清的家族纷争中解脱出来，自由地拥抱属于自己的天空。加盟蒂芙尼则让帕洛玛的珠宝事业"气场全开"。

帕洛玛回忆自己当年走进蒂芙尼会议室的一刹那：眼前的桌子上是琳琅满目的宝石原料，供她随意挑选使用。这让帕洛玛欣喜若狂："原来大自然竟然提供了色彩如此丰富动人的石头！"坐拥这些宝藏，帕洛玛可以在珠宝创作中实现她关于色彩的几乎所有想象。在这个过程中，她发掘了许多从未被珠宝界重视过的冷门材质，突破了彩宝设计中的条条框框，将鲜红的碧玺、翠绿的沙弗莱石、幽蓝的坦桑石、黄澄澄的茶晶等自由搭配，创作出一个又一个造型明快、对比鲜明，具有强烈视觉冲击力的经典作品，例如她的"Sugar Stacks（糖果堆系列）""Studio（工坊系列）"以及"Hexagon（六角系列）"等。

帕洛玛酷爱在戒指、手镯和项链上采用超大尺寸的彩色半宝石，这与 20 世纪 80 年代盛行的"Power-dressing（强势着装风格）"不谋而合。随着时光的推移，这些"魔性"十足的石头则更多的像"护身符"一样能为女性提供某种心理上的安全感。

1984 年，帕洛玛与法国美妆集团欧莱雅（L'ORÉAL）签约开发的香水系列及随后推出的彩妆和沐浴产品都获得了热烈的市场反响。帕洛玛的导师和知己洛林曾经说："帕洛玛从来不追随潮流，她一直按自己的节奏前进，总是领先潮流好几步。"

以上介绍了蒂芙尼的三大独家签约设计师，其系列产品是蒂芙尼版图中一个非常特殊的存在，随着近些年来时尚消费者对于个性

帕洛玛·毕加索的珠宝作品

化设计和珠宝艺术性的感知越来越敏锐，这些设计师的传奇名字的影响力也在与日俱增。

事实上，一直到2009年，蒂芙尼年度报告中对于产品线的划分还是依据功能和材质。以2009年为例，当年蒂芙尼年销售额为27亿美元，具体分布如下：

订婚类钻石珠宝占21%、订婚之外主打钻石和其他宝石的珠宝占27%，主打黄金和铂金的珠宝占12%，主打纯银的珠宝占31%，剩下9%为非珠宝类产品。

2010年，蒂芙尼年度报告第一次将"设计师珠宝"作为一条独立业务线来报告，根据报告中回溯的2009年的数据，我们可以看到，重新划分后的部分业务线分布为：订婚类珠宝27%、高级珠宝14%，金银珠宝34%，设计师珠宝16%——当时的独家合作设计师共有四人——艾尔莎·佩雷蒂、帕洛玛·毕加索、让·斯伦贝格尔和美国建筑设计大师弗兰克·盖里。其中，蒂芙尼与弗兰克·盖里的合作始于 2005 年（产品销售始于 2006 年），最初几年弗兰克·盖里的作品为蒂芙尼贡献了年销售额的 2%，但这项合作已经于 2014 年终止。

根据蒂芙尼在被 LVMH 集团收购前发布的最后一份独立的年度报告（截至 2020 年 1 月 31 日的 2019 财年），"设计师珠宝"产品线目前包括艾尔莎、帕洛玛和斯伦贝格尔三位设计师的独家合作产品，2019 年为蒂芙尼贡献了 12% 的销售额，约合 5.3 亿美元，其中艾尔莎一人的作品贡献了 7% 的销售额，帕洛玛和斯伦贝格尔的作品合计贡献了 5% 的销售额。

在结束关于蒂芙尼"平台的创造者"这一节之前，我想再给大家介绍一位并非珠宝设计师的"平台的创造者"，他的名字叫吉恩·摩尔（Gene Moore），他创造的作品是纽约第五大道 727 号蒂芙尼旗舰店面向人行道的五扇橱窗。

吉恩·摩尔

如果说，眼睛是心灵的窗户，那么奢侈品牌门店的橱窗就好比品牌的眼睛。当你驻足凝视它的时候，或许会感觉到，它也在默默回望着你。

在电影《蒂芙尼的早餐》中，赫本享用"早餐"的地方其实并非蒂芙尼门店内（那时候，蒂芙尼还不曾像现在这样经营店内咖啡馆），而是纽约第五大道的人行道上。她端着咖啡、举着羊角包，

帕洛玛·毕加索的"六角系列"彩色宝石饰品

透过硕大的墨镜痴痴凝望的，正是吉恩·摩尔所创作的梦幻般的蒂芙尼橱窗。

如果说，奢侈品牌是抽象意义上的造梦者，那么，奢侈品牌门店的橱窗设计师就是现实中白日梦的制造专家，吉恩·摩尔就是其中最好的代表之一。

美国作家杜鲁门·卡波特的小说《蒂芙尼的早餐》写于1958年。就在三年前（1955年），蒂芙尼有了新老板——霍温，虽然他遵守承诺让蒂芙尼两大股东（蒂芙尼和摩尔家族）的后代留任高管职位，但他也将自己的一些心腹骨干从隔壁的奢侈品百货商店邦维特·特勒带到了蒂芙尼，其中最重要的一位旧部就是后来担任蒂芙尼副总裁的吉恩·摩尔（与蒂芙尼的股东摩尔家族无关）。

吉恩·摩尔于1910年出生在美国东南部亚拉巴马州的伯明翰——这个曾以蓬勃的钢铁产业著称的工业重镇对于热爱艺术的吉

恩·摩尔来说是一个"错误的地方"。(我们之前讲到的凡·戴·楚克斯和约翰·洛林都出生在美国偏远、乏味的"错误的地方",压抑的外部环境与他们内心强烈的艺术天性形成的巨大落差,或许恰恰催生了一股汹涌的"势能",推动他们在人生路途上以各种可能的方式,义无反顾地追寻自己的艺术梦想。)青少年时代,吉恩·摩尔曾梦想成为一名钢琴家,后来又迷上绘画,毕业于芝加哥美术学院。虽然小有所成,但他还是觉得自己天分有限,郁闷之下把自己的画作全都烧掉了,只身到纽约闯荡。

从一名制作橱窗道具的小工起步,吉恩·摩尔围绕"橱窗"这块小天地兢兢业业工作了将近 60 年,而且几乎没有离开过纽约第五大道——加盟蒂芙尼之前,他先后在美国鞋履零售商 I. 米勒(I. Miller)、奢侈品百货公司波道夫·古德曼(Bergdorf Goodman)和邦维特·特勒负责橱窗设计。

在他之前,纽约时尚商店的橱窗基本都是一个套路——将一排排的塑料模特塞进橱窗里,尽可能多地展示商品,而在吉恩·摩尔眼中,布置橱窗只需要一两个模特和少量商品,但必须令人过目难忘,为无生命的道具注入灵气和张力。

他的早期代表作是为邦维特·特勒打造的"救火红"主题橱窗:救火队员在烤着热狗,对面是身着红色泳衣的模特。1955 年,邦维特·特勒的老板霍温收购了蒂芙尼,吉恩·摩尔正是他为蒂芙尼赋能的"秘密武器"之一。

其实,在蒂芙尼创业之初,那些令人遐想联翩的漂亮橱窗就是

吉恩·摩尔

老蒂芙尼吸引客流的不二法宝——除了充满异国风情的珠宝和摆件外，还会有出其不意的惊喜，比如在 1868 年，蒂芙尼为"马戏之王"巴纳姆的侏儒明星及其新娘打造了一尊小号银马车，马车在橱窗中陈列多日，吸引了无数人围观。只是随着时间的推移，进入 20 世纪后，蒂芙尼的橱窗变得越来越像商品陈列柜，整整齐齐地摆放着一排接一排的银盘、银碗、银烛台以及珠宝首饰，看上去了无生趣。吉恩·摩尔的到来颠覆了这一切，他的第一个橱窗设计作品就是金丝编织的天使悬在半空，捧起璀璨夺目的镇店之宝——蒂芙尼黄钻，这预示着蒂芙尼将再度成为纽约第五大道上万众瞩目的焦点。

　　吉恩·摩尔在蒂芙尼工作的 39 年里，共打造了 5 000 多个橱窗设计。（蒂芙尼旗舰店的橱窗每两周更换一次，39 年里一共换了大约 1 000 次，每次包括 5 个橱窗。）

　　在吉恩·摩尔眼中，这些橱窗好比一个个小舞台，观众是纽约第五大道上行色匆匆的路人，而他的工作就是让路人停下脚步，将头转向这里，驻足凝视。吉恩·摩尔运用非凡的想象力将生活中的凡俗物品（如绳子、爆米花、毛线球、意大利面、玩具起重机）和蒂芙尼的高级珠宝、精致器皿等混搭在一起，创造出匪夷所思的视觉体验和戏剧张力。*Windows at Tiffany's: The art of Gene Moore*、*Windows at Tiffany & Co.* 等专著对此做了非常详尽的记录：

一只蜂鸟（这是吉恩·摩尔最爱的道具）正在用力从一堆土里拉出一条"长虫"，凑近细看，那不是虫子，而是一条光彩夺目的钻石项链。

巨大的白色圆球下，躺着一串漂亮的珍珠项链，但吉恩·摩尔觉得它太过完美，于是将项链的一头拆开，让几粒珍珠随意地散落

一旁。

为了抓住路人的注意力，吉恩·摩尔可以说"无所不用其极"，甚至将陈列着巨大钻石的橱窗做成被强盗打碎的样子，里面还躺着"罪证"——一把漂亮的小榔头。

1965 年纽约大旱，市政府限制用水，吉恩·摩尔却在蒂芙尼的橱窗里筑起了活动喷泉，喷嘴里汩汩流淌的不是自来水，而是杜松子酒。吉恩·摩尔说，"不可思议的事物能让人会心一笑"。纽约第五大道熙来攘往的人们途经于此，几乎都会被这些"不可思议"的橱窗吸引。他们驻足张望、啧啧称奇，继而对蒂芙尼的世界暗生渴望。

吉恩·摩尔说："当有人向蒂芙尼的橱窗张望时，我希望他或她会一看，再看，又再看。我希望他或她在刹那间体验到一种全新的洞察力，也就是被禅宗哲学家称作'灵性'的东西。"

第四节　　一个浓缩的公式

让我们再回顾一下本章开头给出的品牌财富公式：

Brand Fortune（品牌财富）$= F1 \times n + （F2+F3+F4+F5）\times t + （F6 \times x + F7 \times y）$

这个公式可以进一步浓缩为：

$BF = A+B+X$

A 是品牌发展进程中的"常量"，也就是定义了品牌 DNA、让品牌拥有了可持续的差异化竞争优势，为品牌穿越不同时代、基业长青打下坚实基础的标志性元素。这些标志性元素通常由创始人或创始团队在早期奠定，但也不乏在品牌发展中后期加入的情况——比如与蒂芙尼在同一年（1837 年）创办的法国奢侈品牌爱马仕，其最具标志性的 Birkin 包就是在 1984 年由第五代继承人让-路易·杜马斯（Jean-Louis Dumas）推出的。

B 是品牌发展进程中的"渐变量"，包括了品牌企业管理者日常必需应对的产品、用户、品牌内容和商业系统等课题。

X 是品牌发展进程中的"突变量"，主要由"所有权"的更迭和"关键人物"的涌现这两种力量构成，也就是所谓的"X Factor"——只有"正确的人"在"正确的环境"下出现在"正确的时间点"，做了"正确的选择"，这个"突变量"才能为品牌迈上新的台阶起到根本性的推动作用。

品牌，特别是奢侈品牌，最理想的状态是坐拥多个强大而坚实的"常量"——那些深深铭刻在品牌 DNA 中的标志性元素，为品牌创造了最深最宽的"护城河"——也就是极致的差异化竞争优势。无论"变量"如何波动，"常量"都足以为后代挡风遮雨、对冲风险，甚至让品牌可以在顺风顺水的时候"躺赢"。

背靠"常量"，品牌依然要"活在当下"。我们常说，"活着就有希望"。"渐变量"的稳定运转，即公司基本战略的正确制定和执行，日复一日地为品牌的生存和发展提供了必需的空气和养分，让品牌的根不离开"土壤"——这里的"土壤"就是指用户和市场，要求品牌即便身处逆境也不能从用户的视线中消失，断了与市场的联系。

在"渐变量"主导的"平淡无奇"的漫长岁月中，品牌需要通盘考虑内部条件和外部环境，在调和"坚守品牌 DNA"和"求新求变"这对永恒矛盾的过程中，把握定位和方向，审慎地摸索前进的道路。通常都要经历从平衡到失衡再到平衡这样一个循环往复的过程。

在奢侈品行业中，蒂芙尼一直是一个特殊的"矛盾体"。它恐怕是唯一一个既"亲民"又"高冷"的奢侈品牌，恰如电影《蒂芙尼的早餐》中赫本在柜台那一幕所反映的。从 1999 年到 2015 年一直领导蒂芙尼的迈克尔·J. 科瓦尔斯基曾经说过一段耐人寻味的话："尽管注重品质，但蒂芙尼从来不自命为'精英'。我们的门店一直洋溢着民主的气息——这里没有门童，无论是谁，都可以自由进出。我们是美国历史的一部分，我们是美国品牌，美国制造。"

不过，在"奢侈品"与"民主化"之间把握微妙的平衡，是蒂芙尼的强项，也是软肋。2005 年，在销售额高速增长的年代，蒂芙尼就做出了一个让华尔街瞠目结舌的决定：提高入门级银饰产品的价位，目的是遏制低价位产品销售增长过快的趋势，避免品牌的奢侈品定位被稀释和弱化。

而"突变量"的爆发，则是品牌在影响力、规模和盈利等方面实现跨越式增长的关键推动力量，也是区别"小而美"和"大而美"品牌的决定性因素。

究其根本，"常量"的源头其实也是"突变量"——那就是品牌历史上涌现的"超强创始人"，比如蒂芙尼的创始人查尔斯·刘易斯·蒂芙尼。而"突变量"的降临、量变到质变的契机的出现，则离不开"渐变量"日复一日的积累和迭代。

"变量"永远是不确定的，只有当"常量"赋予了品牌足够的"韧性"并持续积淀长期资产，品牌才能抵御这种不确定性的冲击，并在生逢其时的"关键人物"（包括平台的建构者、连接者和创造者）冒出来的时候，承接住这些"关键人物"所注入的巨大推动力，加速奔跑，笑迎属于品牌的高光时刻。

新冠肺炎疫情的冲击，让"常量"的作用尤为彰显。当消费者再度将购买"奢侈品"视作一种形式的"投资"而非冲动性消费时，"常量"最强的一些品牌如爱马仕、路易威登、卡地亚，就能将损失降到最小，并在市场复苏时拔得头筹。那么，蒂芙尼是否也属于这个行列呢？我们将在本书的下篇找到答案。

下　篇

收购蒂芙尼的世纪交易

The Tiffany Deal

引　言

为什么说并购
是奢侈品行业的"主旋律"

在经济学中，奢侈品属于"非必需消费品"之列。一言以蔽之，人类维持正常的、体面的生活，并不必然需要奢侈品。这就让很多人难以理解奢侈品存在的真正意义。

其实，通过上篇讲述的蒂芙尼的故事，我们不难看出，奢侈品行业的兴起与社会经济发展的特定历史阶段密不可分。

17 世纪下半叶到 18 世纪初，"太阳王"路易十四在首相让·巴普蒂斯·科尔贝的帮助下，在法国创造了世界上第一个由"时尚和品位"推动的经济模式：一方面精心打造自己作为欧洲最富有、最时尚、最有权力的国王形象，一方面从贸易法规到进口税都为法国制造的高端产品提供最大程度的保护和支持。这让法国在时装、珠宝、美食、室内装饰等诸多方面成为世界时尚和奢侈品消费的风向标。

19 世纪中叶到 20 世纪初，随着奢侈品消费的风潮从王室到贵族再蔓延到新兴资产阶级，爱马仕（1837 年）、卡地亚（1847 年）、路易威登（1854 年）、香奈儿（1910 年）等当代意义上的奢侈品牌在法国陆续崛起并不断发展壮大，将法国的生活方式和时尚品位更广泛地输往世界各地，进一步夯实了法国在奢侈品领域的话语权。

远离欧洲这个"时尚与品位"的中心，在美国这片"新大陆"上，蒂芙尼的诞生和发展则直接得益于 19 世纪中后期美国"镀金时代"的繁荣。如果没有那些渴望营造欧洲贵族般精致家居氛围的美国新富阶层，没有那些需要在社交场合争奇斗艳的名媛贵妇，老蒂芙尼的商店里售卖的琳琅满目的新奇玩意儿就无人问津。

随着社会财富的不断积累和扩散，蒂芙尼象征的"美好生活"也为更多人所渴望，蒂芙尼品牌的象征意义也越来越脱离实物而深入人心。人们对蒂芙尼品牌的认知越来越抽象化，其品牌意义不再依托于炫目的钻石和锃亮的银盘，而是甜蜜的爱情、优雅的品位、生活化的艺术——这也就是为什么在上篇讲述蒂芙尼的标志性元素时，我将"蒂芙尼蓝"放在了第一位，因为它代表了高度凝练的视觉元素，堪称蒂芙尼最不容易被复制的竞争壁垒。

正是这些抽象的意义为蒂芙尼和其他知名奢侈品牌赋予了强悍的"定价权"。这就是为什么在具有相同使用价值、采用了同等材质的产品中，奢侈品牌的产品价格一定处于最高区间。

前面讲到，蒂芙尼品牌复兴的关键人物之一——法国设计师让·斯伦贝格尔坚决反对以钻石等宝石的大小和价位来衡量珠宝的价值——"那还不如干脆在领口别上一张支票"！他深知，作为"奢侈品牌"而非"钻石商"的蒂芙尼，必须有能力让消费者为"好的设计"而不只是冲着那颗石头买单。

奢侈品牌的"定价权"不仅来自设计师和艺术家的创意设计，还来自娓娓动听的品牌故事、代代相传的精湛工艺、时间沉淀的标志性元素等。

所谓"定价权"的背后，一定是奢侈品企业对于这些故事、工艺和元素的悉心培育与呵护——无论是仰仗"知识产权"的法律武器，还是背靠独有的供应链与销售网络。当然，不可或缺的是"时间"在人们脑海中反复铭刻的关于品牌的永恒记忆。

通过上篇对蒂芙尼180多年发展历程中一系列关键节点和人物的梳理，我们能够清晰地感受到，奢侈品牌一定是"时间"的产物，其中夹杂了非常多的偶然因素——创始人的个人特质与综合能力、特定的历史背景和市场环境、难以复制的偶然事件和关键人物。

正是奢侈品牌这种"难以复制"的特性，让从头再造一个奢侈品牌成为一件难度极大且不确定性极高的艰巨任务。于是，收购一个能够"幸运"地将众多"偶然"因素成功聚合、自然"发酵"并经过时间洗礼和验证的知名奢侈品牌，就成为当今奢侈品企业做大做强的主要途径之一。

从20世纪60年代至今，随着美国、日本和中国奢侈品消费市场的相继崛起，原本"小众"的欧洲奢侈品牌也逐渐走进大众视野，在市场空间不断扩大的同时，奢侈品企业所面临的挑战也越来越复杂和艰巨。

从 20 世纪 70 年代至今，能够抓住历史机遇的奢侈品企业都制定了积极进取的发展策略，在品牌建设、产品创新、供应链建设、营销传播、全球销售网络拓展等关键环节持续投入，努力让历史赋予品牌的"光环"散发出更大更持久的能量。

一方面，坚守当家品牌的策略，让依然保持独立身份的爱马仕和香奈儿能够心无旁骛地苦练内功，成为更好的"自己"；另一方面，积极进取的并购策略，让 LVMH、开云（Kering）、历峰等多品牌集团能够快速扩大势力范围，对冲单个品牌／品类的生命周期风险和宏观经济风险，长期占据市场主导地位。

尽管全球许多知名奢侈品牌都拥有百年以上的悠久历史，但多品牌、多品类的"奢侈品集团"都相当"年轻"。

• 瑞士斯沃琪集团成立于 1985 年，由斯沃琪、通用瑞士钟表工业有限公司（ASUAG）、瑞士钟表业协会（SSIH）等钟表品牌商和制造商整合重组而来。旗下拥有欧米茄（Omega）、宝珀（Blancpain）、宝玑（Breguet）等知名钟表品牌。

• 法国路威酩轩集团（LVMH）由路易威登和酩悦-轩尼诗两家公司合并后于 1987 年成立。目前拥有路易威登、迪奥、宝格丽、泰格豪雅（TAG Heuer）、轩尼诗（Hennessy）、丝芙兰（Sephora）等知名皮具、时装、珠宝、手表、酒类奢侈品牌，以及美容与免税零售商等。

• 瑞士历峰集团是 1988 年通过剥离南非伦勃朗集团（Rembrandt

Group）的奢侈品投资组合而成立的。目前旗下拥有卡地亚、梵克雅宝(Van Cleef & Arpels)、万宝龙(Montblanc)、江诗丹顿(Vacheron Constantin）等知名珠宝、手表和其他类别的奢侈品牌。

• 法国开云集团（Kering）的前身 PPR 集团成立于 20 世纪 60 年代，但直到 1999 年才通过收购意大利奢侈品牌古驰正式涉足奢侈品行业。目前拥有古驰、圣罗兰、葆蝶家（Bottega Venetta）、巴黎世家（Balenciaga）等知名皮具、时装和其他类别的奢侈品牌。

不难发现，从 20 世纪 80 年代后期开始，奢侈品行业的主旋律就逐渐从单品牌、家族化的经营模式，向多品牌的跨国集团转移，对于优质品牌标的的争夺也愈演愈烈。

透过全球最大奢侈品集团——LVMH 集团的成长经历，我们可以聆听到这种主旋律最生动的节拍。

第一章

LVMH 集团如何通过 30 年并购
打造最大奢侈品帝国

第一节　LVMH 集团是怎么来的

作为当今全球第一大奢侈品集团，LVMH 集团过去 30 多年的成长历史就是一部波澜壮阔的奢侈品牌并购史。

路易威登的壮大

路易威登始创于 1854 年，以覆有防水涂层的花押字帆布包和行李箱闻名于世。这间家族企业稳扎稳打经营了 120 多年，但到 1977 年时年销售额只有 7 000 万法郎（按当时的汇率，约合 1 400 万美元）。除了法国的两家直营门店外，其销售更多依赖于高档百货公司的批发业务，公司员工不足百人。这一年，65 岁的亨利·雷卡米尔（Henry Racamier）成为路易威登的掌门人。他是品牌创始人路易·威登的曾孙女奥迪尔·威登（Odile Vuitton）的丈夫，原本是一位在钢铁业颇有建树的企业家。

　　雷卡米尔为沉闷的路易威登带来了全新的管理风格。在他的领导下，路易威登在奢侈品行业最早意识到并大力强化了"logo"的重要性，同时保持了经典含蓄的设计风格；在销售渠道方面，逐步将与百货公司的批发合作转变为"店中店"直营模式，并在美国和以日本为首的亚太新兴市场开设更多的直营门店；严格杜绝打折促销，大幅提升了盈利能力；同时在全球范围内展开了积极的广告投放和公关推广活动。仅仅用了六年时间，路易威登的年销售额就增长了近7倍，超过了1亿美元，门店数量增加到60个左右。1984年，路易威登在巴黎证券交易所成功上市。（到LVMH集团股权大战结束时的1989年，路易威登的市场增长势头丝毫没有放缓的迹象，全球门店数量已经达到135家，雇员达2 500人，年销售额逼近10亿美元。）

路易威登公司团队合影，1888年

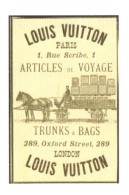

路易威登的报纸广告，1898年

酩悦-轩尼诗的演化

始于 1743 年的酩悦香槟酒庄早在 18 世纪末就展开了并购活动——1793 年，创始人克劳德·酩悦（Claude Moët）的孙子让-雷米·酩悦（Jean-Rémy Moët）为了扩大家族在法国香槟产区埃佩尔奈（Epernay）地区的版图，收购了欧维莱尔（Hautvillers）修道院的葡萄园——一个世纪前，就在这个修道院里，本笃会修道士唐·培里侬（Dom Pérignon）通过完善葡萄酒的双重发酵工艺，制作出了优质香槟。酒庄在 20 世纪 20 年代后期将"唐培里侬"香槟作为旗下顶级香槟品牌独立推出，该品牌至今享有"香槟王"的美誉。

1832 年，让-雷米·酩悦退休后把公司交给了自己的儿子维克多·酩悦·德·罗蒙（Victor Moët de Romont）和女婿皮埃尔-加布里埃尔·夏桐·德·布里埃耶（Pierre-Gabriel Chandon de

修道士唐·培里侬

罗伯特－让·德·维欧格

Briailles）——公司名称因此更改为"Moët et Chandon（酪悦夏桐）"，逐渐进入了高速发展期。1872年，公司产酒量从19世纪20年代的2万瓶大幅提高到200万瓶。

第二次世界大战结束后，酪悦夏桐公司在罗伯特-让·德·维欧格（Robert-Jean de Vogue）伯爵（他的妻子是酪悦家族的后代）的领导下，大力拓展国际业务，并将家族企业改造为现代化的公司体系，还在法国首开先河地让雇员广泛参与到公司的管理事务中，建立了完善的退休、医疗保险和劳资谈判制度。

德·维欧格伯爵曾是一名功勋卓著的军人，在纳粹统治期间他领导了埃佩尔奈地区的地下抵抗运动，被关进纳粹集中营后侥幸生还。他拥有非同一般的眼界和胆识，通过环环紧扣的战略部署，为酪悦夏桐公司打开了一扇又一扇通向未来的大门。

1962 年和 1970 年, 酩悦夏桐公司先后收购了香槟行业中的两大竞争对手——汝纳特 (Ruinart, 法国最古老的香槟企业) 和梅西埃 (Mercier), 成为法国香槟行业无可争议的霸主。然而, 考虑到香槟行业本身的局限性 (为了保护法国香槟的声誉, 法国政府在 1927 年颁布法令, 将香槟产区的葡萄种植面积限制在 3.4 万公顷, 到 1970 年时已经利用的土地面积达到了 2.5 万公顷), 德·维欧格伯爵坚信, 随着全球市场对香槟需求的不断上涨, 到 2000 年香槟产区的可用土地就会枯竭, 他决定必须将公司业务多元化。为此, 酩悦夏桐公司在 1968 年收购了为法国著名设计师品牌迪奥生产和销售香水的公司——迪奥香水 (Parfum Dior) 50% 的股权, 随后几年里又连续增持直至 1971 年完全控股。

也正是在 1971 年, 酩悦夏桐公司与法国第二大干邑生产商、已传承到第五代的家族企业轩尼诗合并, 成立酩悦-轩尼诗公司 (Moët-Hennessy), 成为一家拥有香槟、干邑、香水等多元化业务的奢侈品巨头。

LVMH (路威酩轩) 集团的诞生

1976 年德·维欧格伯爵去世后, 在他的门徒——1970 年加入公司的阿兰·舍瓦利耶 (Alain Chevalier) 领导下, 酩悦-轩尼诗通过多元化并购持续扩张版图, 收购了美国当时历史最悠久的酒业经销商之一席弗林 (Schieffelin & Company)、法国抗过敏化妆品公司洛克 (ROC) 等, 还整合了法国和美国的几家玫瑰花企业。尽管

229

其中几项并购导致了亏损，但迪奥品牌在 1985 年推出的"Poison（毒药）"系列香水获得了空前的成功，完全抵消了那些亏损造成的负面影响。酩悦-轩尼诗集团的销售额在 1972 年还只有 3 亿美元，到 1986 年时已经超过了 13 亿美元。

持续扩张版图的同时，舍瓦利耶也在反思和调整发展战略——与其漫无边际地收购其他领域的非核心资产，还不如更多地聚焦于自己擅长的奢侈品行业。

而此时，对于经过了连续几年以 30%~40% 的速度"疯狂"增长的路易威登来说，如何建立一个可持续发展的公司架构，也是摆在面前的重要课题。1987 年，劳苦功高的路易威登首席执行官雷卡米尔已经 74 岁高龄，却始终没有在家族内部找到合适的接班人。

作为高速发展的上市公司，酩悦-轩尼诗和路易威登都不可避免地成为外部资本势力觊觎的收购对象，特别是酩悦-轩尼诗——其背后的三大家族酩悦、夏桐和轩尼诗家族在公司只剩下合计 22% 的投票权，一旦面对敌意收购的威胁，很容易丧失对公司的控制权。酩悦-轩尼诗和路易威登团结起来，让双方既相关又互补的奢侈品牌组合成一个矩阵，形成一家实力更强大、股权结构更稳定的集团公司，似乎是一个不错的选择。

1987 年 6 月，酩悦-轩尼诗和路易威登合并成立了 LVMH 集团（路威酩轩集团），作为交易条件，路易威登的股东以 2.4 股换得 1 股酩悦-轩尼诗的股份。合并后，LVMH 集团的总市值约为 230 亿法郎（约合 40 亿美元），是当时法国第六大上市公司——按市值计算，排在前面的公司是埃尔夫·阿奎坦集团（Elf Aquitaine，石油类），汤姆逊集团（Thomson，消费电子类），法国液化空气集团（Air Liquide，工业和医疗气体类），米其林集团（Michelin，轮胎类）和标致汽车公司（Peugeot，汽车类）。

到 1996 年，LVMH 集团已经跃升为法国第一大上市公司；又过了 25 年，2021 年 2 月 26 日，根据研究公司 Finaria 发布的数据，LVMH 集团的市值达到 2 646 亿欧元（约等于 2021 年的 3 194 亿美元），超越了市值 2 420 亿欧元（约等于 2021 年的 2 921 亿美元）的瑞士食品饮料巨头雀巢集团（Nestle），首次成为欧洲市值最大的公司。

LVMH 集团合并后的业务主要由三个部分组成：

• 酩悦-轩尼诗：1986 年的年销售额为 80.5 亿法郎（按当年汇率，约合 13.4 亿美元），包含了以"酩悦""夏桐"和"唐培里侬"品牌为首的香槟、以"轩尼诗"品牌为首的干邑，以及迪奥的香水和美妆业务。法国每年出口的香槟中，1/4 来自这家公司。

• 路易威登：1986 年的年销售额为 17.6 亿法郎（按当年汇率，约合 2.9 亿美元），主要来自分布在全球的 80 家门店，其中日本市场贡献的销售额在一半左右。

• 凯歌香槟（Veuve Clicquot）：路易威登在 1986 年底收购了凯

歌香槟公司。该公司规模和路易威登不相上下，1986 年的销售额有 14.2 亿法郎（按当年汇率，约合 2.36 亿美元）。值得注意的是，这家始于 1772 年的香槟老字号也像酩悦-轩尼诗一样，拥有一家著名设计师品牌的香水公司——那就是 1981 年收购的纪梵希香水公司（Parfum Givenchy），来自法国著名高定设计师纪梵希，就是为赫本设计小黑裙的那一位。

此外，就在宣布此次合并交易前一个月，路易威登还收购了世界上最古老的香水公司之一，始创于 1828 年的法国娇兰香水集团 15% 的股份；还在 1986 年收购了西班牙经典皮具品牌罗意威（Loewe）的少数股权和国际经销权。

LVMH 集团在 1987 年完成合并后的年销售收入约为 128 亿法郎（按当年汇率，约合 22 亿美元），比 1986 年的 112.3 亿法郎（按当年汇率，约合 18.7 亿美元）增长了 14%，净利润为 2.2 亿美元。

不难看出，在成立之初，LVMH 集团的主营业务和投资范畴集中在以香槟（38%）、香水和美妆（24%）、烈酒（21%）、皮具（16%）为核心的传统奢侈品领域，并没有高级时装业务或设计师品牌，也就是说，其并未涉足所谓的时尚奢侈品领域。可以说，在那个年代，"奢侈品"和"时尚"还没有多少交集，奢侈品消费者购买的是精良的工艺、可靠的品质和悠久的历史积淀，以及古老又新鲜的"诱惑"——比如迪奥香水。

虽然两家公司本着"做大做强"的共同愿望走到了一起，但 LVMH 集团在诞生之初就埋藏了三大不稳定因素。

业务分布不均衡

合并前，酩悦-轩尼诗的销售额是路易威登的四倍多，在合并后的集团公司中，香槟和烈酒产品占比接近 60%，酩悦-轩尼诗处于明显的主导地位。而在雷卡米尔的内心深处，从来都认为"路易威登"才是真正的奢侈品，它拥有自己专属的销售渠道，香槟和干邑则是在各大超市可以随便买到的寻常东西。

股权结构分散

在新成立的 LVMH 集团中，酩悦-轩尼诗（包括酩悦、夏桐和轩尼诗三大家族）和路易·威登家族所有者仅持有合计 35% 的股权和 51% 的投票权（这个比例后来上升到 37% 和 55%），余下的股票则由公众股东以及为本次交易提供资金支持的法国两大金融机构——巴黎银行和拉扎德公司共享。也就是说，LVMH 集团中并没有一家股东拥有绝对控股权，公司股权结构和管理层的稳定性取决于彼此之间的信任度和妥协意愿。

管理层貌合神离

合并完成后，55 岁的舍瓦利耶担任 LVMH 集团的首席执行官，74 岁的雷卡米尔屈居二把手。微妙的是，舍瓦利耶的身份是职业经理人，无论在酩悦-轩尼诗还是 LVMH 集团都不持有股份；而作为家族掌门人的雷卡米尔代表的路易·威登家族却是 LVMH 集团最有话语权的大股东——拥有 23% 的股权和 30% 的投票权。更加尴尬的是，虽然酩悦-轩尼诗的业务在 LVMH 集团中占主导地位，但酩悦-轩尼诗三大家族握在手中的股权合计只有 14%（代表 25%

的投票权），远低于路易·威登家族。

合并完成后仅仅一年，这些不稳定因素就发酵为愈演愈烈的明争暗斗。1988 年 6 月，舍瓦利耶建议 LVMH 集团将 20% 的股权出售给英国酒业巨头健力士（Guinness P.L.C.）以防御新的敌意收购企图，雷卡米尔表示强烈反对——这将令 LVMH 集团更倾向于发展为一家偏重饮料业务的企业，弱化路易威登皮具业务在集团中的地位。此外，他们两人在公司的营销策略上也有诸多分歧。

第二节　贝尔纳·阿尔诺是如何入主 LVMH 集团的

就在 LVMH 集团内部矛盾逐渐发酵之际，1949 年出生的法国年轻企业家贝尔纳·阿尔诺（Bernard Arnault）正在奢侈品界悄然崛起。

1971 年，阿尔诺从巴黎综合理工大学毕业后就回到了家乡——法国北部城市鲁贝（Roubaix），加入父亲掌管的费亥·萨维内尔公司（Ferret-Savinel）——这家主营工业建筑的中型企业是阿尔诺的外祖父在 1922 年创办的。

几年后，他说服父亲出售了传统的工业建筑业务，挺进住宅房地产开发领域，在这个过程中他拓展了在资本圈的人脉网络。1984 年，正是在里昂信贷银行和拉扎德公司的鼎力支持下，阿尔诺赢得了法国政府的信任，凭借区区 4 000 万法郎的自有资本撬动了十倍的资金，以 4 亿法郎的代价成功收购了破产的法国企业巨头阿加奇-

贝尔纳·阿尔诺

威洛-布萨克（Agache-Willot-Boussac）——这家公司旗下的业务五花八门，包括巴黎历史最悠久的高级百货公司乐蓬马歇（Le Bon Marché）、康福马（Conforama）家装连锁、一家塑料生产商和一家一次性纸尿裤生产商等，最重要的是，这个"大杂烩"里有一颗蒙尘的珍珠——法国高级定制设计师品牌"迪奥"。[1946年，在纺织业巨头马赛尔·布萨克（Marcel Boussac）的资助下，才华横溢的克里斯汀·迪奥（Christian Dior）创办了自己的高定时装屋，用充分展现女性魅力的"New Look（新风貌）"开启了战后高级女装的复兴之旅。1947年，迪奥推出首个成衣系列和"Miss Dior（迪奥小姐）"香水，逐步发展为法国乃至全球最知名的奢侈品牌之一。]此后，迪奥品牌的声誉日隆，但其母公司布萨克因为盲目扩张陷入财政危机，不得不在1971年将迪奥香水公司的控股权出售给酩悦夏桐公司以换取现金。1978年，濒临破产的布萨克公司被金融巨头威洛四兄弟接管，但重组后的阿加奇-威洛-布萨克集团仅仅勉强维持了几年，也因过于繁杂的业务结构和越垒越高的债务而走到了破产的边缘。

阿尔诺将"Agache-Willot-Boussac"更名为"Financiere Agache"（阿加奇金融公司），随后开始了大刀阔斧的整改：大幅裁员，削减成本，分拆出售各类资产，最后只保留了迪奥时装和乐蓬马歇，将业务聚焦奢侈品牌和高端零售。

到 1986 年，阿尔诺旗下的迪奥时装业务年销售额达到了 6.11 亿法郎（按当年汇率，约合 9 000 万美元），利润为 4 100 万法郎。相比之下，酩悦公司旗下迪奥香水的年销售额则高达 18 亿法郎，利润为 2.74 亿法郎。将迪奥的时装和香水美妆业务重新合为一体，成为阿尔诺心中下一个"小目标"。

从 1987 年起，阿尔诺开始逐步扩大自己的奢侈品牌矩阵，在这一年中收购了创立于 1945 年的法国设计师品牌赛琳（Celine），又向当时在时尚圈如日中天的法国设计师克里斯汀·拉克鲁瓦（Christian Lacroix）伸出了橄榄枝，投资创办其个人品牌。当时阿尔诺表示，希望在十年内建成一家奢侈品集团，他万万没有想到，LVMH 集团内部的矛盾纷争让这个理想提前实现了。

这位弹得一手好钢琴的年轻企业家在阿加奇金融公司展示了高超的"财技"和对奢侈品行业的满腔热情，由此吸引了路易威登掌门人雷卡米尔的注意。碰巧两人都是古典音乐迷，雷卡米尔认定阿尔诺是一位"知音"，可以与自己结成同盟，让 LVMH 集团的权力天平向路易威登倾斜。1988 年 6 月，雷卡米尔盛情邀请阿尔诺参股 LVMH 集团，由此触发了长达两年、多方参与的股权争夺拉锯战，最终阿尔诺反客为主，成为 LVMH 集团主席和第一大股东。

这是一个对全球奢侈品行业具有里程碑意义的重大事件，细究其时代背景和因果关联，绝非坊间流传的"引狼入室""背信弃义"那些煽情故事可以简单概括的。

许多人对这场争夺大战感到最为不解的是：阿尔诺年纪轻轻，涉足奢侈品行业只有三年，而且并无特别显赫的家族背景，为何能一举实现"蛇吞象"？

参考埃里·鲁迪埃（Airy Routier）所著《奢侈品之王》（*L'ange exterminateur*）一书搜集的背景资料，以及《纽约时报》记者史蒂文·格林豪斯（Steven Greenhouse）于 1989 年对此事所做的深度追踪报道，不难看出，拥有强烈好胜心的贝尔纳·阿尔诺生逢其时，在"正确的时间"出现在"正确的地方"，而且做好了充分的准备。

一方面，通过大刀阔斧的改革重组，阿尔诺在很短时间里成功扭转了阿加奇金融公司的颓势，公司价值从收购时的 4 亿法郎一路攀升至三年后的数十亿法郎，从而向世人证明了自己清晰的战略思路和强悍的执行力。同时，他剥离阿加奇金融公司旗下的纺织、包装和大众消费品等业务，删繁就简，明确地聚焦于奢侈品行业，展示了自己要在这个领域大干一场的决心。在 20 世纪 80 年代，对于没有相关家族背景的企业和投资机构来说，奢侈品依然是一个相当陌生的领域，能与阿尔诺正面交锋的潜在竞争对手都存在这样或那样的缺陷：或者不具备奢侈品行业的履历，或者缺乏足够的资金实力（或者说是调动资本的能力），或者面对 LVMH 集团错综复杂的利益关系无力或无心周旋到底——而阿尔诺恰恰兼而有之。

巧合的是，卡地亚的母公司瑞士历峰集团也是在 1988 年通过将奢侈品业务从南非烟草巨头伦勃朗集团剥离出来而独立经营的，其关注的重点在于珠宝和钟表等"硬奢侈品"。同样在 1988 年，法国未来的第二大奢侈品集团、古驰的母公司开云集团的前身皮诺公司（Pinault SA）刚刚在巴黎证券交易所的二板上市，当时的主营业务还是木材贸易和建筑材料——十年后，皮诺（Pinault）家族才通过收购古驰真正进入了奢侈品行业。

组合多个奢侈品牌的"集团化"战略，在那个年代是一件新鲜事物。法国另外两大奢侈品企业——威泰默家族（The Wertheimers）掌控的香奈儿和爱马仕家族拥有的爱马仕就一直对这类大开大合的"资本游戏"敬而远之。

---

20 世纪 80 年代末，香奈儿正在德国时装设计大师卡尔·拉格斐（Karl Lagerfeld）的带领下展开复兴大业，时装、皮具、香水和美妆业务全面开花。

1978 年接掌帅印的爱马仕第五代继承人让-路易斯·杜马斯全面推行现代化和国际化战略，除了传统的皮具外，还大力发展了成衣、家居等新业务。1984 年，他亲力亲为地设计了品牌史上的最强"爆款"——Birkin

包。

这两家奢侈品企业至今仍奉行单一主品牌的发展战略，虽然也涉足一些投资和并购交易，但主要是为了掌控上游的优质供应链和拓展新品类，其核心品牌始终只有一个。

今天，香奈儿依然是一家私人企业；爱马仕虽然在1993年上市，但最初仅拿出区区5%的股份面向公众发行，后来虽然逐渐增加了流通股比例，但控股权依然为爱马仕几大家族联合所有。2011年，在经历了阿尔诺的"偷袭"后，爱马仕家族又进一步收紧了控制权，这个精彩的故事将在后面的章节详细解读。

另一方面，欧洲的奢侈品企业通常带有浓重的家族色彩，对现代化的公司治理模式往往水土不服。家族成员掌舵的路易威登与职业经理人统领的酩悦-轩尼诗在合并后发生的种种摩擦和猜忌，说明在奢侈品这个特殊领域，当管理者和所有者不统一时，非常容易导致内部矛盾和权力斗争，引发管理层动荡。这对于需要从长计议的奢侈品企业来说，意味着极大的不确定性和经营风险。

阿尔诺同时具备一定的投资能力和管理能力，多年的房地产开发经历让他非常善于与金融机构打交道。他拥有畅通的融资渠道，借助资本杠杆的力量，可以同时掌握 LVMH 集团的所有权和管理权——由于获得了里昂信贷银行和拉扎德公司的鼎力支持，阿尔诺在历时两年的 LVMH 集团股权争夺战中投入的资金高达 210 亿法郎，数倍于他自身的财力。

阿尔诺作为没有历史包袱的"外来人"独揽大权，一举解决了 LVMH 集团仓促成立后导致的固有矛盾，让这样一个由不同背景、不同属性的奢侈品牌组合而成的企业集团在战略上拥有统一性和连贯性，从而更高效地决策和更坚决地执行，从容应对变幻莫测的市场环境，并果断抓住发展机遇。

其实，当初雷卡米尔找到阿尔诺，并不是看中他有限的"投资能力"，而是希望他成为"自己人"、LVMH 集团未来的"接班人"，只是阿尔诺的"接班"速度和霹雳手段远远超出了雷卡米尔的心理预期。

在接到雷卡米尔的邀约后，阿尔诺向自己的财务顾问、拉扎德公司征询意见，经过反复权衡利弊，他最后决定改弦更张，转而与实力更加雄厚的英国健力士集团——也是酩悦-轩尼诗的主要酒业经销合作伙伴一起，共同收购 LVMH 集团的主要股权。（健力士集团参与投资 LVMH 集团的动机在于，其全球利润的四分之一都是通过经销 LVMH 集团旗下的品牌香槟和干邑获得的，以股权投资的方式可锁定双方的合作关系，而与法国奢侈品行业的新锐势力阿尔诺结盟，则有助于为这项投资铺平道路。）

1988 年下半年，阿尔诺控制的阿加奇金融公司与健力士成立合资公司雅克罗伯（Jacques Rober）（其中，健力士占比 40%，后来又提高到 45%），在公开市场收购了 LVMH 集团 20% 的股权，

亨利·雷卡米尔（左）、阿兰·舍瓦利耶（中）、贝尔纳·阿尔诺（右）

并从六家法国银行手中收购了 1987 年酩悦-轩尼诗发行的附认股权证的公司债券——这些权证一旦全部兑现，可转化为 LVMH 集团 28% 的股权。

1989 年 1 月 13 日，舍瓦利耶辞职，LVMH 集团董事会主席的宝座正式交给了新主人——贝尔纳·阿尔诺。

随后，阿尔诺和健力士合资的雅克罗伯公司乘胜追击，又陆续购进了更多 LVMH 集团股票，夯实了控股地位，阿尔诺也牢牢掌握了在 LVMH 集团董事会的绝对主导权。经过一番激烈的明争暗斗之后，77 岁的雷卡米尔也黯然出局，在 1990 年 4 月 26 日正式辞去了路易威登总裁和 LVMH 集团董事的职位。这个时候，41 岁的阿尔诺已经控制了 LVMH 集团 43.5% 的股权，并获得了拥有

12%股权的酩悦、夏桐和轩尼诗三大家族的支持。

令人惊叹的是，LVMH集团的业绩并未受到管理层剧烈动荡的影响，到1989年时，集团年销售总额已经高达35.1亿美元（比LVMH集团成立之初的1987年增长了60%），净利润为5.236亿美元，比1987年增长了一倍多。

在旷日持久的股权争夺大战中，为了方便增资扩股，阿尔诺将雅克罗伯公司所持有的LVMH集团股权陆续转让给了他控制的另一家上市公司——克里斯汀·迪奥（Christian Dior），将这个单一品牌公司变成了LVMH集团的控股公司，并最终掌握了后者41%的股权和56.8%的投票权——这种奇特的公司结构，直到2017年才彻底理顺。（后文将对此作详细解读）

阿尔诺的"善变"反映了他不达目的誓不罢休的勃勃野心，也说明他非常善于在商业实践中快速学习，及时调整方向，且有足够的耐心和韧性去实现自己的终极目标——构建一个无比强大的奢侈品帝国。

在结束了LVMH集团股权争夺大战五年后，1994年，健力士将其通过雅克罗伯公司和克里斯汀·迪奥公司间接持有的LVMH集团24%的股权悉数出售给了阿尔诺旗下公司。作为交换，健力士收购了LVMH集团旗下酩悦-轩尼诗公司34%的股权，在保障健力士［健力士后来通过并购改组，更名为帝亚吉欧（Diageo）］在酒类分销业务方面的利益的同时，让阿尔诺终于能够独享对LVMH集团奢侈皮具、时装和美妆等业务的控制权。

围绕构筑全球头号奢侈品帝国的愿景，阿尔诺继续不知疲倦地展开了 30 年连绵不断的收购活动，这当中也"踩了不少坑"，交了不少"学费"。

第三节　LVMH 集团的收购轨迹

总的说来，LVMH 集团的收购活动可分为三大阶段：1989 年阿尔诺入主之前，2001 年之前和 2001 年以后。

第一阶段：1989 年阿尔诺入主 LVMH 集团之前的收购和孵化活动

在阿尔诺入主 LVMH 集团之前，LVMH 集团的收购活动较多的发生在酩悦-轩尼诗一侧，有条不紊地整合了法国一批顶级的香槟、干邑品牌和酒庄。与之形成对比的是，在时尚奢侈品领域，LVMH 集团早期的并购活动大多带有一定的偶然性。

比如，在 LVMH 集团股权争夺大战期间，1988 年 6 月，依然执掌路易威登大权的雷卡米尔收购了法国传奇设计师品牌纪梵希的品牌和时装业务，究其原因，要追溯到 1986 年路易威登收购凯歌香槟公司时，顺带将其拥有的纪梵希香水公司一并揽入旗下。据说，1988 年纪梵希品牌这笔金额高达 2.25 亿法郎（按当时汇率，约合 4 000 万美元）的交易一度遭到当时 LVMH 集团主席舍瓦利耶的反对，但未能阻止雷卡米尔一意孤行[1]。

而另一边，阿尔诺在入主 LVMH 集团之前，也通过自己的投资控股公司展开投资并购活动，进一步扩大品牌版图。通过深入了解这个阶段最早一个并购标的——法国设计师品牌赛琳（Celine），我们可以一窥当时的真实情况。

收购赛琳

赛琳由法国女设计师赛琳·薇琵娜（Celine Vipiana）和她的丈夫里卡德·薇琵娜（Richard Vipiana）在第二次世界大战结束后的 1945 年一起创办，最早从事童鞋定制业务，20 世纪 60 年代起逐步拓展到高级女装、女鞋和手袋等领域，以贴合时代女性需求、简洁实穿的高品质产品著称，20 世纪 70 年代走向国际市场，销售网点延伸到蒙特卡洛、洛杉矶和中国香港等国际大都市。

到 1987 年时，赛琳全球门店数量已经达到 89 家。此时创始人夫妇已经 70 多岁高龄，却后继乏人，他们就在这一年将公司的控股权出售给了阿尔诺旗下的高端百货公司乐篷马歇。

收购给品牌带来了显而易见的变化。阿尔诺在《创意与激情》（*La passion créative*）一书中曾经回忆道：薇琵娜夫人设计的裙子长度为膝下 10 厘米，可现在流行的是膝上 10 厘米！经过阿尔诺的改造，赛琳的盈利在两年内成功增长为原来的三倍。到 1993 年时，赛琳的年销售额达到了 7 亿法郎，净利润为 1 亿法郎。

1　援引自《奢侈品之王》及伦敦商学院案例 *Christian Lacroix: a king without a kingdom*。到 2008 年，纪梵希的时装业务年销售额才刚刚达到 8 000 万美元左右。

1994 年，阿尔诺着手为自己旗下的上市公司克里斯汀·迪奥增资 50 亿法郎，以便通过这家公司从健力士手中收购后者在雅克罗伯公司（LVMH 集团的控股公司）的股权，从而实现对 LVMH 集团的独立掌控。而彼时发展势头良好的赛琳就在这个过程中扮演了特殊角色。

1996 年，在阿尔诺的指挥下，乐篷马歇将赛琳正式出售给 LVMH 集团，交易金额高达 27 亿法郎，按当时汇率，约合 5.4 亿美元，而两年前对赛琳的预估价格还只有 10 亿法郎，按当时汇率，约合 1.7 亿美元。乐篷马歇将此次交易所得悉数投资克里斯汀·迪奥公司，帮助后者完成了对健力士（通过雅克罗伯）间接持有的 LVMH 集团股权的收购。

现在回顾起来，LVMH 集团当时对赛琳的出价可谓相当高——或许对该品牌的未来成长预期过于乐观。1996 年的交易完成后，赛琳先后更换了三位主设计师，首席执行官更是走马灯似的换个不停，品牌发展却陷入瓶颈，在 LVMH 集团的品牌组合中一直处于边缘地位。

在 1997—2003 年担任赛琳女装设计总监的美国著名设计师迈克·高仕（Michael Kors）曾经在告别秀上怅然地表示，自己在 LVMH 集团中感到处于被忽视的地位："集团里的大人物完全不关心那些小牌子，他们的注意力都集中在两个大孩子——路易威登和迪奥身上。"他回忆称，自己在 LVMH 集团工作的六年半里只见过集团老大阿尔诺三次，两次是在赛琳的时装秀上，一次是在迪奥门店里偶遇。

相比路易威登和迪奥这两个标志性奢侈品牌，赛琳过往的成功更多是依靠创始人的个人品位和设计能力驱动，且顺应了彼时的女性时尚潮流。但赛琳缺乏像路易威登老花皮具那样的标志性经典产品，也没有迪奥在时装设计史上那样如雷贯耳的名号和高辨识度的设计风格，这让该品牌在创始人淡出后，一直在艰难寻找自己的清晰定位和差异化竞争优势，加上迈克·高仕指出的集团管理层关注的缺失，该品牌很难获得突破性的发展。

到 2008 年，赛琳的年销售额据说只有 2 亿欧元左右，而当年 LVMH 集团的年销售总额已经高达 172 亿欧元，其中时装皮具部门的销售额为 60 亿欧元——赛琳在其中的占比仅为 3%！

不过，正是因为赛琳在 LVMH 集团"无足轻重"，集团也就更愿意放手让新人做大胆的尝试。当"正确的人"在"正确的时间"出现在"正确的地方"时，奇迹依然可以期待。2008 年，35 岁的英国女设计师菲比·费罗（Phoebe Philo）被任命为赛琳创意总监，为了无生气的赛琳注入了一剂强心针，让赛琳回归品牌 DNA，以精致和洗练的设计手法，为新一代女性重新诠释"极简主义"。2018 年她辞职离开时，赛琳的年销售额已经升至 7 亿欧元左右。菲比·费罗曾表示，自己被 LVMH 集团赋予了充分的创作自由，她甚至被允许按照自己的心意留在伦敦办公，以便照顾出生不久的第二个孩子。

通过赛琳这个早期收购案例可以看到，处理好设计师品牌创始人和新东家的关系，在个性化创意和商业发展之间取得平衡，在不断变化的市场环境中保持品牌可持续的成长动能——即便对于实力无比雄厚的 LVMH 集团，也是非常艰巨的挑战。

创办克里斯汀拉克鲁瓦（Christian Lacroix）

在展开品牌收购之外，阿尔诺也在思考是否可以像当年马赛尔·布萨克给设计师克里斯汀·迪奥投资创立"迪奥"品牌那样，从 0 到 1 打造一个全新的奢侈品牌。"资本＋天才设计师"似乎是一个不错的成功公式。

就在这时，另一个克里斯汀进入了他的视线——1951 年出生于法国南部阿尔勒的克里斯汀·拉克鲁瓦。他是 20 世纪 80 年代快速崛起的时装设计新星，以充满梦幻色彩又趣味横生的华丽风格激活了法国沉寂许久的高级定制行业。1986 年，还在另一家法国高级定制品牌让巴杜（Jean Patou）工作的拉克鲁瓦获得了高级定制的最高荣誉"金顶针奖"，被媒体冠以"高定之王"的称号。

1987 年 1 月，阿尔诺控股的阿加奇金融公司和拉克鲁瓦签署协议，由前者投资创立了一个全新的高级定制品牌——克里斯汀拉克鲁瓦。（这将是自 1961 年的圣罗兰之后，法国诞生的又一个全新的高级定制品牌。）

阿尔诺自 1984 年涉足奢侈品领域，虽然以闪电般的速度完成了一系列令人眼花缭乱的资本运作，但亲身介入一个奢侈品牌创立和建设的全过程，这还是第一次，可以想见，"交学费"是不可避免的。

尽管克里斯汀拉克鲁瓦品牌第一场高定大秀获得了满堂喝彩，但在此后 17 年里，品牌连续更换了 11 任首席执行官，谁都不能和拉克鲁瓦这位特立独行的设计师产生积极的"化学反应"。拉克鲁瓦充满戏剧张力的设计风格未能成功地转化为实穿好卖的成衣、配饰和香水业务，而能够出手购买 5 万美元一件高级定制服装的忠实客群一直不足百人。

　　1993 年，克里斯汀拉克鲁瓦品牌正式并入 LVMH 集团。1996 年该品牌的销售额达到 2 370 万欧元，2004 年达到 4 150 万欧元，但没有一年实现盈利——从 1987 年到 2004 年，克里斯汀拉克鲁瓦累计亏损达 4 400 万欧元，而 LVMH 集团在这 17 年里对该品牌的累计投入高达 2 亿欧元。

　　2005 年，终于不愿再做"艺术赞助人"的阿尔诺将克里斯汀拉克鲁瓦以区区 200 万欧元卖给了经营机场免税连锁店的法力克集团（Falic）。四年后，在法力克集团累计投资 4 000 万欧元后，依然深陷亏损的克里斯汀拉克鲁瓦终于未能逃脱破产的厄运。（在没有找到合适买家的情况下，法力克集团终止了该品牌的高级定制和成衣业务，仅保留了品牌授权业务。）

　　2001 年在接受《哈佛商业评论》（*Harvard Business Review*）专访时，阿尔诺坦承："（克里斯汀拉克鲁瓦品牌）就像一座实验室，从中我们学习了如何从头打造一个品牌。一开始，我们觉得'有了拉克鲁瓦这样的天才就能成功'。但后来我们明白了，光有天才是不够的，即便是一个伟大的天才也无法从零创立一个品牌，这对我们来说好像当头一棒。一个品牌必须要有历史积淀，没有捷径可走。"

　　除了设计师本人的局限之外，像 LVMH 集团这样的大集团孵化品牌的努力失败的另一个主要原因，阿尔诺没有明说，那就是内部资源分配的不均衡。即便像 LVMH 集团这样拥有丰富人才和资本储备的大集团，优秀的经营管理人才依然是稀缺的，而资本的投入必须讲求回报。

　　同样的资本，如果投入集团旗下销售基数更大、知名度更高的核心品牌，无论是市场推广还是销售渠道，所能带来的绝对增量收益都远远高于投入那些销售基数小、知名度低的新品牌。

　　同样的优秀人才，如果耗在一个刚刚起步的小品牌身上，能够得到的短期（乃至中期）回报也是有限的。更何况，这些小品牌作为大集团旗下独立运营的公司，往往缺乏成熟的管理系统和支持团队，习惯于在路易威登和迪奥这样的大品牌公司工作的人才到了这里，往往会水土不服。加上品牌的业绩始终不见起色，能从 LVMH 集团获得的资源支持也就越来越少，被派去的经理人很难打起精神，也就无从给困境中的克里斯汀拉克鲁瓦带来根本性的转变。

　　这次深刻的教训让阿尔诺对自创品牌一直噤若寒蝉，在出售克里斯汀拉克鲁瓦品牌 14 年后，LVMH 集团才在 2019 年 5 月再度试水，宣布与国际歌坛天后蕾哈娜（全名 Robyn Rihanna Fenty）推出一个全新的奢侈品牌"芬蒂（Fenty）"。蕾哈娜拥有极高的全球知名度和突出的个人时尚风格，她与 LVMH 集团的美妆孵化器 Kendo 在三年前合作推出的芬蒂美妆品牌（Fenty Beauty）已经被证明是一个巨大的成功，短短数周内销售额就突破 1 亿美元。对于蕾哈娜，阿尔诺不吝赞美之词："我发现了一位企业家，一位真正的首席执行官和了不起的领导者。她自然地融入了 LVMH 集团。为了协助蕾哈娜创办'芬蒂'品牌，我们已组建了一支拥有多元文化背景的高能团队。我很骄傲 LVMH 集团能参与这个品牌的建立与打造，希望未来能大获成功。"

2019 年的 LVMH 集团与 32 年前不可同日而语，其年销售额从 1987 年的 22 亿美元增长到 537 亿欧元（按当时汇率计算，已超过 700 亿美元），净利润高达 72 亿欧元，成为欧洲第一大上市公司。

为筹备"Fenty"的创建，LVMH 集团一上来就为旗下一家壳公司注资了 6 000 万欧元，该项目的主要负责人是 LVMH 集团董事会主席兼首席执行官西德尼·托莱达诺（Sidney Toledano），创始团队来自路易威登、赛琳等品牌，后来又任命了耐克的一位前高管担任总经理，将品牌的侧重点放在年轻化和数字化方面。

然而，如此雄厚的实力和充分的准备依然不足以为一个新奢侈品牌的健康成长保驾护航。2021 年 2 月，在遭遇了品牌定位和产品策略等方面的挫折以及新冠肺炎疫情导致的供应链问题后，LVMH 集团正式叫停"Fenty"项目。或许阿尔诺实在不想"第二次踏入同一条河流"。

阿尔诺和 LVMH 集团在自创新奢侈品牌方面遭遇的挫折，也印证了本章引言谈到的主题："并购"始终是奢侈品行业的"主旋律"。

天才的设计师（或明星）可以是一个奢侈品牌的起点，但由此出发，需要一个不离不弃的高能团队，将设计师的个性和创意转化为自洽的品牌定位和产品策略。这个团队尤其是首席执行官必须能够深刻理解设计师的独特价值，同时洞察目标消费者的真实需求。品牌通过建立一套完善的商业系统，持续产出兼具"惊喜感"和"一致性"的产品，与市场反复碰撞、及时调整，才能不断扩大市场对品牌的认知，增强消费者的信任感——这种认知和信任感的建立必须基于一个足够大的消费者样本量，还必须在足够长的一段时间里穿越不同代际得到反复验证，才能真正沉淀为坚实的品牌资产。

对于一个奢侈品集团来说，与其将有限的精力和资本投入这样一个充满不确定性的品牌培育过程，不如去收购已经经过反复验证、拥有了稳定的品牌资产和销售规模的成熟品牌，再用自己的管理能力和商业资源去"锦上添花"地放大它的业绩。但是，如何选择最适合自己的投资和收购标的，依然需要一个反复试错的探索过程。在1990—2020年这30年间，LVMH集团的投资收购策略就经过了几次重大的调整。

第二阶段：1990—2001年 LVMH 集团的主要收购活动

阿尔诺正式入主 LVMH 集团后，这家法国最大的上市公司为他展开收购活动提供了更大的资本便利。整个20世纪90年代堪称 LVMH 集团历史上收购活动最为密集的时期。

一方面，LVMH 集团希望提升时装和皮具这些相比酒类成长

251

性更高的时尚奢侈品在整个集团的权重，也避免过度依赖路易威登和迪奥这两个旗舰品牌，分散风险的同时使收入来源多元化。

1987 年，LVMH 集团刚刚完成合并之时，酒类业务在集团 19 亿美元的总销售额中占比高达 59%，以路易威登为首的皮具业务占比只有 16%。14 年后的 2001 年，LVMH 集团的总销售额已经高达 122.3 亿欧元（按 2001 年底的汇率，约合 137 亿美元），其中，酒类业务所占比重已经降低到 18.3%。

另一方面，阿尔诺试图通过大量收购中等规模的时尚奢侈品牌，向金融市场传递一个积极信号，那就是，LVMH 集团将把路易威登和迪奥的成功经验不断复制到更多潜力品牌上——但这个愿景的实现过程并非坦途。

1990—2001 年，LVMH 集团在时尚奢侈品领域的收购活动可以划分为以下五个方向（不包括酒类业务）。

一、个性鲜明的成熟设计师品牌

• 1993 年收购凯卓（Kenzo）

"凯卓"是日本设计师高田贤三于 1970 年在法国巴黎创办的品牌，通过巧妙地融合法国风尚和日本元素，为欧洲时尚界带来了一股新风。1982 年，该品牌销售额达到 1.35 亿法郎（按当时汇率，约合 2 250 万美元）。随后，它又陆续开辟了男装、童装、家居和香水业务。但过度扩张让公司背负了沉重的债务。为了摆脱财务危机，公司在 20 世纪 80 年代中期将 25% 的股权出售给了一家法国多元化集团旗下的投资公司特吕弗金融公司（Financière Truffaut），并引入职业经理人。到 1991 年，凯卓品牌的年销售额已经达到 7.5 亿法郎（按当时汇率，约合 1.25 亿美元）——过去十年里，销售额的年均复合增长率超过 20%。

但随着多年合伙人泽维尔·德·卡斯蒂利亚（Xavier de Castella）在 1990 年去世，长年合作的日本打版师也不幸中风，面对日渐庞大繁杂的公司业务，高田贤三本人越来越力不从心。

1993 年 5 月，阿尔诺以 8 亿法郎（按当时汇率，约合 1.5 亿美元）收购了特吕弗金融公司——主要目标其实并非凯卓，而是这家公司持有的 10.67% 阿加奇金融公司和 1.4% 克里斯汀·迪奥公司的股权——如前文所述，阿加奇金融公司和克里斯汀·迪奥公司正是阿尔诺用来控制 LVMH 集团的主要媒介。

通过此次交易，阿尔诺"顺手"收获了特吕弗金融公司掌握的 25% 的凯卓股权，从来不满足做"小股东"的阿尔诺立刻向高田贤三本人提出了全面收购要约。无心恋战的高田贤三将自己和伴侣持有的 65% 股权出售给了阿尔诺旗下的投资公司，凯卓的总经理也同时出售了自己持有的 10% 股权。这一年，凯卓的年销售额达到了 1.44 亿美元，但增速已大幅放缓。

阿尔诺与高田贤三之间的交易细节未被披露，两个多月后的 1993 年 8 月，阿尔诺旗下的投资公司将持有的凯卓全部股权转让给了 LVMH 集团，公布的交易价格为 8 000 万美元，估值仅为品牌年销售额的 57%，这可以说是一笔非常划算的交易。

不过，像凯卓这样一个风格非常鲜明的设计师品牌虽然在 20世纪 80 年代快速蹿红，却一直面临一个重要挑战——如何在瞬息万变的时尚潮流更迭中沉淀足够分量的经典元素与标志性产品，完成从"设计师品牌"向"奢侈品牌"的转化？1999 年，高田贤三辞任创意总监，凯卓品牌在国际时尚舞台上渐渐失去了光芒，不可避免地像当年的赛琳那样，成为 LVMH 集团旗下的"长尾"小众品牌之一。

2019 年 7 月，担纲凯卓创意总监八年的亚裔设计师二人组 温贝托·莱昂（Humberto Leon）和卡罗尔·林（Carol Lim）离任（他们也是著名设计师买手店 Opening Ceremony 的创始人）。尽管二人在任期间让凯卓的面貌焕然一新，推出了虎头汗衫、T 恤等热门产品，连续数年销售额呈双位数增长，但此时品牌的年销售额依然只有 5 亿美元左右，1993 年到 2019 年的年均复合增长率只有 5% 左右。

- **2001 年，收购唐娜凯伦（Donna Karan New York）**

"唐娜凯伦"是美国时尚史上最负盛名的设计师之一唐娜·凯伦打造的品牌。她在 30 余年的设计生涯中，曾七次荣获美国时装设计师协会大奖，享有"（纽约）第七大道皇后"的美誉。由她首创的"七件基础单品"（Seven Easy Pieces，包含西装、紧身衬衫、毛衣、紧身裤、皮夹克、晚礼服和风衣）经典衣橱影响了几代美国女性的着装风格。

1984 年，唐娜·凯伦离开了工作多年的美国女装老牌安妮克莱因（Anne Klein），和雕塑家丈夫斯蒂芬·韦斯（Stephan Weiss）

联手创立了唐娜凯伦高级女装品牌，并获得了日本泷冰株式会社（也是安妮克莱因的所有者）300万美元的天使投资。1988年，其副线品牌DKNY正式推出。

1995年，公司的销售总额达到了5.1亿美元，净利润为5 360万美元，分别比1994年增长了21%和229%。1996年，公司（当时名为"Donna Karan International"，以下简称DKI）在纽约证券交易所成功上市，IPO的股价为24美元一股，公司总市值超过5亿美元。

但DKI的内部管理一直比较混乱。作为一个设计天才，唐娜·凯伦非常缺乏数字观念，经常被指花钱大手大脚。公司上市虽然让她获得了丰厚的财务回报，但此前高速扩张埋下的隐患迅速爆发，公司在上市后业绩急转直下，很快陷入亏损。1997年，公司聘请拉夫劳伦（Ralph Lauren）公司的前高管约翰·D.艾都（John D.Idol）担任首席执行官，通过一系列开源节流的举措，公司扭亏为盈，销售增长却陷入瓶颈。2000年，DKI的年销售收入为6.63亿美元，和1999年（6.62亿美元）基本持平；净利润为1 900万美元，相比1999年的1 000万美元有所改善。

在唐娜·凯伦的先生斯蒂芬·韦斯的主导下，2001年初，LVMH集团以6.93亿美元的总价收购了唐娜凯伦公司的全部业务——包括以2.43亿美元购买的DKI所有流通股（包含400万美元债务），以及2000年底以4.5亿美元收购的"Gabrielle Studio Inc."即唐娜凯伦公司商标权的所有者，收购后与DKI合并。尽管

LVMH 集团给出的估值还不如 DKI 的年销售额高，但后来证明出售是一个明智之举——斯蒂芬·韦斯不久就因肺癌去世，在他生前终于看到唐娜凯伦公司获得了 LVMH 集团这个"豪门"的庇护。

虽然唐娜·凯伦在公司被收购后继续留任唐娜凯伦公司创意总监，直到 2015 年正式离任（根据协议，她还继续担任公司的创意顾问），但这个带有她强烈个人 DNA 的美国设计师品牌，始终没有在 LVMH 集团这个欧洲奢侈品巨头的羽翼下找到合适的位置。

这笔收购背后的一个重要原因是 LVMH 集团希望借此打开美国市场，但对于这样一个很"美国"的时装品牌将向何处去，其实并无多少头绪。在长达 15 年的时间里，其主线品牌唐娜凯伦和副线品牌 DKNY 在 LVMH 集团里都是尴尬的存在，并没有如当时预期的那样，借助 LVMH 集团的全球网络实现销售额的更大增长。

2016 年，LVMH 集团将唐娜凯伦公司以 6.5 亿美元（略低于当年收购价）出售给了美国服装和配饰制造分销商 G-Ⅲ服装集团。据分析师估计，彼时唐娜凯伦公司的年销售额不足 5 亿美元，相当于 20 年前的水平。

大家或许已经注意到，这个阶段 LVMH 集团收购的设计师品牌——凯卓和唐娜凯伦都有一个共性，那就是名气大、销售上了一定规模但管理跟不上。LVMH 集团收购它们的逻辑就是：将 LVMH 集团的商业资源和管理能力嫁接到这些已经功成名就但管理系统不够完善的设计师品牌之上，推动它们继续做大做强。遗憾的是，这两个品牌都卡在"5 亿美元"年销售额这根红线上，迄今未能成长为真正的"大品牌"。

究其原因，除了前面提到的作为大集团旗下品牌面临的资源分配不平衡问题之外，最主要的还是作为创始人的设计师在出售品牌、实现财务自由后，也失去了继续前进的动力，同时也很难适应丧失自主权、受制于大集团管理系统和战略需求的附属地位。而这些品牌恰恰又深深地打着创始人的烙印，接手的创意和管理团队很难准确把握并延续创始人的特质：如果遵循创始人的风格，势必遭遇"时尚风险"——当年备受追捧的"创新性"在当今市场上已经很难再掀起波澜；如果脱离了创始人的风格，另起炉灶，又容易丧失市场对这些品牌已经建立的认知和好感，即便开发出一些"爆款"，也需要更长时间才能沉淀为品牌的核心竞争力。

- 1997 年，投资马克雅可布（Marc Jacobs）

LVMH 集团对美国设计师品牌马克雅可布的投资则与前面两个设计师品牌有所不同。

1997 年，阿尔诺力排众议，聘请 34 岁的美国设计师马克·雅可布担任 LVMH 集团旗舰品牌路易威登的艺术总监，将这个经典行李箱和皮具品牌提升为全品类的奢侈品牌。阿尔诺看中的，更多是马克·雅可布作为设计师的才华和号召力，而非其个人同名品牌——马克雅可布现有的商业价值。这个由马克·雅可布和合伙人罗伯特·达菲（Robert Duffy）创办于 1984 年的品牌彼时已经经历过两次财务重组，却一直没能获得与设计师本人名声相称的商业回报，一直挣扎在生死线上，1996 年的年销售额只有区区 250 万美元（不包括来自日本的品牌授权收入）。

为了让马克·雅可布在路易威登安心工作，LVMH 集团先为马克雅可布品牌在纽约 SOHO 区的第一家门店支付了 14 万美元的装修费，又在随后的十多年里陆续追加了数千万美元的投资——作为回报，LVMH 集团持有马克雅可布国际公司（经营实体）96%的股权，以及马克雅可布商标 1/3 的所有权（其余 2/3 的所有权由马克·雅可布和罗伯特·达菲平分）。

到 2013 年马克·雅可布离开路易威登的时候，他的同名品牌的年销售额已经突破了 5 亿欧元（按当时汇率，约合 6.5 亿美元）。可以肯定地说，如果没有 LVMH 集团的持续投资，马克·雅可布的同名品牌不可能发展到这样的规模。不过，LVMH 集团之所以愿意不断追加投资，一个非常重要的原因是马克·雅可布和罗伯特·达菲每次与路易威登进行续约谈判时，都在努力争取 LVMH集团对马克雅可布品牌投入更多的资金和人力支持——而他们最大的筹码，就是马克·雅可布本人对路易威登的独特价值。

马克·雅可布与路易威登最早的合约只有三年，此后又续签了一次，到 2004 年第三次谈判续约时，他已经证明了自己具备"点石成金"的能力——1997 年到 2003 年，路易威登的年销售额增加了近两倍，其中，仅马克·雅可布与日本艺术家村上隆合作的彩色押花手袋在 2003 年就创造了 3 亿美元的销售奇迹。这一年双方一口气续签了十年协议，马克·雅可布和罗伯特·达菲不仅为自己争取到了更高的工资和股票期权，还有 LVMH 集团对马克雅可布品牌加大投入的承诺。

2013 年马克·雅可布离开路易威登，当时给出的公开理由是：他要专注于个人品牌，争取三年内独立上市。但八年过去了，马克雅可布品牌离这个目标非但没有更近，反而越来越远。2015 年其更遭受了两个重大打击——关闭副线马克雅可布的马克（Marc by Marc Jacobs），长年合作伙伴罗伯特·达菲辞职。从 2013 年到 2017 年，马克雅可布公司的综合零售销售收入从约 6.5 亿美元下降到约 3 亿美元，公司陷入亏损。2017 年，阿尔诺在投资者电话会议中甚至直言不讳地说："比起美国总统（特朗普），我更担心马克雅可布。"

从某种意义上说，马克雅可布可以算得上是 LVMH 集团内部孵化的一个设计师品牌（年销售额从几百万美元做到几亿美元）。尽管有才华横溢、年富力强的马克·雅可布坐镇，该品牌却依然没能摆脱凯卓和唐娜凯伦的命运，成为 LVMH 集团又一个冲击 10 亿美元年销售额大关未果的设计师品牌。

二、细分品类的利基品牌

相比媒体热衷追逐的设计师品牌，拥有一定历史沉淀的小众奢侈品牌（或称利基品牌）虽然销售规模有限且没有设计师品牌那样的"时尚光环"，却在各自专注的细分品类上拥有经过历史沉淀的独特优势。理论上讲，这样的品牌可控性更强，时尚风险更低，且由于品牌经营规模有限，收购的价码不会太高。

在这个阶段，LVMH 集团收购的利基品牌在各自的细分领域都堪称翘楚，包括法国定制男鞋品牌伯尔鲁帝（Berluti）、西班牙经典皮具品牌罗意威、英国高级男装衬衫品牌托马斯平克（Thomas Pink），以及意大利印花服装品牌璞琪（Emilio Pucci）等。

不过，考虑到建立全球性的品牌知名度和更广泛的分销网络所需要的资金投入和市场风险，LVMH 集团在确保这些利基品牌的 DNA 和独特工艺得以妥善延续的前提下，在营销和渠道方面对其的推进节奏其实还是比较保守和谨慎的。

1993 年，阿尔诺通过自己的投资控股公司收购了法国定制男鞋品牌伯尔鲁帝，该品牌后来并入 LVMH 集团旗下。伯尔鲁帝始于 1895 年，以独特的天然矿物鞣革工艺和古法染色技术闻名。据说，伯尔鲁帝的工匠要完成不少于 250 道精细工序，才能为顾客打造出一双定制鞋履。

对于这类"宝藏"小众品牌，阿尔诺展示了足够的耐心。在 LVMH 集团旗下，通过谨慎有序的门店拓展、品类扩充和产能提升，伯尔鲁帝的年销售额从 1993 年的 100 万欧元逐步增长到 2011 年的 5 000 万欧元。在阿尔诺的大儿子安托万（Antoine）担任品牌首席执行官后，LVMH 集团对伯尔鲁帝更加大了投入，开辟了高级男装业务。到 2016 年，尽管由于在门店和产品开发等方面的大量投入，品牌尚未实现盈利，但年销售额已经比五年前增长了三倍，达到 1.5 亿欧元。

背靠世界头号皮具品牌路易威登，LVMH 集团的投资组合中自然少不了"皮具"品牌。

早在 LVMH 集团成立之前的 1986 年，路易威登就与西班牙经典皮具品牌罗意威建立了深度合作关系，一方面收购了罗意威的少数股权，一方面建立了由路易威登控股 90% 的合资公司"罗意威国际公司（Loewe International）"，借助路易威登的全球网络，将罗意威的产品推向更广大的海外市场。此后，LVMH 集团又陆续增持罗意威的股权，直到 1996 年收购剩余 70% 的股份，实现完全控股。

罗意威的创立最早可追溯到 1846 年一群西班牙手工皮具匠人在马德里发起的合作社，比路易威登的历史还要悠久。1876 年，德国人恩里克·罗意威·y·罗斯伯格（Enrique Loewe y Roessberg）加入后，将合作社改组为品牌商，他用自己的德国姓氏"Loewe（罗意威，意为狮子）"命名这个如今广为人知的西班牙奢侈品牌。到 20 世纪初，罗意威因其精湛的工艺和上乘的品质被西班牙国王阿方索十三世授予"皇家宫廷供应商"的称号。

1970 年，艺术家维森特·维拉（Vicente Vela）将两对镜像的花体"L"巧妙组合，创造出今天为世人熟知的罗意威标志性图案，由此开启了该品牌向香水、时装等领域的多元化拓展。20 世纪七八十年代，卡尔·拉格斐、乔治·阿玛尼（Giorgio Armani）、劳拉·比亚乔蒂（Laura Biagiotti）等著名设计师都曾为罗意威设计女装。不过，罗意威能够从一个地区性的老字号发展为全球性的奢侈品牌，最重要的原因还是它根植于西班牙皮具制作的优良传统。

过去，那些国际明星和名流们 [如海明威、丽塔·海华丝（Rita

Hay worth)、索菲亚・罗兰等]只有到西班牙度假的时候才会光顾罗意威设在马德里的品牌门店，而 LVMH 集团为其铺设的全球销售网络让罗意威真正走出了西班牙，走向全世界。

LVMH 集团控股罗意威前的一个财年(截至 1995 年 7 月 31 日)，罗意威品牌母公司的年销售额为 1.376 亿美元，相比上年有 20% 的增长，增长部分主要来自西班牙的 18 家直营门店；LVMH 集团主导的合资公司在海外的销售额为 7 110 万美元，比上年增长 15%。这一年，罗意威品牌合计总收入达到了 2.1 亿美元。

不过，在 LVMH 集团控股罗意威以后，在很长一段时间里，该品牌的成长速度非但没有加快，反而慢了下来。根据西班牙媒体披露的数据，2017 年，罗意威的全球销售收入仅为 1.764 亿欧元（按当时汇率，约合 2.1 亿美元），和 22 年前相比，几乎纹丝未动。

我们不妨大胆揣测一下，出现这种情况的原因或许有这样两个：一个原因是为了提高利润率，强化奢侈品定位，LVMH 集团关闭了罗意威品牌一些不太盈利或稀释品牌价值的门店、品类和批发渠道；另一个原因或许是，罗意威本身的奢侈皮具定位与路易威登颇为重合，集团将优势资源集中于旗舰品牌的同时，暂时搁置了其他竞争性品牌的发展计划。

不过，从 2018 年起，为了响应奢侈品消费者（特别是亚洲消费者）对于小众品牌日益增长的需求，LVMH 集团开始逐渐加大对罗意威在门店、货品和营销等方面的投入。这一年，罗意威品牌的全球销售收入达到了 2.36 亿欧元(按当时汇率，约合 3.4 亿美元)，大幅增长了 34%。阿尔诺在集团 2018 年和 2019 年的财务报告中都提到了罗意威，称其"增速显著"。而罗意威首席执行官帕斯卡尔·勒波瓦（Pascale Lepoivre）更在 2019 年底表示，品牌有望在 2024 年达到年销售额 10 亿欧元的规模。截至 2021 年 6 月，罗意威全球门店已经达到了 232 家。

除了前面提到的伯尔鲁帝、罗意威外，LVMH 集团在这个阶段还收购了一个非常特别的利基品牌——英国高级男装衬衫品牌托马斯平克。

爱尔兰人马伦（Mullen）兄弟于 1984 年创办的这个衬衫品牌，凭借色彩鲜明的条纹衬衫、领带和男士配饰产品，颠覆了人们对正装严肃呆板的认知，曾经是 20 世纪 80 年代撒切尔夫人执政时期英国金融界成功人士的最爱，其很快在全世界的金融圈流行开来。1998 年品牌的年营业额达到 2 500 万英镑。为了发力正在兴起的男性时尚市场，LVMH 集团在 1999 年以 3 000 万英镑收购了该品牌 70% 的股权，四年后又收购了余下 30% 的股权。

彼时双方都期待借助 LVMH 集团的全球网络，让托马斯平克走向世界，发展为全球性的高级服装品牌。然而，事与愿违。这或许是因为在创始人退出后，LVMH 集团一直未能给这个小众品牌搭建起一支强有力的领导团队；或许是因为进入 21 世纪以后，席卷全球的"运动休闲"风潮让"衬衫"这个品类的发展空间不断被挤压。

2018 年底，LVMH 集团再一次为托马斯平克品牌输送了新鲜血液，委派了曾在路易威登、登喜路（Alfred Dunhill）、古驰等大品牌工作过的新一届首席执行官和创意总监，并着手焕新品牌形象、提升产品质量，甚至为了突出品牌在"衬衫"这个细分品类的优势，在 2019 年将品牌名称更改为"平克衬衫匠（Pink Shirtmaker）"。但这一系列努力在 2020 年新冠肺炎疫情的猛烈打击下功亏一篑，防疫封锁导致门店关闭，居家办公热潮让 T 恤广泛取代衬衫成为专业人士的日常着装。终于，在 2021 年 3 月，LVMH 集团宣布将平克衬衫匠出售给英国体育用品零售商 JD 运动（JD Sports）的前任高管，具体交易金额未披露，但考虑到交易仅涉及品牌的知识产权，并不包括品牌网站和已经关闭的门店，其金额想必是"微不足道"的。

2000 年，LVMH 集团收购了以大胆的色彩和绚烂的印花著称的意大利品牌璞琪 67% 的股权。璞琪公司是一个典型的意大利家族企业，拥有一位个性鲜明的"超能"创始人——埃米利奥·璞琪（Emilio Pucci）侯爵。他出身于意大利佛罗伦萨最古老也最显赫的家族之一，据他本人说，他是家族"千年史上第一位工作的人"。

经年累月大手大脚的奢华生活方式，让这个家族的财力逐渐耗尽，尽管如此，靠着变卖祖传的古董家具和艺术品，璞琪家族还是勉强维持着应有的体面，依然鄙视为"五斗米折腰"的商业活动。第二次世界大战前，埃米利奥曾在美国留学并靠打工自食其力，这段"接地气"的经历让他拥有了与祖辈不同的商业意识。第二次世界大战后，埃米利奥作为一名多才多艺、英俊潇洒的社交高手，在意大利名流圈颇受欢迎。

根据 LVMH 集团官方网站的记载，埃米利奥的时尚事业始于无心插柳。1947 年，曾参加过意大利奥林匹克滑雪队的埃米利奥设计了一款突破传统的流线型滑雪服。随后，由托尼·弗里塞尔（Toni Frissel）为时尚杂志 *Harper's Bazaar* 掌镜，名媛波芘·德·萨利斯（Poppi de Salis）夫人出任模特，在瑞士滑雪胜地采尔马特（Zermatt）山穿着这款滑雪服拍摄了宣传照。照片引起了时尚界的浓厚兴趣，订单纷至沓来。

此后不久，埃米利奥在意大利度假胜地卡普里岛开设了首家精品店，出售简约精美的度假服饰。这里愉悦的生活氛围、耀眼的阳光、辽阔的大海，让他爱上了华丽的真丝面料，作品在色彩上多采用明艳的绿松石色、金橙黄和杏仁绿。

埃米利奥的印花设计充满动感和节奏，大胆新颖、率性激进，生动地反映了意大利风情和他在世界各地游历的见闻，这些作品让他获得了"印花王子"的美誉。埃米利奥也是当之无愧的"运动时尚"的开创者之一，不仅为 20 世纪中后期"意大利制造"的繁荣贡献了力量，也影响了后代许多设计师。

埃米利奥的女儿劳多米娅·璞琪（Laudomia Pucci）讲过一段话，充分反映了埃米利奥在时尚领域的先锋性："在极简主义诞生前，我的父亲便已经是一位极简抽象派艺术家；在名流阶层出现前，他就已经是一位精英人物；在面料工艺成为一门学科前，他便已经是一位科学家……"

20 世纪 50 年代中期到 60 年代中期，璞琪经历了品牌历史上最辉煌的岁月，从巴黎到纽约，受到从玛丽莲·梦露到杰奎琳·肯尼迪等明星、名人的追捧，成为最早征服美国市场的意大利时尚品牌。

不过，随着埃米利奥本人的兴趣更多转向政治（他曾在意大利议会担任了九年的议员，并积极参与佛罗伦萨本地的政治活动），以及意大利的时尚中心从佛罗伦萨转移到米兰，璞琪品牌在 20 世纪七八十年代陷入低谷，但在 20 世纪 90 年代又经历了一次回潮。随着创始人埃米利奥·璞琪在 1992 年去世，品牌转入"小而美"的低调发展阶段，到 2000 年 LVMH 集团收购其控股权的时候，其年销售额只有 700 万美元。

当时，谈到自己的投资策略时，阿尔诺曾表示：LVMH 集团只看中那些潜力有待开发的品牌。或许是出于对璞琪家族的敬重，LVMH 集团不仅让其保留了多达 33% 的股权，而且让劳多米娅·璞琪继续在公司担当管理重任。

这种"不彻底"的收购，在某种程度上掣肘了璞琪的发展空间，品牌多次更换设计师和首席执行官，他们或者对推动销售无计可施，或者过于偏离品牌 DNA，遭到劳多米娅·璞琪的反对。经过长达 20 年的磨合，品牌的年销售额仍然未能突破 1 亿欧元大关。2019 年甚至传出 LVMH 集团打算出售璞琪的消息。

终于，在 2021 年 6 月，LVMH 集团宣布收购璞琪家族所持有的 33% 的股份，实现 100% 控股，交易完成后，劳多米娅·璞琪将辞去副总裁和形象总监的职务。

毋庸置疑，在这个阶段，LVMH集团收购的利基品牌都令人过目难忘，拥有阿尔诺所说的"有待开发的潜力"，但在此后很长一段时间里，这些品牌都依然处于"小而美"的状态，未能向下一个路易威登或迪奥演化。在21世纪的前20年里，以中国为首的新兴市场最先拥抱的奢侈品，还是来自路易威登、爱马仕、迪奥、古驰和香奈儿这样拥有极高知名度的头部品牌。让"强者更强"肯定可以获得更高的投资回报，因此，以LVMH集团为代表的多品牌奢侈品集团将主要的人力和财力投入头部品牌中，自然成为这个阶段的最优方案。可以想见，在这个时期，集团旗下的利基品牌难以获得足够的重视和资源支持。

抛开集团的战略选择，从另一个角度看，利基品牌的优势在于其独特的品牌DNA和工艺传承，但这也让在创始团队离场后新进的创意和管理团队面临更多挑战：如何在保持品牌独特性的同时，将其推向更辽阔的市场，适应更广大消费者的口味？

此外，高度专注细分市场（比如托马斯平克的衬衫、璞琪的印花）是利基品牌的立身之本，但也导致品牌本身抵御市场风险的能力会相对薄弱，容易受到流行趋势转变和代际更替的冲击。

三、进军"硬奢侈品"，从犹豫到坚决

阿尔诺打造"奢侈品帝国"的雄心，不仅体现在品牌矩阵的扩张上，也体现在"品类"的延伸上。"LV（路易威登）"和"MH（酩悦-轩尼诗）"为LVMH集团在"皮具"和"酒"两大奢侈品类领域打下了坚实的根基，而迪奥则占据了"高级时装"领域的制高点。不

过，LVMH 集团在奢侈品领域还有一块巨大的空白尚待填补，那就是以钟表、珠宝为代表的"硬奢侈品"。

珠宝是人类最早享用的"奢侈品"之一，而钟表业则是最古老的奢侈品产业之一。现存历史最悠久的奢侈品牌当数瑞士的宝珀（Blancpain，始创于1735年），目前隶属于斯沃琪集团。

在硬奢侈品领域，瑞士两大奢侈品集团——历峰和斯沃琪堪称两座难以逾越的高山：

历峰集团旗下拥有奢侈品界头号珠宝品牌卡地亚，以及梵克雅宝、江诗丹顿、积家（Jaeger-LeCoultre）、万国沙夫豪森（IWC Schaffhausen）等一批顶级珠宝和腕表品牌。

斯沃琪集团由瑞士三大钟表制造企业和品牌商（ASUAG，SSIH，Swatch）在1983—1985年合并形成，目前已发展成为全球第一大制表集团。斯沃琪作为垂直整合产业链的瑞士钟表巨头，不仅拥有宝玑、宝珀、欧米茄等顶级腕表品牌，也是瑞士钟表业最大的机芯生产商。

和时装、皮具这类"软奢侈品"相比，珠宝和腕表行业较少受到时尚趋势波动的影响，整体的演化速度相对缓慢——无论是供应链的打磨还是品牌的建设，都需要用比软奢侈品牌更长的时间去积累和沉淀；但强势品牌的市场地位和消费者认知一旦形成，就很难轻易被打破。

因此，想切入这个陌生的"硬奢侈品"领域，LVMH 集团只有"收购"一条路可以走。鉴于大部分优质的珠宝和腕表品牌已经被历峰集团和斯沃琪集团瓜分，而其他响当当的顶级品牌[如劳力士（Rolex）、百达翡丽]则选择坚守家族企业的独立地位，可供LVMH集团投资的标的并不丰富。为此，LVMH集团在这个领域的早期投资依然选择了相对"小众"的特色品牌。

1995年6月，LVMH集团终于迈出了打开"硬奢侈品"大门的第一步：收购始于1936年的法国珠宝品牌斐登（Fred）。

品牌创始人斐登·塞缪尔（Fred Samuel）出身于阿根廷一个珠宝商家庭。童年记忆中阿根廷的明媚阳光如一根金线贯穿他所有设计的核心主题，而给予他源源不断的灵感的，是他对海洋的无比热爱。将原本以高级定制业务为主的斐登带入大众视线并造就品牌标志性形象的，正是其在1966年推出的"Force 10"系列手链——源自帆船运动的链绳与链扣，可以在精钢、铂金、黄金、玫瑰金等不同材质间切换和自由搭配。

尽管LVMH集团官方称，在1995年收购斐登的时候，该品牌已经跻身世界十大珠宝品牌之列，但相较于卡地亚、宝格丽、蒂芙尼等已经拥有全球知名度的顶级品牌，斐登的经营规模还是比较小的——1994年的年销售额为2.3亿法郎（按当时汇率，约合4 300万美元），主要来自法国的10家门店——相比之下，蒂芙尼在这一年的销售额已经高达6.8亿美元！

值得一提的是，LVMH集团在刚刚涉足"硬奢侈品"领域的时候，投资策略是相当保守和谨慎的，也因此错失了收购两大品牌的良机。1994年，法国顶级珠宝品牌梵克雅宝的创始人家族曾与

LVMH 集团洽谈过投资事宜，却因后者出价太低而告吹。六年后，瑞士历峰集团收购了梵克雅宝 60% 的股权，又在 2003 年和 2010 年陆续从创始人家族手中收购了余下的 40% 股份。以后，梵克雅宝与卡地亚一起构成"双子星"，夯实了历峰集团在高级珠宝领域的霸主地位。

1995 年，LVMH 集团又因为价格问题，遗憾地与瑞士最古老的钟表品牌之一、创立于 1755 年的江诗丹顿失之交臂——当时该品牌的所有者、沙特阿拉伯前石油和矿产资源大臣艾哈迈德·扎基·亚马尼（Ahmed Zaki Yamani）给出的报价是 1.2 亿瑞士法郎（按当时汇率，约合 1.4 亿美元）。仅仅过了一年，江诗丹顿也被历峰集团拿下，成为历峰集团与斯沃琪集团在奢华钟表领域分庭抗礼的重要砝码。

其实，相比背靠南非烟草巨头伦勃朗集团、"不差钱"的历峰集团，当时接掌 LVMH 集团大印才六年的阿尔诺更多是抱着一种如履薄冰的心态。就在一年前（1994 年），他刚刚与 LVMH 集团的第二大股东、英国酒业巨头健力士达成协议，收购了对方直接和间接持有的 LVMH 集团 24% 的股权，实现了对 LVMH 集团非酒类业务的绝对控制。

尽管在 1995 年，LVMH 集团实现了 40 亿法郎（按当时汇率，约合 8 亿美元）的净利润，但当时奢侈品行业面临着多重不确定因素——日本经济发展放缓，美国和法国的金融市场持续动荡，而中国消费市场尚未崛起。显然，彼时羽翼尚未完全丰满的阿尔诺并不想为自己并不熟悉的"硬奢侈品"豪掷千金。其实，LVMH 集团对斐登品牌的收购，多少也是"顺水推舟"——1993 年 5 月，阿尔诺收购了一家多元化控股公司特吕弗金融公司（上文曾提到，收购该公司的主要目的是整合其持有的 LVMH 集团的股权），后者就持有斐登 17% 的股权。两年后，阿尔诺将持股比例增加到 71%，他本人当时告诉媒体，这笔交易所支付的金额是"modest（有限）"的。

与此前 LVMH 集团收购的其他小众品牌类似，斐登在加入 LVMH 集团之后的发展也是不温不火。到 2003 年，斐登品牌在全球的专卖店只有 7 个，分别位于法国的戛纳和巴黎（两家门店），以及东京、伦敦、摩纳哥、拉斯维加斯。2020 年，受到腾飞的中国高级珠宝市场的带动，该品牌的全球销售额才终于突破 1 亿欧元（按当时汇率，约合 1.2 亿美元）大关。斐登用了整整 25 年的时间让销售额增长了两倍。

1998 年，LVMH 集团遭受了创立以来最严重的冲击——亚洲金融危机。这一年，集团销售额从上一年的 73.2 亿欧元，下滑 5.2% 至 69.4 亿欧元，净利润（不含特殊项目）更直线下滑了 29%。不过在随后的 1999 年，LVMH 集团的业绩实现了快速反弹，当年的年销售额就超过了金融危机之前的水平，达到 85.5 亿欧元。这次过山车般的经历让阿尔诺更加坚信，奢侈品行业是具备很强"韧性"的——经济危机过后，人们对奢侈品的欲望非但不会降低，反倒会被刺激得更加旺盛。同时，他也更加迫切地寻求扩大品类版图，通过业务多元化来增强企业抵御风险的能力。

1999 年，LVMH 集团显著加快了珠宝、钟表品牌的收购步伐，其中最重要的一笔交易就是当年 9 月以 11.6 亿瑞士法郎（按当时汇率，约合 7.4 亿美元）巨资收购瑞士运动手表品牌泰格豪雅，并将其私有化退市。

泰格豪雅的前身是创立于 1860 年的瑞士钟表制造商豪雅（Heuer），1985 年被出生于叙利亚的商人曼苏尔·奥杰（Mansour Ojjeh）收购。曼苏尔·奥杰将自己公司的名字"Tag（泰格）"与"豪雅"结合起来，成为今天举世闻名的"泰格豪雅"品牌。

通过收购泰格豪雅，LVMH 集团也获得了宝贵的"硬奢侈品"行业人才——泰格豪雅首席执行官克里斯蒂安·维罗（Christian Viros）。正是在这位职业经理人的高效领导下，泰格豪雅在 1988—1998 年的十年时间里，价值猛增了 40 倍。1999 年底，维罗被 LVMH 集团任命为新成立的 LVMH 钟表和珠宝部门总裁。

就在这一年的 10 月，LVMH 集团又一口气收购了瑞士钟表品牌玉宝（Ebel）和法国珠宝品牌尚美巴黎（Chaumet）——前者始于 1911 年，手表年产量达 12 万块，包括自有品牌和为卡地亚代工的；后者的历史格外悠久，始于 1780 年，因被拿破仑一世钦点为御用珠宝商而闻名于世。这两个品牌的卖家我们并不陌生，就是前文曾经提到的，因蒂芙尼收购案而一战成名的私募投资公司 Investcorp。

据说，当时斯沃琪集团和历峰集团也有意竞购玉宝品牌，却因为 Investcorp 报价太高而放弃，而这一次阿尔诺不再退缩，一口气拿下了两个品牌。[虽然交易总价未被披露，但 2003 年，LVMH

集团为了精简成长放缓的钟表业务，将玉宝以3 940万欧元低价出售给了摩凡陀（Movado）集团，当时曾披露该品牌的账面价值为1.25亿欧元。]

一个月后，又传来消息，LVMH集团收购了曾在瑞士钟表历史上拥有重要地位，后来几经沉浮的真力时（Zenith）。除了品牌本身外，此项收购更重要的是获得真力时宝贵的高端手表机芯制造工艺和产能——劳力士著名的迪通拿（Daytona）腕表就一度采用了真力时的"El Primero"自动计时机芯。真力时也是玉宝表的主要机芯供应商。

到2000年，LVMH集团钟表和珠宝部门的年销售额已经从两年前的区区3 200万欧元（主要是斐登品牌贡献的），跃升至6.14亿欧元。除了收购品牌外，利用新获得的手表产业资源，LVMH集团也开始为迪奥品牌拓展腕表品类业务。

不过，在LVMH集团新组建的钟表和珠宝部门中，体量较小的斐登和尚美巴黎尚不足以撑起珠宝业务的大旗。为了"弯道超车"，LVMH集团开始寻求与珠宝界的"内行人"结成联盟。2001年，LVMH集团与钻石行业的霸主戴比尔斯公司达成协议，成立了一家名为"戴比尔斯钻石珠宝商（De Beers Diamond Jewellers）"的合资公司以开发戴比尔斯品牌的高级珠宝。

始于1888年的戴比尔斯公司原本以钻石矿开采和原石销售为主业，但作为曾经的钻石资源垄断者（巅峰期曾占据全球90%的钻石供应市场），其鼎鼎"大名"本身也具备相当高的IP价值。戴比尔斯公司联手全球头号奢侈品集团后，这个 IP 或许可以被打造为能与卡地亚、宝格丽抗衡的奢侈珠宝品牌。

阿尔诺当时在合资公司的开业新闻发布会上表示，目标是在十年内建成全球最大的珠宝公司之一。在成立后的前五年里，这家公司获得了戴比尔斯公司和 LVMH 集团共计 4 亿美元的投资。

然而，这家合资公司 50 ∶ 50 的股权结构令其先天不足——IP 是戴比尔斯公司的，它显然更有动力将这个品牌做大做强，却没有绝对控股权；LVMH 集团更精通奢侈品牌建设并拥有全球性的商业资源，但在打造一个全新的珠宝品牌方面还是生手，况且只有一半股权，无法像对自己控股的其他品牌那样全情投入。

经过了 16 年的"磨合"，2017 年 3 月，戴比尔斯公司终于放弃了合资模式：LVMH 集团宣告退出，戴比尔斯公司成为自己品牌 100% 的控股方。

彼时，全部采用直营模式的戴比尔斯品牌在全球已经拥有了 32 家门店，在中国珠宝消费人群中的认知度逐渐增强，自成立以来的 14 年（2001—2015 年）里共产生了 14.54 亿美元的销售收入，但累计亏损也高达 5.32 亿美元！离当初设定的发展目标依然相当遥远。

此外，LVMH 集团于 2011 年收购了顶级珠宝品牌宝格丽，不再需要戴比尔斯品牌来扛起珠宝业务的大旗；而戴比尔斯在 2008 年针对亚洲市场推出了自己全资拥有的珠宝品牌"Forevermark®（永恒印记）"，以批发业务为主，到 2017 年时分销网点已多达 2 000

多个，年销售额逼近 10 亿美元，远超戴比尔斯品牌。

这种背景下，勉强"捏"在一起做事对于 LVMH 集团和戴比尔斯来说，都没有太大必要了。

四、扩大香水版图，深入美妆领域

LVMH 集团涉足香水美妆领域，最早要追溯到 LVMH 集团的"MH"——酩悦-轩尼诗公司在 1968—1971 年收购的迪奥香水公司；而 LVMH 集团的"LV"——路易威登公司也在 1986 年通过收购凯歌香槟公司获得了后者旗下的纪梵希香水公司。此外，1993 年 LVMH 集团收购的设计师品牌凯卓也拥有自己的香水业务。

到 1993 年时，迪奥香水的年销售收入已经从 1986 年的 18 亿法郎猛增到 50 亿法郎，加上来自纪梵希香水的 10 亿法郎销售收入和来自凯卓香水的 4 亿法郎香水收入，香水作为奢侈品牌和设计师品牌的重要入门产品，俨然已经成为 LVMH 集团最重要的"印钞机"之一，也是 LVMH 集团与更广大消费者建立联系的重要桥梁。

1994 年，LVMH 集团进行了成立以来最重要的一次控股性收购活动——收购世界上最古老的香水品牌之一，娇兰。

娇兰始创于 1828 年，曾经是法国皇帝拿破仑三世、英国维多利亚女王和西班牙女王伊丽莎白二世等的御用香水生产商，在香水界享有崇高的地位。法国奢侈品界最重要的行业协会——法国精品业联合会就是由娇兰第三代掌门人让-雅克·娇兰（Jean-Jacques Guerlain）在 1954 年发起创立的。

1987 年，就在与酩悦-轩尼诗公司达成合并交易前一个月，雷卡米尔领导下的路易威登公司收购了娇兰 15% 的股份（后来降至 14.2%）。1994 年，阿尔诺将这部分股份增至 58.8%，将这个年销售额达 20 多亿法郎的香水界泰斗正式纳入 LVMH 集团的矩阵。在这次交易中，娇兰家族出售了 44.6% 的股份，为了避税，没有以现金，而是以 435 万股克里斯汀·迪奥公司（即 LVMH 集团的控股公司）股票结算的，按当时的股价折合 19.58 亿法郎，即对娇兰的整体估值高达 44 亿法郎（按当时汇率，约合 9 亿美元）。1996 年，LVMH 集团又收购了余下股份，实现了对娇兰 100% 控股。

在 1997 年之前，LVMH 集团在美妆领域的足迹主要局限于"香水"这个品类。而 1997 年发生的一次重大收购案，为 LVMH 集团打开了通向彩妆和护肤品世界的大门。

丝芙兰是当之无愧的美妆零售行业的"颠覆者"。卖肥皂起家的创始人多米尼克·曼多诺（Dominique Mandonnaud）将以顾客为中心的"自助式零售"概念创造性地引入美妆领域。和传统百货相比，开架销售赋予了顾客更多自主权，免除了销售人员施加给顾客的压力。丰富而流畅的商品陈列让顾客可以轻松地在上百个品牌间穿梭、挑选和试用。店内提供美容指导，但由顾客自愿选用，店员不会主动推销任何一个品牌。

1996 年在巴黎香榭丽舍大道开业的旗舰店堪称美妆零售史上第一个"超级商店"——占地 1 500 平方米，黑白相间的醒目装饰、从大门一直铺到门店深处的红地毯，让每天造访这里的顾客都感受到明星一般的礼遇。一周七天，每天营业到午夜更是首开业内先河。

开业第一年，丝芙兰香榭丽舍旗舰店的销售额就超过了2亿法郎。

这家超级商店带来的震撼力是如此巨大，第二年夏天，LVMH集团就向其伸出了橄榄枝，并给出了16亿法郎（按当时汇率，约合2.6亿美元）的慷慨报价。这个价格比丝芙兰1997年预期销售额14亿法郎（按当时汇率，约合2.3亿美元）多一点，是预期净利润6 100万法郎的26倍。这个报价是如此有吸引力，以至于丝芙兰的所有者们放弃了当年秋天在巴黎上市的计划，将丝芙兰送入了LVMH集团的怀抱。

彼时丝芙兰4/5的股权掌握在三家私募基金手中（Apax Partners占32%，Astorg占32%，Eurosuez占16%），创始人曼多诺和管理层仅持有1/5的股权。不过，通过这笔交易获得的回报足以让曼多诺全身而退，愉快地去追寻他一直憧憬的艺术事业——成为一名雕塑家。

丝芙兰不仅是LVMH集团通向美妆世界的通行证，还帮助LVMH集团撬动了另一个潜力巨大的市场——美国。1998年，丝芙兰在纽约苏荷（SOHO）区开出了第一家美国门店，新颖的"自助式零售"模式在美国也大受欢迎。随后的几年里，丝芙兰美国门店的数量快速突破了50家。

以丝芙兰在全球高速扩张的美妆精选零售网络为后盾，LVMH集团在1999—2000年的两年里，密集收购了一批新兴的小众美妆品牌，一方面帮助丝芙兰扩大品牌合作资源，一方面也期望借助丝芙兰的网络力量将这些具有独特DNA的新兴品牌做大做强。

这段时间，LVMH 集团收购的美妆品牌大多来自美国，包括 1999 年收购的必列斯（Bliss）、硬糖（Hard Candy）和贝玲妃（BeneFit），2000 年收购的衰败城市（Urban Decay）和馥蕾诗（Fresh）。

这些品牌有不少共同点：来自美国东西海岸的核心城市，拥有定位独特的"爆款"产品，善于开展富于创意的营销活动，在年轻消费者中积累了较好的口碑，正处于高速扩张的早期阶段，年销售额一般在 1 000 万~2 000 万美元。此外，它们几乎全部出自女性创业者之手（除了馥蕾诗是夫妻创业）。

其中，来自洛杉矶贝弗利山（Beverly Hills）的硬糖在 1999 年 5 月被 LVMH 集团控股前，年销售额为 1 000 万美元左右且彼时正经历"爆发式增长"。年仅 26 岁的创始人、伊朗裔美国人迪内·莫哈杰（Dineh Mohajer）在将品牌的控股权卖给 LVMH 集团时表示，"我可算松了口气"。放手公司的经营管理权，让她可以将精力放在自己更擅长的创意工作上。出售公司后，她仍然保留了少数股权，并与 LVMH 集团签订了一份五年的锁定协议。

此前，在 1999 年 3 月，LVMH 集团以大约 3 000 万美元的价格收购了备受明星追捧的纽约家庭水疗和美容品牌必列斯 70% 的股权。这距离该品牌创立仅仅三年时间，该品牌的年销售额在 2 000 万美元左右。

必列斯的创始人，靠勤工俭学读完大学的加拿大女企业家玛西娅·基尔戈（Marcia Kilgore）是一位名副其实的"系列创业者"。她在 30 岁时成功地将自己创办的第一个品牌出售给了 LVMH 集团，又在此后的 20 年里接连创办了四个不同定位的品牌，包括平价洗浴护肤美妆品牌肥皂与荣耀（Soap & Glory）——后来被英国连锁药店博姿（Boots）以约 5 000 万美元收购，基于生物力学的鞋履品牌菲特菲洛普（FitFlop），主张素食、环保和零残忍的洗浴和护肤品牌肥皂人（Soaper Duper），以及通过互联网直销的会员制高端美妆品牌美容派（Beauty Pie）。

同年 9 月，LVMH 集团收购了贝玲妃的多数股权。这家由孪生姐妹简·福特（Jane Ford）和琼·安·福特（Jean Ann Ford）创办于 1976 年的美妆品牌是最早一批以消费者为中心打造的"独立美妆品牌"之一。彼时贝玲妃仅在美国旧金山有 4 家门店，年销售额也是 2 000 万美元左右，在 20~35 岁年轻女性中的人气很旺。值得注意的是，与这个阶段 LVMH 集团收购的其他几个美国美妆品牌不同，贝玲妃的两位创始人在保留了少数股权的同时，一直留任品牌的创意和管理岗位，直到 2012 年退休时才将剩余股权全部出售给了 LVMH 集团。创始人的不离不弃，让贝玲妃成为迄今依然留在 LVMH 集团旗下的两个美国美妆品牌之一（另一个品牌是2000 年收购的馥蕾诗）。

2000 年，LVMH 集团继续收购了两个美国"网红"品牌：来自洛杉矶附近的创意彩妆品牌衰败城市和来自波士顿的个人护理品牌馥蕾诗。

衰败城市的诞生和发展历程非常富有传奇色彩，其核心创始人是美国硅谷最成功的女创业者之一、思科系统的联合创始人桑迪·勒纳（Sandy Lerner）——一位顶流极客。在离开思科系统以后，财务自由的她开始追寻新的事业。除了在英国修复历史建筑，给简·奥斯汀（Jane Austen）的小说《傲慢与偏见》（*Pride and Prejudice*）写续篇之外，她在 1996 年还自掏腰包创办了彩妆品牌衰败城市，目的是为那些和她一样讨厌"粉嘟嘟"的化妆品的女性提供更能表达真我的彩妆产品。在一次播客访谈中，桑迪·勒纳告诉主持人，自己之所以（在品牌创办仅仅四年后就）将它出售给了 LVMH 集团，是因为化妆品的色彩是无法享受知识产权保护的（这一点与科技产品大相径庭）。

不过，品牌的联合创始人、创意总监文德·佐姆尼尔（Wende Zomnir）一直留在了衰败城市，见证了品牌从"小"到"大"的发展历程。2010 年她主导推出的一款"Naked"眼影盘创造了每七秒出售一个的商业奇迹，这款产品从推出到 2018 年停产时，累计为品牌创造了 10 亿美元的收入。不过，这些丰硕的果实并没有被 LVMH 集团享受到。

2002 年，LVMH 集团着手精简美妆投资组合，首当其冲的就是衰败城市和硬糖。这两个品牌的新买家我们并不陌生，那就是经营机场免税连锁店的法力克集团——我们在本章曾经提到，在 2005 年从 LVMH 集团手中以"白菜价"收购克里斯汀拉克鲁瓦品牌的，正是这家集团公司。

在新东家投入的资本和商业资源的支持下，衰败城市的销售额在之后的七年间增长了四倍，达到 1 亿美元。2009 年它又被私募基金 Castanea Partners 收购。随着全球彩妆市场进入高速发展时期，仅仅三年以后即 2012 年，法国美妆巨头欧莱雅集团就以高达 3.5 亿美元的价格收购了衰败城市。在欧莱雅集团强大的营销攻势和分销网络的支持下，到 2015 年时，公开资料显示，衰败城市的年销售额已经达到 4.75 亿美元，比三年前的 1.3 亿美元增加了近两倍！

2000 年 9 月，LVMH 集团收购了另一个个人护理品牌馥蕾诗。与贝玲妃一样，馥蕾诗至今依然留在 LVMH 集团旗下。

这个由来自俄罗斯和乌克兰的移民夫妇列夫·格拉兹曼（Lev Glazman）和阿丽娜·罗伊特伯格（Alina Roytberg）创办于 1991 年的品牌，堪称天然洗浴护肤用品的先驱。从制作和出售手工香皂起家，馥蕾诗陆续开发了以"牛奶""砂糖""大豆"和"大米"为原料的创新产品，俘获了一批忠实"粉丝"。到 2000 年时，馥蕾诗的年销售额达到了 1 600 万美元。同年 9 月，LVMH 集团出资约 2 500 万美元收购了馥蕾诗品牌的控股权。和贝玲妃一样，创始人夫妇依然保留了少数股权并继续为品牌工作。

进入 21 世纪，美容产品"天然化"的趋势愈演愈烈，馥蕾诗这样先知先觉的品牌也逐渐进入了加速发展阶段。根据 LVMH 集团官方网站的数据，到 2021 年，馥蕾诗在全球的销售网点已经达到 2 771 个，有独立专卖店 48 间。

2000 年下半年对馥蕾诗的收购，标志着 LVMH 集团在美国延续 18 个月的"美容收购潮"告一段落。随后的四年里，LVMH 集团对这段时间的收购活动做了反思和调整——作为一家主打皮具、时装和酒类的多品牌奢侈品集团，LVMH 集团其实并不具备类似欧莱雅集团或雅诗兰黛集团（Estēe Lauder）那样大规模构建和经营美妆个护品牌组合的专长和协同能力。

事实上，LVMH 集团旗下为数不多取得成功的美容类品牌，或者是依托时尚类奢侈品牌的强大 IP，如迪奥、纪梵希；或者是品牌原本就拥有完善的独立经营体系，如娇兰。而 LVMH 集团收购的这一批新锐美容品牌中，能够在 LVMH 集团旗下顺利发展的品牌如贝玲妃、馥蕾诗都是因为创始人依然保留了少数股权且留任核心岗位，他们有动力、有能力一直带领品牌持续迭代，发展壮大。一旦创始人离开，如必列斯、硬糖、衰败城市，LVMH 集团很难给这些"小品牌"找到合适的领导者，对于其未来的发展也往往一筹莫展，出售是最好的选择。

2004 年，LVMH 集团将纽约家庭水疗和美容品牌必列斯出售给了酒店业巨头喜达屋（Starwood Hotels and Resorts Worldwide），售价仅为 2 500 万美元，低于五年前的收购价 3 000 万美元。[五年后，喜达屋又将必列斯以 1 亿美元出售给了美国水疗运营集团施泰纳（Steiner Leisure Limited）。]

美国之外，LVMH 集团还在 1999 年 11 月收购了法国本土的专业彩妆品牌玫珂菲（Make Up For Ever）。这个品牌在被 LVMH 集团收购的时候已经有 15 年的历史，但销售额只有 5 000 万法郎（按当时汇率，约合 800 万美元），针对的人群也非常小众，仅限于专业化妆师而非大众消费者。不过，该品牌最大的优势在于其创始人丹妮·桑斯（Dany Sanz），一位对产品精益求精的人体彩绘和彩妆专家。（在和丈夫一起创办这个品牌之前，她就经营过自己的化妆师学校。）在 20 世纪 80—90 年代，丹妮·桑斯所追求的艺术化彩妆对于大众来说太超前了，但正是这种对产品极致的追求，让该品牌得以在未来的 20 年里厚积薄发——当彩妆行业逐渐成熟，消费者的需求不断升级的时候，原本只属于专业化妆师的小众品牌自然成为更广大的彩妆爱好者追捧的对象。

在玫珂菲被 LVMH 集团收购后，丹妮·桑斯也继续留任，不仅作为艺术总监一直陪伴品牌成长，而且为 LVMH 集团开设了专业化妆师培训中心，夯实了品牌在彩妆行业的权威地位。

2001 年 9 月，LVMH 集团还收购了意大利香水品牌帕尔马之水（Acqua di Parma）50% 的股权，两年后又增持至 100%。这笔收购很有意思，与其说它是属于"美妆"范畴，不如说是属于"奢侈品"范畴。LVMH 集团看中的，是该品牌始于 1916 年的悠久历史和意大利本土首个古龙香水创造者的特殊地位。事实上，在品牌成立后的六七十年时间里，帕尔马之水的经典产品"Colonia"古龙水甚至从未在香水商店出售过，仅通过意大利的高级裁缝店销售。裁缝也会在西服定制完成后喷上"Colonia"古龙水作为点睛之笔（据说，阿尔诺本人也是该品牌的拥趸）。

1993 年，三位意大利奢侈品企业家——迭戈·德拉·瓦尔（Diego Della Valle）[奢侈皮具品牌托德斯（Tod's）的联合创始人]，卢卡·科尔德罗·迪·蒙特泽莫罗（Luca Cordero di Montezemolo）

（豪华汽车品牌法拉利的总裁）和保罗·博尔戈马内罗（Paolo Borgomanero）[奢华内衣品牌拉佩拉（La Perla）的股东] 联手投资了帕尔马之水并加快了品牌的商业化进程。八年后他们将手中的股份卖给了 LVMH 集团。基于这种独特的历史积淀，LVMH 集团希望帕尔马之水可以成为意大利精湛工艺和典雅风范的象征。

对帕尔马之水的收购也让 LVMH 集团扩大美妆和香水业务版图的努力暂时画上了一个句号。时隔 16 年，2017 年 3 月，LVMH 集团才又一次出手收购香水品牌——弗朗西斯库尔吉安世家（Maison Francis Kurkdjian）。这是一个法国独立调香师品牌，出自法国最知名的调香师之一弗朗西斯·库尔吉安（Francis Kurkdjian）之手，他获得过弗朗索瓦·科蒂香水行业终身成就大奖。

不过，LVMH 集团对这样一个小众香水品牌的收购之举并非要重开这个领域的收购大门，更多的是为了锁定与自身利益密切相关的"关键资源"——要知道，LVMH 集团旗下现有的香水品牌帕尔马之水、迪奥、娇兰、纪梵希和凯卓都曾与库尔吉安开展过合作。

进入 21 世纪，LVMH 集团虽然不再直接收购更多美妆品牌，但借助丝芙兰强大的全球分销网络，LVMH 集团将更多注意力转向自己"孵化"新品牌，合作的对象都是本身拥有很高知名度（即自带"流量"）的设计师品牌或明星、名人。

2010 年，LVMH 集团将原本隶属于丝芙兰旗下的原创产品开发部门"Sephora Original"独立出来，更名为"Kendo（英文'Can do'的谐音）"，负责美妆产品的研发和推广。Kendo 在设立的早期也曾开展过一些收购活动，包括洛杉矶的天然护肤品牌欧力汉瑞克森（Ole Henriksen）和加拿大的天然唇妆品牌咬美（Bite Beauty）的收购，但其更核心的定位是 LVMH 集团内部的美妆品牌孵化器。

Kendo 陆续为 LVMH 集团旗下设计师品牌马克雅可布打造了香水之外的美妆产品线，并与明星纹身师凯瑟琳·冯·德拉肯伯格（Katherine von Drachenberg）合作创办了"零残忍"彩妆品牌凯特冯 D 美妆（Kat Von D Beauty）。不过，令其名声大噪的，当数 2017 年与美国天后级歌手蕾哈娜合作创办的彩妆品牌芬蒂美妆。经过了一年半的精心准备，这个新品牌一上来就拥有了非常完善的产品线，包括市面罕见的多达 40 种颜色、适用于不同肤色的粉底，同时在全球 17 个国家发售，仅仅用了三年时间就实现了约 6 亿美元的年销售额。这种"现象级"的成功也为 LVMH 集团与蕾哈娜后来的深度合作奠定了基础。

五、掌控全球性精选零售网络

奢侈品品牌可以说是最早的"DTC（Direct To Customer，直接面向消费者）"品牌，而联系消费者的首要渠道就是品牌直营的专卖店。

业内最顶流的两大品牌——路易威登和爱马仕，在 20 世纪 80 年代之所以能够在销售额翻倍增长的同时不仅没有稀释还大幅提升了品牌价值，就是因为其果断砍掉了第三方经销商网络，将核心的皮具、时装产品线完全通过直营门店销售，从而提高了产品的稀缺性，深化了与顾客的直接联系。精心设计和装修的华丽门店还帮助提升了品牌形象，为顾客营造了独特的、沉浸式的品牌体验。可以说，直营策略是奢侈品牌溢价能力和定价权的重要保障。

古驰的母公司、法国开云集团的前身 PPR 集团，在转型升级的过程中，一方面不断构建自己的奢侈品牌组合，一方面舍弃了大量外人眼中的优质零售资产——包括著名的巴黎春天百货（Le Printemps）。相对于开云集团旗下古驰、圣罗兰、葆蝶家、巴黎世家这些具备强大品牌资产和无限想象空间的奢侈品牌、百货公司的差异化竞争能力和投资回报率都相当有限。不过，对于 LVMH 集团来说，皮具和时装之外的两大核心业务——酒和香水对第三方分销渠道的依赖还是非常强烈的。

1997 年，LVMH 集团对丝芙兰的收购获得了巨大的回报。此后的 20 多年里，全球美容市场持续繁荣，而美妆精选零售店在美妆分销渠道中所占比重也不断攀升。目前，丝芙兰是全球最大的美妆专门连锁店，已经在全球 34 个国家开设门店约 2 000 家，年销售额估计在 100 亿美元左右。

在收购丝芙兰之前，1997 年 3 月，LVMH 集团刚刚完成了成立以来最大一笔收购交易——斥资 25.73 亿美元收购全球免税零售巨头 DFS 公司（全称为 Duty Free Shoppers，免税购物者）61.25% 的股权。

DFS 公司创始人罗伯特·W. 米勒（Robert W.Miller）和查尔斯·F. 费尼（Charles F.Feeney）是全球免税零售行业的开山者。二人在美国康奈尔大学是同学，1960年在西班牙巴塞罗那偶遇后决定联手创业。他们一开始的主营业务是向派驻欧洲的美国军人销售免税酒和汽车。1960年和1962年，他们先后在中国香港和夏威夷首府火奴鲁鲁中标机场免税店项目，开设了第一批DFS免税连锁店。从1964年起，在蜂拥而至的日本游客的推动下，DFS公司连续22年的销售额年均增长率高达19%。在1965年退出美国军人免税品业务后，米勒和费尼将DFS机场免税店和市内折扣精品店业务进一步拓展到日本、新加坡和美国。到1996年，DFS公司通过全球180家门店产生的年销售额已达到惊人的27亿美元；在1977—1995年，DFS公司向四位股东共派发了近30亿美元的红利。

那么，这样一个叹为观止的"现金牛"为何能够花落LVMH集团之手呢？触发这笔巨额交易的，不是别人，正是DFS公司的联合创始人之一，绰号"查克（Chuck）"的查尔斯·F. 费尼。

早在1994年，63岁的查克就萌生退意——他已经不再满足于按年领取股东分红，而是希望尽快将自己持有的股份变现。因为他真正的兴趣已不在DFS公司身上，而是他从1982年就开始秘密进行的慈善事业。1984年, 他将自己在DFS公司持有的共计38.75%的全部股份和其他资产秘密转移到了"大西洋慈善基金（Atlantic Philanthropies）"，匿名向全球各类教育、医疗及和平事业捐出了6亿美元——和他此后的捐献规模相比，这只是九牛一毛。

从1996年底到1997年初，查克陆续说服了DFS公司的另外两位股东——持有20%股份的会计主管艾伦·M. 帕克（Alan M.

Parker）和持有 2.5% 股份的税务律师安东尼·M. 皮拉罗（Anthony M.Pilaro），三人将合计 61.25% 的股份出售给了 LVMH 集团。查克从此次交易中获得的 16.3 亿美元直接流入了他的"大西洋慈善基金"。

DFS 公司的另一位创始人米勒则不愿意放弃自己一手打造的企业帝国，他甚至一度诉诸法律以阻止自己的三位合伙人出售股份。不过，经过了一番艰苦谈判，他最终还是与 LVMH 集团达成了妥协——LVMH 集团将作为大股东与持有 38.75% 股份的米勒共同拥有 DFS 公司。为了打消米勒的顾虑，LVMH 集团还做出了严格承诺——不干涉 DFS 公司的独立运营，不将 DFS 公司的现金流挪作 LVMH 集团之用，不将 LVMH 集团旗下品牌的利益置于 DFS 公司其他品牌客户之上，不介入 DFS 公司与其他供应商的商业往来，不在东亚、大洋洲和北美的机场免税店招标活动中与 DFS 公司发生竞争关系等。

纵观 LVMH 集团的所有收购交易，DFS 公司恐怕是条件最苛刻的一个。阿尔诺之所以愿意做出这样的让步，不得不说是因为 DFS 公司当时在全球核心免税市场上享有傲视群雄的地位。

不过，在 LVMH 集团完成这笔巨额收购后不久，全球旅游零售市场就遭遇了一连串的打击：先是日本经济衰退导致的游客消费下滑，然后是 1998 年的亚洲金融危机，接着是 2001 年的"9·11 恐怖袭击事件"。进入 21 世纪，随着中国人海外旅行和奢侈品消费的爆发性增长，DFS 公司又重新回到了高速增长的轨道。到 2011

年，DFS 公司的年销售额达到了 37 亿美元。米勒挺过了最难熬的一段时间，一直坚守着自己亲手打造的这个免税零售帝国，并与 LVMH 集团派驻的高管达成了默契的共治关系。

1997 年，在完成了对丝芙兰和 DFS 公司的收购交易后，LVMH 集团将它们归入新设立的"精选零售"部门，合并报告财务数据，该部门还包括 LVMH 集团旗下的法国精品百货公司乐蓬马歇。此后，LVMH 集团在 2000 年收购的迈阿密邮轮免税零售公司（Miami Cruiseline Services）和 2001 年收购的巴黎莎玛丽丹百货公司（La Samaritaine）也被并入该部门。

1997 年，LVMH 集团"精选零售"部门报告的销售总额为 21.7 亿欧元。其中，丝芙兰的销售额约为 2 亿欧元，DFS 公司的销售规模是丝芙兰的十倍以上。在经历了一连串国际经济和政治危机的重创后，高度依赖国际游客消费的 DFS 公司的发展变得相对迟缓，而丝芙兰却一路高歌猛进。到 2019 年，LVMH 集团"精选零售"部门的销售额达到了 148 亿欧元，其中丝芙兰贡献的比例约为三分之二，是 DFS 公司的两倍左右！

　　2005 年，酷爱航海的米勒以 72 岁高龄和队友一起，驾驶他定制的单体赛艇参加了穿越北大西洋的挑战赛，最终克服了恶劣的天气，以 9 天 15 小时 55 分钟 23 秒完成了从纽约到英格兰西南海角利泽德长达 2 925 海里（1 海里 ≈ 1.85 千米）的航程，打破了保持了一个世纪之久

的赛事纪录。

　　而他当年的创业伙伴，查克则创造了另一项世界纪录——累计向各类慈善和公益项目捐款80多亿美元——几乎是他个人财富的全部！（他只为自己和妻子留下了200万美元的"生活费"）其资金，一方面来自DFS公司的分红和向LVMH集团出售股份所得，一方面来自他创办的私募基金General Atlantic获得的丰厚投资收益——该基金在互联网兴起的早期就投资了包括脸书（Facebook，2021年更名为Meta）、亿创理财（E-trade）、阿里巴巴等在内的一批现象级成功企业。

　　在1980—2016年的近40年时间里，"大西洋慈善基金"陆续捐出80多亿美元，针对的都是查克认为急需解决的"大问题"，比如，推进北爱尔兰的和平进程、改善越南的医疗系统、推动美国废除死刑、帮助全球脑健康研究所开展针对阿尔茨海默病的研究、帮助"草根力量"推动奥巴马医改计划等。其中，他的母校康奈尔大学累计获得了他近10亿美元的捐款——当年，在美国空军驻日本基地服役四年后，查克靠着退伍军人助学计划进入这座高等学府，成为他家族第一个大学毕业生。

　　查克本人一直以生活简朴著称，平时和妻子住在旧金山一套租来的公寓里，直到75岁之前，他在航空旅行时都坚持坐经济舱。2016年，他向康奈尔大学捐出了最后 700 万美元后，完成了自己在有生之年"清零"财富的宏愿。

比尔·盖茨（Bill Gates）和沃伦·E.巴菲特（Warren E. Buffett）在 2010 年联合发起"捐赠誓言（Giving Pledge）"运动——鼓励全球的亿万富翁们在生前将至少一半的个人财富捐赠出去，正是受到了查克精神的感召和启迪。

六、瞄准历史积淀深厚的经典奢侈品大牌

在 1990—1999 年，LVMH 集团收购的大多数时装和皮具品牌规模都不是很大，当时的投资策略更多地聚焦估值较低但拥有较大提升空间的"成长性品牌"。

从 1997 年到 1999 年，LVMH 集团经历了典型的"V 形"反转：集团销售额在 1997 年创下 54% 的巨幅增长后，亚洲金融危机爆发，在 1998 年遭遇了 5% 的下滑；但随之而来的复苏出乎意料地迅猛——1999 年，LVMH 集团的销售额达到 85.47 亿欧元，比前一年增长了 23%——这也让阿尔诺对奢侈品行业的强大"韧性"有了更加充足的信心，更大胆地迈出品牌收购的步伐。

同时，LVMH 集团也逐渐意识到小众品牌成长的现实挑战，从 1999 年起，开始更多地瞄准那些拥有丰富历史积淀和较高全球知名度的经典奢侈品大牌，特别在是时装和皮具这两个拥有巨大国际市场潜力的主流品类。但这个时候，随着奢侈品行业的蓬勃发展，觊觎知名品牌资产的投资者也逐渐增多，竞争日趋白热化。虽然贵

为全球第一奢侈品集团，LVMH 集团在品牌收购道路上遇到的挑战有增无减。

意大利是全球奢侈皮具、服装和珠宝制造的重地，也拥有一批兼具悠久历史和当代市场号召力的独立奢侈品牌。不过，这些品牌大都掌握在创始人家族手中，为了接近这些"诱人"的标的，来自法国的 LVMH 集团需要意大利本土合作伙伴的支持。

我们前面提到，LVMH 集团在 2001 年收购意大利历史最悠久的香水品牌帕尔马之水时，股权出售方是三位意大利奢侈品企业家，其中最有名的当属奢侈皮具品牌托德斯的主席和联合创始人迭戈·德拉·瓦尔。2000 年，LVMH 集团收购了托德斯 3.5% 的股权，阿尔诺也由此和德拉瓦莱结下了深厚的友谊，并邀请后者加入 LVMH 集团的董事会。[时钟往后快速拨转，来到 2021 年初，托德斯遭遇业绩连年下滑和新冠肺炎疫情的双重打击，股价一蹶不振，LVMH 集团果断伸出援手，斥资 7 450 万欧元将在托德斯的股份从 3.2%（此前曾有过少量减持）提高到 10%，为低迷的托德斯股票打了一剂强心针。]

不过，在 1998—2000 年世纪之交这段时间，LVMH 集团在意大利展开大举收购活动时，其最亲密的投资合作方还不是德拉瓦莱，而是我们熟悉的另一个意大利奢侈品巨头——普拉达的掌门人。

始创于 1913 年的普拉达，曾获得过意大利皇室的授权，但在很长一段时间里都只是一家"小而美"的高级行李箱生产商。1978

年，创始人的外孙女缪西娅·普拉达（Miuccia Prada）接过公司大印的时候，普拉达的业务已经萎缩到只剩下米兰的埃马努埃莱二世拱廊街的老店，年销售额仅有 45 万美元。

在拥有米兰大学政治学博士学位、酷爱戏剧艺术的缪西娅和她的绝佳拍档（也是她未来的老公）、托斯卡纳皮具商人帕特里齐奥·贝尔泰利（Patrizio Bertelli）的带领下，普拉达凭借超前的创新设计和周密的经营策略，踏上了成为全球性奢侈品巨头的快行道：1979 年推出革命性的黑色尼龙背包—1983 年开始扩大门店网络—1988 年推出女装系列—1991 年开拓美国和亚洲国家市场—1995 年推出男装系列和新品牌缪缪（Miu Miu）……到 1998 年的时候，普拉达的年销售额已接近 7 亿欧元。

据 1999 年 9 月美国《财富》（Fortune）杂志的报道，贝尔泰利透露普拉达过去五年的销售额以年均 25% 的速度增长，1999 年的销售额有望接近 10 亿美元。受到 LVMH 集团现象级成功的激励，雄心勃勃的贝尔泰利开始探索成为一家多品牌奢侈品集团的道路。

1998 年 6 月，贝尔泰利筹集了 2.6 亿美元资金，一举买下了已经是上市公司的意大利奢侈品牌古驰 9.5% 的股份。彼时亚洲金融风暴的影响尚未过去，古驰的股价从一年前 70 欧元左右的高点一路下滑到 40 欧元左右。在一片悲观的市场情绪下，贝尔泰利却敏锐地发现了价值投资的机遇。

仅仅过了半年，1999 年 1 月，就在 LVMH 集团公开披露自己已持有超过 5% 的古驰股票后不久，贝尔泰利将自己持有的古驰股票悉数转卖给 LVMH 集团，从这笔快进快出的交易中获利 1.4 亿美元，由此也揭开了轰动世界的古驰股权争夺大战的序幕。

• 一波三折的古驰（Gucci）股权争夺战

始创于 1921 年，总部位于意大利佛罗伦萨的品牌古驰在创始人古奇欧·古奇和他的三个儿子 [阿尔多（Aldo）、瓦斯科（Vasco）、鲁道夫（Rodolfo）] 手中发展成为全球最知名的奢侈品牌之一，其经典的马衔扣乐福鞋、竹节包、印花丝巾，标志性的红绿条纹织带和双"G"图案堪称家喻户晓。古驰早在 20 世纪 50 年代初就进入美国市场开设门店，成为最早拥有全球化直营网络的意大利奢侈品牌。

20 世纪下半叶，古驰已经被普遍视作财富和地位的象征，拥有一大批忠实的国际名流和明星客群。即便在 20 世纪 80 年代古驰家族内斗最疯狂的时期，古驰的销售额也依旧在不断增长，"意大利制造"的魔力在纽约、巴黎、伦敦、好莱坞、东京、中国香港等地屡试不爽。不过此时的古驰由于毫无节制地发放授权许可，销售的商品种类一度高达 2.2 万个，品牌价值遭到了严重稀释。

1988 年，继承了父亲鲁道夫股权的毛里齐奥（Maurizio Gucci）在投资银行摩根士丹利的引荐下，获得了伦敦一家私募股权投资公司的支持，整合家族其他成员的股份，开启了古驰公司的现代化进程。这家私募股权投资公司不是别家，正是我们在本书上篇介绍过的 Investcorp——1984 年，正是这家背靠中东资本的新锐基金联手蒂芙尼的管理层，从雅芳集团手中低价收购了蒂芙尼，在短短三年

294

时间内让其扭亏为盈并成功上市。

蒂芙尼一役让 Investcorp 对重整奢侈品老牌的信心倍增，尽管古驰公司背负了一个巨大的烂摊子，家族关系复杂、账目混乱，但古驰品牌的光环还是让他们下定了决心，在 1988 年出资收购了古驰 50% 的股份，全力支持毛里齐奥独揽公司大权。

不过，踌躇满志的毛里齐奥很快被证明缺乏专业的管理能力且花钱大手大脚，导致公司陷入财政危机。为了摆脱个人债务，毛里齐奥不得不在 1993 年将自己所持的古驰 50% 的股票以 1.2 亿美元悉数出售给了 Investcorp，从此古驰品牌与古驰家族一刀两断。两年后，已经赋闲的毛里齐奥在自己的办公室门前被满腔怨气的前妻雇用杀手枪杀——26 年后，在古驰成立 100 周年之际，好莱坞根据这个真实的故事拍摄了一部大片《古驰家族》(*House of Gucci*)，此片还引起了古驰家族的抗议。

尽管如此，毛里齐奥还是给古驰留下了一笔丰厚的遗产——一个现代化的公司治理机制。无论是毛里齐奥亲自聘请的创意总监 [纽约奢侈品百货波道夫古德曼的女总裁唐·梅洛（Dawn Mello）] 还是 Investcorp 派来的几位管理和运营人才，都为古驰后来的振兴打下了必要的基础。虽然一路跌跌撞撞，古驰还是逐渐摆脱了"杂货铺"的形象，恢复了往日的光彩，重新成为万人仰慕的主流奢侈品牌，赢得了国际媒体的关注。这期间，古驰的产品目录从 2.2 万条精简到 7 000 条，门店数量从 1 000 多家优化到 180 家，重新推出的古驰经典产品——乐福鞋和竹节包受到了国际市场的追捧。

必须承认，如果没有这些"前浪"的努力，也就没有古驰在1995年后创造的商业奇迹。

1994年5月，梅洛离职时向古驰公司推荐了一位年轻的美国设计师接替她的职位——那个人就是已经在公司默默工作了四年的汤姆·福特（Tom Ford）。

14个月以后，Investcorp将刚刚担任古驰集团首席运营官一年的意大利人多梅尼科·德·索尔（Domenico De Sole）提拔为首席执行官。德·索尔是一位毕业于哈佛大学并在美国执业的律师。1984年，受他的客户、古驰家族第二代继承人鲁道夫之邀，他开始担任古驰美国公司的首席执行官。被任命为集团首席执行官时，他已经为这个品牌勤奋工作了11年之久，对古驰的上上下下、里里外外了如指掌。

终于，传奇的"Dom-Tom"双人组合掌握了古驰的核心创意和管理大权，品牌压抑许久的巨大能量得以释放。

在典型的"细节控"汤姆·福特一意孤行的指挥棒下，古驰以大胆性感的全新面貌亮相——炫目的红色天鹅绒紧身裤，短得不能再短的超短裙，高得不能再高的高跟鞋。几乎是一夜之间，古驰成为全球时尚潮流的引领者，影视明星、歌星、超级模特争先恐后地穿上全套古驰行头。1995年，古驰就创造了5亿美元的销售额，比前一年增加了近一倍。

已经在古驰身上耗费了七年时间和超过4亿美元投资的Investcorp迫不及待地抓住了这个风口，在1995年10月将古驰在美国纽约和荷兰阿姆斯特丹两地上市，来年4月又完成了更成功的二次上市。Investcorp在几个月的时间里陆续出售了全部股票，获利近20亿美元——这是Investcorp成立14年以来最辉煌也最戏剧性的一次收购交易。要知道，就在一年前，当Investcorp试图以5亿美元的标价将古驰兜售给LVMH集团的阿尔诺和卡地亚的母公司历峰集团时，还因为"太贵"而未能成交。

不过，大股东Investcorp的全身退出，让古驰的股权结构变得十分松散，所有权和控制权的归属产生了巨大的不确定性。

律师出身的德·索尔很早就觉察到这种危险，但作为古驰的职业经理人，他未能说服董事会尽早采取措施抵御来自外部的收购企图。在得知普拉达的贝尔泰利收购了古驰高达9.5%的股份后，尽管德·索尔确信以当时普拉达的资金实力，绝无可能发起对古驰的收购战，但他还是四处寻找援兵以抵御迫在眉睫的更大风暴。他甚至考虑过自己联手汤姆·福特将市值已经超过20亿美元的古驰买下，并通过投资银行摩根士丹利联系到以杠杆收购闻名的美国私募投资巨头KKR（Kohlberg Kravis Roberts & Co. L.P.，科尔伯格·克拉维斯·罗伯茨，简称KKR）的主席亨利·克拉维斯（Henry Kravis）。但在仔细评估之后，双方都认为，一旦发起针对古驰的公开竞价，像KKR这样必须考虑短期投资回报的"金融资本"势必无法在报价上超过志在必得的"产业资本"（如LVMH集团）。

就这样，德·索尔眼睁睁地等到了他最不愿意看到的一天——1999年1月6日，他收到了伊夫·卡塞尔（Yves Carcelle）的电话，这位老朋友通知他，LVMH集团已经拥有了超过5%的古驰股票。卡塞尔是阿尔诺的左膀右臂，路易威登公司的总裁。

尽管卡塞尔向德·索尔表示，LVMH集团的动机是"友好"的，并无意接管古驰。但德·索尔心知肚明，一场"战争"已经打响。果然，仅仅过了三周，LVMH集团聚敛的古驰股份就高达34.4%（包括从普拉达和几家投资机构股东那里购买的股份），合计耗资14.4亿美元。

此时的阿尔诺认为自己已经稳操胜券。他的计划是先收购古驰相当比例的股权，吓退其他可能的竞购者，并获得古驰董事会的三个席位。其间，阿尔诺曾屡次表示自己并不想立刻发起对古驰的全面收购，因为他还需要几年的时间好好观察这股由汤姆·福特掀起的时尚旋风到底能刮多久。而且，按照阿尔诺对迪奥公司和LVMH集团的资本运作手法，他更喜欢以有限投入获得足够掌控公司的股权，而非斥巨资买下所有股权。

值得一提的是，LVMH集团收购古驰股份的比例卡在了34.4%，一个重要原因就是在汤姆·福特与古驰公司的合约中规定，一旦公司超过35%的股份被某一股东掌控，他就可以离开公司并兑现手中的期权——当时这些期权的价值已经高达8 000万美元！阿尔诺当然不想看到古驰失去汤姆·福特这个最为重要的"无形资产"。

德·索尔明确表示，并不希望将董事会席位拱手让给LVMH集团——这个古驰最大的竞争对手。他要求阿尔诺或者大幅降低持股比例，或者干脆买下古驰100%的股权。被阿尔诺拒绝后，德·索尔四处寻找"白衣骑士"取代 LVMH 集团接手公司的大股权，却接连被九家公司拒绝，似乎没有人愿意与抱着必胜决心的"奢侈品之王"为敌，进行一场胜算很小的对决。

无奈之下，德·索尔在律师密友的指点下，抓住了一个当时鲜有人知的证券法规漏洞——虽然纽约证券交易所禁止上市公司在未经董事会许可的情况下发行超过 20% 的新股，但这条规定对于外国公司并不适用。2 月 18 日，在荷兰注册的古驰集团抛出了一个员工持股方案（简称 ESOP），向古驰全体员工定向发售 20 154 985 股新股——数量与 LVMH 集团持有的股份相当，从而将后者的持股比例从 34.4% 稀释到 25.6%。这个在法律上极富争议的举措，让阿尔诺措手不及，暂时阻止了 LVMH 集团前进的步伐。

就在双方为 ESOP 的合法性闹上法庭的当口，摩根士丹利的另一位资深银行家为古驰寻觅到了一位合适的"白衣骑士"——法国开云集团的前身 PPR 集团的老板：弗朗索瓦·皮诺（François Pinault）。

常年生活在美国和意大利的德·索尔对弗朗索瓦·皮诺一无所知，但皮诺在法国早已是声名显赫的企业巨子。从木材贸易起家，皮诺通过高超的"财技"建立了自己的企业帝国，通过 PPR 集团和投资公司阿尔忒弥斯（Artemis）拥有拉图酒庄（Chateau Latou）、巴黎春天百货、佳士得拍卖行，以及经营家具、图书、电器、服装的多家零售企业，同时他还是艺术品的顶级藏家。在得知古驰集团的近况后，皮诺特意造访了纽约第五大道的古驰门店，立刻对这笔交易产生了浓厚的兴趣。

1999 年 3 月 8 日和 12 日，皮诺在伦敦和巴黎分别会晤了德·索尔和汤姆·福特，双方一拍即合。皮诺希望通过古驰获得打造奢侈品帝国的通行证，"Dom-Tom"则认为皮诺为人诚恳友善，特别是他作为奢侈品界"局外人"的身份让汤姆·福特格外放心——他认为，皮诺将不会插手古驰的实际运营。

更令"Dom-Tom"喜出望外的是，皮诺决定以 10 亿美元收购法国制药巨头赛诺菲（Sanofi）旗下的时尚美容部门"Sanofi Beauté"，后者旗下有奥斯卡·德拉伦塔（Oscar de la Renta）、梵克雅宝、罗杰和加莱特（Roger & Gallet）、克里齐亚（Krizia）、芬迪（Fendi）等奢侈品牌的香水、美妆业务，但最重要的资产是法国著名设计师品牌圣罗兰的时装和美妆业务。皮诺承诺将其并入古驰集团，造就世界第三大奢侈品集团。（有意思的是，赛诺菲也曾和阿尔诺谈过收购事宜，但在 1998 年圣诞前夜，阿尔诺在最后关头放弃了，原因是对方要价过高。）

德·索尔与皮诺以闪电般的速度达成了攻守同盟，双方在 3 月 19 日宣布：古驰将以每股 7.5 美元的价格向 PPR 集团定向发售 3900 万股新股，相当于古驰所有股票的 40%，紧接着又将这个比例提高到 42%，这让阿尔诺在古驰的持股比例稀释到 20% 左右。皮诺合计出资 30 亿美元，获得了古驰董事会 9 个席位中的 4 个，并承诺五年后（2004 年）收购余下的古驰股票。

震惊之余，阿尔诺不得不向古驰发起了每股 81 美元的全面收购要约，被古驰董事会拒绝后，阿尔诺又提高到 85 美元，对古驰的总估值达到了 87 亿美元（五年前，阿尔诺曾经拒绝的 Investcorp 的报价还不到这个金额的零头）。最终，阿尔诺还是在古驰董事会叫出的 88 美元一股的"天价"之下退缩了。

尽管荷兰法庭受理了 LVMH 集团对古驰违反证券法规的指控，最终判决撤销了此前德·索尔仓促发起的员工持股计划，却承认了古驰与皮诺/PPR 集团交易的合法性。

在诉诸法律武器失败后，无心恋战的 LVMH 集团在 2001 年分批出售了所持有的全部古驰股权，包括以 8.12 亿美元向 PPR 出售的 8.4% 股权，以 11.5 亿美元向里昂信贷银行出售的 12% 股权。在这场大战中，阿尔诺并不算一个失败者——出售古驰股票所得加上其间发放的红利收入，在扣除当初收购股票的成本后，LVMH 集团最终获利 8.64 亿欧元（包括 7.74 亿欧元的资本利得和 9 000 万欧元的股东红利），不到三年的时间，投资总回报率超过 50%。

从某种意义上说，此番古驰股权争夺大战其实是皆大欢喜，三方得益：

—— LVMH 集团获得了不错的投资收益。

—— PPR 集团收获了旗舰奢侈品牌，并开启了从多元化零售集团
  向奢侈品集团的转型之路。

——为古驰立下汗马功劳的德·索尔和汤姆·福特则为自己在短期
  内争取到了较大的独立空间，也通过此役让古驰的股权结构更

加稳定，为公司的"长治久安"奠定了坚实的基础。不过，虽然二人逃过了阿尔诺这个法国商界强人的"如来佛掌"，却要在未来几年里与另一个法国强人——皮诺展开逐步升级的权力斗争。

斗争的起因在于，正如当初阿尔诺迟迟不愿承诺对古驰发起全面收购要约时所担心的，汤姆·福特为古驰掀起的时尚风暴未能持续很久。古驰集团的财务报告显示，古驰品牌经历了1994—2000年连续几年的"跳跃式"增长——年销售额以1993年的不足2亿美元起步，在2000年达到了惊人的16.3亿欧元，但在随后的三年里陷入了发展瓶颈。2003年，古驰集团的销售额为15.2亿欧元，非但没有增长，还略有下滑。这背后，一方面固然有"9·11恐怖袭击事件"带来的阴影，但和时尚市场风向的转变也有千丝万缕的联系；与此同时，古驰集团在2000—2001年"大跃进"式收购的一揽子品牌[如圣罗兰、葆蝶家、亚历山大麦昆（Alexander McQueen）和丝黛拉麦卡妮（Stella McCartney）]的发展情况也不尽如人意。

不可避免的，大股东皮诺开始要求掌握古驰集团更多的实际管理权，然而这是"Dom-Tom"所不能接受的。在与皮诺的谈判破裂后，2003年11月，42岁的汤姆·福特和59岁的德·索尔宣布将在来年春天合约到期后告别古驰。此后二人联手创办了"汤姆福特（Tom Ford）"个人同名品牌，定居美国洛杉矶的汤姆·福特还抽空拍摄了两部备受关注的文艺电影。

- 不惜代价拿下芬迪

收购古驰一"役"的失利，让阿尔诺也汲取了宝贵的教训，那就是，要想成功拿下知名奢侈品牌，必须要与收购对象的利益相关方建立深层联系，才能避免激起后者的敌对情绪，为交易的顺利进行扫平障碍。

阿尔诺没有从意大利"战场"退却，而是将目光转向了另一个声名显赫的奢侈品牌——以皮草时装和当红皮具"法棍包（Baguette包）"著称的芬迪。

芬迪的总部位于意大利首都罗马，由阿黛尔（Adele）和爱德华多·芬迪（Edoardo Fendi）夫妇在1925年创办。在他们身后，品牌一直由创始人的五个女儿，人称"芬迪五姐妹"——阿尔达（Alda）、安娜（Anna）、卡拉（Carla）、弗兰卡（Franca）和保拉（Paola）联合拥有并管理，每人持有品牌五分之一的股份。1965年，受五姐妹之邀，冉冉上升的时装设计界新星、32岁的卡尔·拉格斐（Karl Lagerfeld）被任命为芬迪的创意总监。他将品牌核心的皮草元素运用到更广泛的时装和配饰上，并打造了著名的双"F"字母logo，让芬迪成为真正具有国际影响力的奢侈品牌。

在20世纪90年代末一浪高过一浪的奢侈品行业并购风潮下，芬迪也成为热门的竞购标的。为了顺利拿下这个意大利经典品牌，阿尔诺与在古驰争夺战中结交的新盟友——普拉达的贝尔泰利再度联手。

值得一提的是，参与此次芬迪品牌竞购的，还有阿尔诺的"老冤家"——德·索尔领导的古驰集团，据说美国私募投资巨头德州太平洋集团（TPG）也是竞购者之一。

在这个抉择的关口，芬迪的灵魂人物、人称芬迪家"第六个孩子"的设计师卡尔·拉格斐表示更青睐"LVMH+普拉达"的组合——这一点至关重要，因为在拉格斐与芬迪的合约中规定，一旦品牌易主，拉格斐可以选择立刻解约。

最终，在1999年10月，LVMH集团和普拉达组成的合资公司（双方各占50%股权）以5.64亿欧元的高价买下了芬迪51%的股权，对芬迪公司的总估值从启动出售之初的不足7亿欧元（古驰集团给出的报价）一路抬升至11亿欧元！这个估值相当于1998年芬迪年销售额的8倍！这个估值在当时被外界普遍认为过高，却充分体现了阿尔诺对芬迪势在必得的决心。[2]

在芬迪股权出售协议签订后，一向直言不讳的拉格斐评价道："五个姐妹实在太多，而且她们彼此已经不怎么说话了。（控股权）卖掉后，她们各自的丈夫都非常开心。"通过此次收购，LVMH集团也将卡尔·拉格斐这位顶流设计师揽入自己旗下，后者同时兼任法国另一家独立奢侈品牌香奈儿的创意总监，直到85岁撒手人寰。2019年2月，他在去世前夕，还在为芬迪的大秀辛勤工作。

2　根据一份欧洲联盟反垄断审查文件，1998年，LVMH集团、普拉达和芬迪的年销售额分别为70.8亿欧元、6.8亿欧元和1.4亿欧元。（LVMH集团修订过的财务报告显示其1998年的销售额为69.4亿欧元）

在新大股东的支持下，芬迪将掌握在外部合作伙伴手中的日本，美国，中国香港、台湾和大陆市场的经营权陆续收归己有，并大举扩张销售网络，直营门店从 2000 年末的 17 家快速增长到一年后的 84 家（包括收购的经销商门店）。

2001 年 11 月，在经历了美国"9·11 恐怖袭击事件"对全球奢侈品行业的重创后，债务缠身的普拉达将自己持有的芬迪 25.5% 的股权以 2.95 亿欧元的价格出售给了 LVMH 集团。（与之前和古驰的交易不同，这一次贝尔泰利基本没有获得任何投资回报，且 LVMH 集团的付款要分四年结清。）在随后几年里，LVMH 集团又陆续从"芬迪五姐妹"手中收购剩余股权，直至实现对芬迪 100% 控股——累计投入的金额超过 10 亿欧元。

不过，一个家族色彩浓重的奢侈品牌要想在多品牌集团治下顺利完成过渡，绝对不是一个小挑战。事实上，芬迪被纳入 LVMH 集团麾下后，尽管销售网络大幅扩张，却转盈为亏。2003 年 10 月，LVMH 集团不得不将旗舰品牌迪奥的核心高管、首席运营官迈克尔·伯克（Michael Burke）调任芬迪担任首席执行官，这才逐渐扭转了局面。2015 年，LVMH 集团宣布芬迪的年销售额有望超过 10 亿美元，此时距离 1999 年的收购，已经过去了 15 年。

对芬迪的收购也标志着 LVMH 集团在 20 世纪最后十年大举扩张品牌版图的行动告一段落。

- **收购战略大调整**

2001 年，是 LVMH 集团战略大调整的一年。2000 年互联网泡沫破灭对全球经济和金融市场造成的负面影响持续发酵，奢侈品消费重地日本的经济也一蹶不振，再加上 2001 年"9·11 恐怖袭击事件"导致的国际旅行停滞和消费者情绪低迷，为奢侈品行业的发展前景蒙上了一层厚厚的阴影。这一年，LVMH 集团实现了 122.3 亿欧元的销售额，相比前一年依然有 5.6% 的增长，但净利润从 7.2 亿欧元锐减到 1 000 万欧元。

2001 年，中国这个全球未来最大的奢侈品消费市场尚未全面启动，这一点从 LVMH 集团的年度报告可见一瞥：其中为数不多提到"中国"的地方，大多是关于轩尼诗等酒类品牌的，而非时装皮具或珠宝美妆品牌。2001 年，除日本外的亚洲市场（以中国为首）为 LVMH 集团贡献了 16% 的销售额，而到 2020 年，这个比例增加了一倍多，达到 34%！

2001 年，在种种不确定因素的制约下，阿尔诺认为 LVMH 集团必须放缓扩张的步伐以确保稳定的现金流，让 LVMH 集团这艘大船能顺利地驶过险滩。

从 2002 年到 2010 年长达八年的时间里，LVMH 集团仅收购了一些特色酒庄和酒类品牌 [如法国的白马酒庄（Chateau Cheval Blanc），波兰的伏特加品牌雪树（Belvedere），苏格兰的威士忌品牌格兰杰（Glenmorangie），西班牙的葡萄酒酒庄努曼西亚-泰尔梅斯（Numanthia-Termes），中国的文君酒等]，通过丝芙兰收购了俄国美妆零售商美丽之岛（Ile de Beaute），还在非核心业务领域有一些零星的收购。除此之外，LVMH 集团没有再在时装、皮具、珠宝和美妆领域开展任何新的收购行动。

值得一提的是，在互联网泡沫的高峰期，阿尔诺本人曾一度非常热衷互联网投资。1998—2000年，阿尔诺为风起云涌的美国和欧洲国家的互联网创业公司投入了数亿美元。他旗下甚至设立了一个专门从事互联网投资的公司"Europ@web"。该公司在30多家互联网公司拥有股权，原本计划在2000年独立上市，却不了了之。阿尔诺重金投资[其他投资人还包括意大利的贝纳通（Benetton）家族和高盛银行等]的一家非常高调的欧洲电商创业公司"Boo.com"，在18个月内烧光1.85亿美元后烟消云散。2000年6月，LVMH集团联合Europ@web创立了一家奢侈品电商公司"eLuxury"，计划为旗下奢侈品牌提供专属的电商渠道。事实证明，这个看上去很美的网站生不逢时，到2009年1月网站彻底放弃电商业务时，其年销售额还不到1亿美元。

在互联网领域遭遇的一系列惨痛经历，让阿尔诺对奢侈品数字化变得非常谨慎。2021年7月，LVMH集团首席财务官让-雅克·吉奥尼（Jean-Jacques Guiony）在分析师电话会议上的发言就是这种心态的最好折射："对时装和皮具业务来说，数字化在很大程度上是一场零和游戏（zero-sum game）。基本上，如果你在网上购买了（某件商品），你就不会在实体店购买（它），反之亦然。对我们来说，无论是在网上还是在实体店产生销售，都是一样的。"

从 2001 年 LVMH 集团发布的财务报告中，我们可以发现这段时间投资策略转变的根源：

这一年，LVMH 集团实现了 122.3 亿欧元的销售额，比两年前（1999 年）增长了 43%，但营业利润（15.8 亿欧元）只比两年前增长了微不足道的 2%。

2001 年，LVMH 集团的当家品牌路易威登依然是"顶梁柱"，带领"时装皮具"部门为集团贡献了 30% 的销售额（36.12 亿欧元）和 81% 的营业利润（12.74 亿欧元），营业利润率高达 35%，是 LVMH 集团所有品类中最高的。

尽管 LVMH 集团一向不披露单个品牌的具体数据，但在 2001 年度报告中，"时装皮具"部门的其他品牌在这期间多数仍处于亏损状态，因此可以推断，该部门销售额的大部分和营业利润的绝大部分都来自路易威登这一个品牌。（彼时迪奥的时装皮具业务尚未纳入 LVMH 集团，只计入迪奥控股公司层面。）

"美妆香水"部门虽然和"酒类"部门一样，为 LVMH 集团贡献了 18% 的销售额，但相比酒类为集团贡献的 43% 的营业利润，香水美妆只为集团贡献了 9% 的营业利润。以酩悦香槟和轩尼诗干邑为首的"酒类"部门的营业利润率一直稳定在 30% 左右，而高

LVMH集团2001年财务数据

货币单位：欧元（百万）

部门	销售额	营业利润	营业利润率	销售额占比	营业利润占比
酒类	2,232	676	30%	18%	43%
时装皮具	3,612	1,274	35%	30%	81%
美妆香水	2,231	149	7%	18%	9%
珠宝手表	548	27	5%	4%	2%
精选零售	3,475	(194)		28%	-12%
其他	131	(352)		1%	-22%
总计	12,229	1,580			

昂的营销支出让"美妆香水"部门的营业利润率始终在10%上下波动。

2001年，最让LVMH集团头疼的是"精选零售"部门。"9·11恐怖袭击事件"导致的国际旅游业萧条，让DFS公司的免税业务受了不小的冲击，而正在大力拓展美国市场的丝芙兰美妆连锁业务虽然规模不断扩大（当年实现了23%的销售增长），但尚未实现整体盈利。这一年，"精选零售"部门虽然为集团贡献了28%的销售额，却造成了近2亿欧元的营业亏损。（此外，2001年度报告中，还有一项未具名的"其他"业务造成营业亏损3.52亿欧元。）

组建不久的"珠宝手表"部门虽然拥有泰格豪雅和尚美巴黎等知名品牌，但在集团版图中依然可以忽略不计——只贡献了4%的销售额和2%的营业利润。

在 2001 年度报告的管理层阐述中，阿尔诺坦承：LVMH 集团业务的核心，是那些"Great Brand（伟大品牌）"，它们即便在 2001 年这样困难的年份依旧表现出色。路易威登、迪奥和轩尼诗正是他列举的三个"伟大品牌"。（路易威登、古驰、爱马仕、香奈儿这样的顶级奢侈品牌，在英文里经常被称作"Mega Brand"，即超级品牌，但阿尔诺使用的"伟大品牌"其实更恰如其分。因为"伟大"一词赋予了这些很难用常规商业逻辑解释的现象级品牌一种独特的人格意味，更能诠释这些品牌在人们心目中难以撼动的特殊地位。）当时，阿尔诺还强调：我们的战略重点是发展我们的明星品牌，LVMH 集团拥有世界上最多的明星品牌，它们是主要的利润驱动因素。

阿尔诺口中的"明星品牌"其实既包括旗下的"伟大品牌"，也包括过去 20 年间收购的横跨时装、皮具、珠宝和美妆等领域的一揽子利基品牌——它们拥有独特的 DNA、小而美、潜力无限，但与"伟大品牌"（或超级品牌）之间还是有一道深深的鸿沟。如果着眼于短期的投入产出比，显然，让"伟大品牌"更"伟大"，比让利基品牌变得"伟大"更容易，也更容易收到回报。

知名金融公司贝尔斯登（The Bernstein Companies）的奢侈品分析师卢卡·索尔卡（Luca Solca）曾在 2009 年关于 LVMH 集团的研究报告中指出：

原则上讲，大型奢侈品集团构建一个利基品牌组合，可以对超级品牌作很好的补充。超级品牌可以满足新兴市场对"身份认同"

的需求和"渴求型奢侈品消费者";而利基品牌可以服务更成熟、趣味更复杂的奢侈品消费者,满足其"特立独行"的需求。然而,实际上,利基品牌和超级品牌之间的这种互补作用只在少数情况下才会奏效。

在"伟大品牌"创造的丰厚利润的庇护下,阿尔诺不急于放弃旗下那些短期不能为集团做出实质贡献的利基品牌,他有足够的耐心等待它们生根发芽、开花结果。尽管在未来很长一段时间,都不可能期望它们自然长成下一个路易威登,但至少,阿尔诺可以确定这些稀缺的品牌资产不会落入竞争对手的手中!不过,阿尔诺确信,当 LVMH 集团再度开启对外收购的大门时,他将只会把目光投向一个足够"伟大"的品牌,为此,他将做好万全准备。

第三阶段:2011—2018 年,LVMH 集团的主要收购活动

汲取了过往的教训,LVMH 集团从 2001 年起放缓了外延扩张的步伐,转向内生增长,将主要精力放在强化集团主力品牌的领导地位,通过积极的营销攻势和持续的产品创新,不断提升品牌在全球市场的影响力,强化品牌溢价,扩大利润空间。

在接连经历了 1998 年亚洲金融危机、2001 年"9·11 恐怖袭击事件"、2008 年美国次贷危机等一连串大灾大难的洗礼之后,阿尔诺更清楚地认识到"伟大品牌"强悍的抗风险能力和似乎没有"天花板"的成长潜力。

在"内功修炼"取得成效之后，他又开始着手物色下一个"伟大"或"准伟大"品牌，一方面期望利用 LVMH 集团的资源网络和行业人才，精准复制路易威登的成功经验，对冲过度依赖极少数"伟大品牌"的潜在风险；另一方面，随着以中国为首的新兴奢侈品消费市场在 2008 年金融危机后强势崛起，LVMH 集团也需要更多"伟大品牌"去承接这历史性的发展机遇。

所谓"伟大品牌"，必然是享有全球广泛认可的奢侈品定位，经过了足够长的时间沉淀，穿越多个经济周期被市场反复验证，拥有忠实的国际用户群、深厚的品牌文化和能够不断复制并发扬光大的经典产品元素。这样的"宝藏"必然是可遇不可求的，它们不是被牢牢掌控在创始人家族手中，就是已经被其他奢侈品集团揽入门下。比如，卡地亚、古驰已经被 LVMH 集团的竞争对手历峰集团和开云集团"瓜分"。而爱马仕、香奈儿、劳力士、百达翡丽都经过几代家族继承人的有序传承，坐拥强大的品牌资产、完善的运营体系和健康的现金流，其背后的家族所有者对控制权看得很重，轻易不愿品牌成为大集团的附庸。

优质投资标的的稀缺，再加上奢侈品行业固有的门户之见，让捕获"伟大品牌"成为一件异常艰巨的任务。"古驰之战"的挫折，让阿尔诺认识到，与其"豪夺"，不如"巧取"，必须准确把握最佳的收购时机，切忌盲动。

如果没有合适的标的与时机，阿尔诺宁可等待。这一等就是九年。

来到 2010 年，全球经济基本摆脱了美国次贷危机的影响，中国奢侈品市场持续繁荣，而通过对旗下企业供应链和分销网络的治理整顿，LVMH 集团的整体经营效益大幅提升。

2010 年，LVMH 集团的销售总额首次突破 200 亿欧元大关，比上年增长了 19%，而 43 亿欧元的营业利润则比上年增长了 29%，说明增收更增效——集团旗下五大业务线的营业利润率全部超过了 10%。更可喜的是，集团自由现金流高达 31 亿欧元，而金融负债相对于股本的比率则只有 15%，大大低于 2009 年的 20% 和 2008 年的 28%。

2010 年底，LVMH 集团的股价达到了 123.35 欧元，比两年前大幅上扬了 158%。一切迹象都表明，通过 20 多年悉心培育，阿尔诺的奢侈品帝国的根基比以往任何时候都牢固。是时候重新开疆拓土了！

此时的 LVMH 集团对收购的态度已经非常明确，非"伟大品牌"不取！从 2010 年到 2019 年，LVMH 集团宣布收购蒂芙尼前的九年间，在时尚奢侈品领域 LVMH 集团只进行了三次重大的收购行动，分别将顶级珠宝品牌宝格丽（2011 年）、顶级羊绒品牌诺悠翩雅（Lora Piana，2013 年）、顶级行李箱品牌日默瓦（RIMOWA，2016 年)收入囊中，且都是通过与各个品牌的创始人家族友好协商，以合理估值达成的交易。此外，LVMH 集团还在 2019 年收购了奢华酒店和旅行集团贝梦德（Belmond Ltd.），其估值达 32 亿美元。

但在开启这一连串成功收购之前，LVMH 集团先在一个"伟大品牌"前栽了一个大跟头。这个品牌就是奢侈品中的奢侈品：爱马仕。

"偷袭"爱马仕，鏖战四年

在全球所有奢侈品上市公司中，爱马仕的公司市值常年位居第二，排在它前面和后面的 LVMH 集团和开云集团都是多品牌、多品类的集团化企业，而爱马仕作为一家单品牌公司屹立其中，非常显眼。[虽然爱马仕公司旗下也有若干"小而美"的奢侈品牌，比如高级皮鞋品牌约翰·洛布（John Lobb）、水晶制品品牌圣路易（Saint Louis）、银器工坊博艺府家（Puiforcat）等，但相对于主品牌爱马仕的庞大体量，它们几乎可以忽略不计。]

爱马仕的特殊之处，还体现在它的家族色彩上。在 Interbrand 和 BrandZ 两家机构近年发布的全球品牌价值百强榜单中，排名前四的奢侈品牌是完全一样的：路易威登、香奈儿、爱马仕和古驰；紧随其后但排名略有不同的奢侈品牌是：劳力士、迪奥、卡地亚、圣罗兰、普拉达、博柏利（Burberry）和蒂芙尼。

其中，依然由创始人家族掌控的品牌其实只有两个：爱马仕和普拉达。

香奈儿品牌的情况比较特殊，其所有权与创始人可可·香奈儿及其血亲毫无关系，而是掌握在威泰默（Wertheimer）家族手中并传承了三代——最早可追溯到 1924 年投资香奈儿香水公司的皮埃尔·威泰默（Pierre Wertheimer），他后来又在 1953 年投资了复出的香奈儿高级时装业务。在香奈儿去世后，威泰默家族完全掌握了香奈儿公司的全部业务。

劳力士公司的股权则在创始人汉斯·威尔斯多夫（Hans Wilsdorf）去世后被转移到以他的名字命名的公益基金会手中，由八名董事共管，职业经理人操盘。

其他品牌或是被 LVMH 集团（路易威登、迪奥）、开云集团（古驰、圣罗兰）和历峰集团（卡地亚）分别掌控，或已经成为上市公司且股权分散在多个投资者手中（博柏利和被 LVMH 集团收购前的蒂芙尼）。

爱马仕和普拉达是榜单中唯二依然由创始人家族掌握控股权和实际管理权的奢侈品牌。我们在前面已经简单了解了普拉达的发展历程。虽然普拉达的历史也非常悠久（始于 1913 年），但在创始人的外孙女缪西娅·普拉达接手之时，家族生意已经萎缩至 4.5 万美元，仅有一家门店。20 世纪 70 年代之后，普拉达才在缪西娅·普拉达和她的先生帕特里齐奥·贝尔泰利的共同努力下跃居全球一线奢侈品牌之列。从某种意义上说，这对夫妇给了普拉达第二次生命，堪称品牌再生的"初代创业者"。

爱马仕的情况则非常特殊。从 1837 年蒂埃里·爱马仕（Thierry Hermès）在巴黎的巴斯-杜-朗帕尔（Basse-du-Rempart）开设马具鞍具工坊起算，在长达 180 多年的时间里，爱马仕经历了连续六代的有序传承，至今公司的控股权仍由庞大的爱马仕家族成员共同拥有，并由家族后代经营管理。这或许是爱马仕品牌在全球享有如此至高无上地位的真正原因——它最大程度地发挥了家族企业一以贯之、长期主义的优势，并通过周密的组织架构防范或及时补救了可能的弊端和隐患。

蒂埃里·爱马仕的孙子埃米尔·爱马仕（Émile Hermès）是爱马仕发展历史上的"关键先生"。他敏锐地觉察到汽车时代人们生活方式的巨变，将家族制作精良的马具鞍具的工艺运用于制作箱包皮具等新旅行产品，更率先买下当年的新发明——拉链的专利使用权，将拉链首先运用于皮具和皮衣。

埃米尔·爱马仕没有儿子，只有四个可爱的女儿（其中三女儿在少年时不幸夭折），后来大女儿、二女儿和四女儿各自的丈夫也全部加入爱马仕日益兴旺的家族事业中各司其职。其中，二女婿罗伯特·杜马斯（Robert Dumas）因成功为品牌拓展了丝巾和领带产品线而特别受到老丈人赏识，于1951年接班成为爱马仕第四任总裁。爱马仕当今最知名的手袋之一——Kelly包（凯莉包）就是他一手推出的。

从第四代开始，爱马仕形成了三大家族共有共治公司的格局。这三大家族分别源自伊冯娜·爱马仕（Yvonne Hermès）（大女儿）与弗朗西斯·普赫（Francis Puech）夫妇，杰奎琳·爱马仕（Jacqueline Hermès）（二女儿）与罗伯特·杜马斯夫妇，艾琳·爱马仕（Aline Hermès）（四女儿）与让-勒内·盖朗（Jean René Guerrand）夫妇。但杜马斯家族逐渐掌握了公司的实际管理权，1978年，在罗伯特·杜马斯去世后，他的儿子让-路易斯·杜马斯（Jean-Louis Dumas）接过了公司最高管理职位。让-路易斯是一位经常随身携带速写本和徕卡相机的艺术爱好者，同时具有杰出的商业头脑。他将爱马仕从一家年销售额为 5 000 万美元的法国中小企业，发展成为年销售额超过 20 亿美元的国际奢侈品巨头。他不仅为爱马仕品牌开发了超级爆款——Birkin 包，还将爱马仕集团推向了巴黎证券交易所，使其成为一家上市公司。不过，在 1993 年爱马仕集团上市之时，爱马仕三大家族依然掌握着合计 81.4% 的股权。

早在 1989 年，未雨绸缪的让-路易斯就着手重组公司，引入机构投资者，为爱马仕集团的资本化进程铺平道路。此举一方面是给爱马仕拓展全球业务提供更充足的资金来源，另一方面也给希望套现的家族成员提供退出通道。与此同时，为了确保爱马仕的实际控制权一直掌握在家族手中，也为了平衡各家族分支的利益，1989 年 11 月，一家名为"Émile Hermès SARL"的可变股本有限责任公司成立，其股东全部是爱马仕家族成员或其配偶。这家公司并不实际拥有爱马仕集团的股份，而是被定义为"经营合伙人"，在爱马仕集团拥有提名与撤销行政管理层人员的大权，并可根据公司监事会的建议制定公司战略和预算，授权任何金额大于净资产 10% 的贷款及投资，还可对爱马仕集团的经营管理给予建议。

爱马仕三大家族成员中，除了那些经过严格挑选的管理和设计人才在爱马仕集团被委以重要职位外，其他成员多分布在公司监事会和 Émile Hermès SARL 的执委会上，间接参与爱马仕集团的重要决策。通过这种设置，爱马仕集团的实际控制权一直掌握在爱马仕家族手中。不过，让-路易斯在 2003 年因为健康原因决定逐步退出管理一线的时候，将一位最信赖的旧部帕特里克·托马斯（Patrick Thomas）召回。曾经担任过爱马仕集团总经理的帕特里克·托马斯成为爱马仕第一位非家族成员首席执行官。

帕特里克·托马斯本人也出身于一个家族企业——法国果蔬汁行业的先驱潘普利尔（Pampryl）[后来被酒业巨头保乐力加（Pernod Ricard）收购]。所以，虽然是一个"外人"，但帕特里克·托马斯对于经营家族企业比一般职业经理人有着更深刻的理解和更自如的把握。他在担任爱马仕首席执行官的十年里，不但与爱马仕家族成员和睦共处，协力推动公司稳步成长——爱马仕的年销售额从2003年的12.3亿欧元增长到2013年的37.6亿欧元，还领导了一场惊心动魄的"LVMH阻击战"。

2010年5月1日，已经退休五年的让-路易斯与世长辞。六个月后，正在法国乡间骑行的帕特里克·托马斯收到一个令他无比震惊的电话，电话来自LVMH集团的掌门人阿尔诺。后者告诉他，LVMH集团将在一个小时后公开披露其在爱马仕的持股比例已经达到14.2%，并很快将提高至17.1%——差不多是当时在外流通的爱马仕股票的2/3。

按照法国金融市场管理局制定的规则，一家上市公司增持另一家上市公司的股票超过5%时必须披露。那么，LVMH集团是如何绕过这一规定，"神不知鬼不觉"地搜集了高达17.1%的爱马仕股份的呢？

原来，早在2001—2002年，LVMH集团就通过设在卢森堡、美国特拉华州和巴拿马的分支机构，购买了 4.92% 的爱马仕股份，且未在 LVMH 集团的合并报表中明示。（作为对照，LVMH 集团在意大利奢侈品公司托德斯的持股比例虽然只有 3.5%，却在年度报告中做了披露。）

或许是汲取了上一次"古驰之战"的深刻教训，为了避免过早激发爱马仕家族的抵触情绪，LVMH 改以更隐蔽的方式搜集更多爱马仕的股份。从 2008 年起，LVMH 集团以属下投资公司的名义，通过三家银行购买了与爱马仕股权挂钩的三笔"股票互换"衍生金融合约，每个合约所涉爱马仕股权均小于 5%，但累计达到了 12.2%。2010 年 10 月，LVMH 集团陆续停止以现金结算这三个互换合约，转而买下了原本由三家银行持有的爱马仕股票。

对此，阿尔诺给出的解释是：在 2008 年美国次贷危机后，金融市场都看衰爱马仕股票，但他坚信复苏一定会到来，故而购买了相关的"股票互换"合约。随着爱马仕股票在 2010 年下半年强势反弹，LVMH 集团通过合约获得了更高的现金收益，但也因此产生了更高的税务负担，故而选择终止合约转而持有爱马仕股票。

阿尔诺坚称自己的举动是"友善的"，并无意接管爱马仕，只是希望作为一个长期伙伴帮助爱马仕更好地成长。但爱马仕的管理层并不领这个情。当年 11 月，帕特里克·托马斯在和爱马仕家族成员、执行委员会主席伯特兰·普赫（Bertrand Puech）一起接受法国《费加罗报》（Le Figaro）采访时毫不客气地表示："与阿尔诺先生设想的相反，爱马仕不需要任何（来自 LVMH 集团的）帮助、支持或指导。你看看 1993 年爱马仕在 IPO 后的表现——年均净利润增长率为 14.7%，股价增长了 34 倍；同期 LVMH 集团的年均净利润增长率仅为 7.6%，股价增长了 5 倍。如果说有人需要获得帮助，那应该是 LVMH 集团才对。"

尽管遭到了爱马仕的强烈抗议，阿尔诺依然继续通过公开市场购进更多爱马仕股票，到 2012 年底，LVMH 集团的持股比例已经攀升到 22.6%。

彼时，爱马仕三大家族杜马斯（Dumas）、普赫（Puech）和盖朗（Guerrand）家族约 60 位成员实际掌握着爱马仕约 69% 的股份和 75% 的投票权。尽管爱马仕对外一直坚称家族成员非常团结，绝不会放弃控股权，但法国金融市场管理局于 2013 年 5 月发布的一份调查报告显示，爱马仕家族第五代成员、家族中最大的单一持股人尼古拉斯·普赫（Nicolas Puech）把 880 万股爱马仕股票卖给了阿尔诺指定的中介银行，帮助阿尔诺完成了部分"股票互换"交易——也正是由于尼古拉斯·普赫拒绝接受质询，导致法国金融市场管理局的调查工作被一再拖延。

为了避免家族成员在不断高涨的股价诱惑下将更多爱马仕股票抛向市场，成为 LVMH 集团的"猎物"，2010 年 12 月，合计拥有 50.2% 股份的爱马仕家族成员决定组成一家名为"H51"的控股公司，成为爱马仕集团的最大单一股东。参与 H51 控股公司的 50 多位家族成员约定在未来的 20 年中不出售任何股份。这也意味着，这些家族成员将无法通过出售自己持有的爱马仕股票获利，而必须依赖公司每年的分红。此外，合计拥有 12.67% 股份的其他家族成员虽然没有加入 H51 控股公司，但也同意如果出售股份，将优先出售给 H51 控股公司——其中就包括了两位持有重要股份的第五代成员：伯特兰·普赫（时年 78 岁）和曾经"一意孤行"的尼古拉斯·普赫（时年 71 岁）。到 2020 年底，H51 控股公司拥有的爱马仕股份已经增至 54.2%。

经过长达两年半的调查，法国金融市场管理局在 2013 年 7 月 1 日宣布对 LVMH 集团处以 800 万欧元的罚款，作为对 LVMH 集团未能及时披露增持爱马仕股票信息的处罚。当时法国此类案件的罚金上限为 1 000 万欧元，自从此案发生后，法国法律对"股票互换"衍生工具的披露要求提高，最高罚金也升至 1 亿欧元。

LVMH 集团坚称自己在收购爱马仕股票的过程中并无任何违反持股上限的行为，也不涉及内幕交易或操纵市场。此后，又经过了一年多的拉锯战，双方终于在 2014 年 9 月达成了和解。

LVMH 集团表示，考虑到股东的利益，决定不再在此案上花费更多的时间和金钱，而是将其所持有的全部爱马仕股份（最高时占股达到了 23.2%）分配给自己的股东，而 LVMH 集团最大的股东克里斯汀·迪奥公司也要将所分得的爱马仕股份进一步分配给自己的股东。上述分配完成后，LVMH 集团的家族控股公司阿尔诺集团（Groupe Arnault）将持有爱马仕 8.5% 股份。LVMH 集团、克里斯汀·迪奥公司和阿尔诺集团三家公司联合承诺，在未来五年内不再增持爱马仕股份，到 2017 年 7 月，所有与阿尔诺关联的公司在爱马仕的合计持股比例已经降至 1.87%。

和此前的"古驰大战"类似，尽管阿尔诺被迫出局，却因为爱马仕股价的持续上涨获得了丰厚的回报，回报总值超过 30 亿欧元！

其实，根据前面提到的爱马仕设置的家族监管架构，如果不能取得爱马仕家族核心成员的同意，即便没有爱马仕家族组成的 H51 控股公司做屏障，阿尔诺也无法将爱马仕收入囊中。但业内人士分析，阿尔诺是希望提前布局，以便在爱马仕的家业传到第六代之后，爱马仕家族阵营进一步瓦解时再伺机而动。或许是为了打消阿尔诺的这种念头，爱马仕在 2013 年 6 月任命家族第六代传人、让-路易斯的侄子、43 岁的阿克塞尔·杜马斯（Axel Dumas）担任联席首席执行官，以接替即将在 2014 年退休的帕特里克·托马斯。在接受任命时，阿克塞尔·杜马斯表示，会与 LVMH 集团斗争到底，捍卫独立，"这是我们这一代的战争"。

收购宝格丽（BVLGARI），皆大欢喜

虽然财务收获颇丰，但阿尔诺毕竟输掉了古驰，又被爱马仕家族拒之门外。阿尔诺意识到，如果要为 LVMH 集团成功引入下一个"伟大品牌"，就不能再采用"简单粗暴"的纯财务手段，而必须让创始人家族心悦诚服并积极配合，当然，收购的时机也非常重要！

在奢侈品领域，传承几代的家族企业具有一些独特优势，通常不会为了短期利益而牺牲品牌的长期价值；在家族生意里耳濡目染的后代成员更能深刻理解品牌的内涵和 DNA，并与效力企业多年

的老员工及上下游合作伙伴默契相处、同心协力。

不过，家族企业也有不少弊端：公司治理结构通常不够健全，容易任人唯亲，并让家族内部矛盾影响公司的正常运转。随着代际传承的延续，家族后代可能不再具有创始人的初心、韧性和企业家才干，甚至无心恋战，希望套现离场。而且，受制于有限的资金规模和单一的业务线，这类企业在经济危机来临时的抗打击能力通常会弱于集团化大企业。

意大利奢侈珠宝品牌宝格丽就是因 2008 年美国次贷危机导致的经济衰退而遭遇重创——从 2007 年的净利润为 1.5 亿欧元，急转直下陷入亏损，从而萌生了放弃作为独立公司身份的想法。

宝格丽的创始人索帝里欧·宝格丽（Sotirio Voulgaris）于 1857 年出生于希腊伊庇鲁斯的一个银匠世家。20 岁时，他背井离乡，辗转来到意大利寻找发展机会。入乡随俗，他将自己的希腊姓氏"Voulgaris"改为更朗朗上口的拉丁文拼写"Bulgari（宝格丽）"。1884 年，他正式在意大利罗马开设了自己的珠宝店，起初只销售银制品，后来逐渐拓展到黄金、宝石类的珠宝首饰。

1894 岁，宝格丽在游客云集的罗马著名景点——西班牙台阶附近落脚，在康多提大道（Via Condotti）开设旗舰店，吸引了包括许多名人在内的来自世界各地的高端客群。

1932 年索帝里欧去世后，他的两个儿子乔治（Giorgio）和君士坦丁（Costantino）联手继承了家业，并将其发扬光大。1934 年，宝格丽康多提大道旗舰店扩张翻修后重新开业，以庆祝品牌创立

50 周年，我们如今熟知的宝格丽商标——大写的"BVLGARI"正式亮相。商标中的"V"有两个含义，其一是纪念创始人家族希腊姓氏的首字母"V"，其二是古罗马文字里没有"U"这个字母，通常用"V"来指代。

这个全新的商标也表明了兄弟二人要通过"寻根"来强化宝格丽的独特 DNA——区别于当时欧洲珠宝界盛行的法国流派，宝格丽深耕古希腊和古罗马的传统文化，并从拜占庭帝国和意大利文艺复兴时代的艺术作品中汲取养分，同时将 19 世纪以来意大利本地金匠的优良传统发扬光大，逐渐形成了自成一体的宝格丽风格。第二次世界大战结束后，意大利逐渐步入经济繁荣时代，宝格丽在英美富裕阶层中的名声越来越大，好莱坞巨星伊丽莎白·泰勒、索菲亚·罗兰、英格丽·褒曼（Ingrid Bergman）等都是它的忠实粉丝。

1966 年乔治·宝格丽去世后，他 31 岁的大儿子詹尼·宝格丽（Gianni Bulgari）接班，在此后 18 年里引领宝格丽走出意大利，在纽约、巴黎、日内瓦、蒙特卡洛等地开设门店，成长为全球性的奢侈品牌，并成功开辟了高级钟表业务。在他的治下，公司聘用了大量具有艺术天分的年轻人担纲设计重任，将宝格丽从一家传统珠宝商转变为"设计驱动"的当代奢侈品企业。

1984 年，詹尼退居二线。他的两个弟弟保罗（Paolo）和尼古拉（Nicola）分别成为公司的主席和副主席，他姐姐的儿子、年仅 27 岁的弗朗切斯科·特拉帕尼（Francesco Trapani）被任命为首席执行官，掌管公司具体的经营事务。与前面提到的爱马仕家族不同，除特拉帕尼，宝格丽家族第四代成员都没有深度参与到品牌的经营和管理中。（由于和家族其他成员发生分歧，詹尼·宝格丽于1987年将自己的三分之一股份卖给了两个兄弟，离开宝格丽自立门户，在时尚、钟表、摩托车、汽车和珠宝等领域有颇多建树。）

毕业于纽约大学工商管理专业的特拉帕尼不负众望，一方面继续在全球主要都市开设精品珠宝店，一方面将品牌业务延伸到香水、丝巾和皮具领域，将宝格丽打造为全品类的奢侈品牌。2001年，宝格丽在奢侈品界首开先河，与酒店业巨头万豪国际集团（Marriott International）达成合资协议，三年后在米兰开出了第一家宝格丽精品酒店。

为了给品牌拓展国际市场筹措资金，1995年，宝格丽公司在

罗马康多提大道的宝格丽老店

米兰证券交易所上市，但宝格丽家族依然拥有控制性股权——特拉帕尼的两位舅舅保罗和尼古拉合计拥有 50% 的股权，他本人拥有约 5% 的股权。

执掌宝格丽公司 26 年，特拉帕尼深刻体会到作为独立奢侈品牌面对的种种不确定性——宝格丽的市值在高峰期曾达到 40 亿欧元，但随着 2000—2001 年互联网泡沫的破灭，加之"9·11 恐怖袭击事件"的打击，一路跌落到 10 亿欧元左右。虽然在特拉帕尼开源节流的努力下，公司的销售额和股价逐渐恢复了增长，却又在 2008 年美国次贷危机的打击下陷入亏损境地——2009 年宝格丽净亏损 4 710 万欧元。

在特拉帕尼和宝格丽团队的努力下，2010 年，公司的销售额比上年增长了 15%，达到 10.7 亿欧元，成功扭亏为盈，净利润为 3 800 万欧元。这一年，特拉帕尼聘请了投资银行瑞士信贷为宝格丽寻求增强抗风险能力的系统性解决方案。起初，他们希望联合其他意大利本土奢侈品公司组成集团化企业，却没有获得积极的响应。特拉帕尼只好将目光转向海外。宝格丽与 LVMH 集团的接洽始于圣诞节前，谈判历时两个多月，最终在 2011 年 3 月 5 日周六凌晨 4 点达成协议：

LVMH 集团向宝格丽家族的三位股东保罗·宝格丽、尼古拉·宝格丽和弗朗切斯科·特拉帕尼定向增发 18 037 011 股 LVMH 集团新股，以换取三人持有的合计 55.03% 的宝格丽股权（相当于宝格丽一股兑换 LVMH 集团 0.108407 股），并将向宝格丽所有其他股东发起现金收购要约，每股定价 12.25 欧元，比 2011 年 3 月 4 日宝格丽的收盘价溢价 59.4%。

本次交易对宝格丽的整体估值为 42 亿欧元（包括价值 37 亿欧元的股权和约 5 亿欧元的债务），是宝格丽 2010 年销售额的 3.9 倍，处于一个相当高的水平，从中可以看出阿尔诺对于这样一个不可多得的"伟大品牌"势在必得的决心。

交易完成后，宝格丽家族一跃成为仅次于阿尔诺家族的 LVMH 集团第二大股东，坐拥 LVMH 集团 3.6% 的股权（阿尔诺家族的持股比例为 46.5%）。而特拉帕尼则被任命为 LVMH 集团"珠宝手表"部门的负责人。彼时该部门旗下珠宝品牌尚美巴黎、斐登、戴比尔斯和钟表品牌泰格豪雅、宇舶（Hublot）、真力时，以及迪奥（珠宝与手表）合计产生的年销售额约为 10 亿欧元，是 LVMH 集团五大部门中体量最小的。随着宝格丽的加入，该部门的业务规模整整扩大了一倍，达到 20 亿欧元。

到 2014 年 3 月 1 日特拉帕尼卸任之际，宝格丽家族在 LVMH 集团的持股比例已经降至 1.4%。这个比例此后又进一步降低，到 2015 年，宝格丽家族已经不再是 LVMH 集团的第二大股东。不过，特拉帕尼在 LVMH 集团董事会又继续担任了两年董事，而他的舅舅保罗·宝格丽则一直是 LVMH 集团顾问委员会成员，直到 2020 年 6 月 30 日。

宝格丽品牌在被纳入 LVMH 集团后，经历了一段时间的过渡和调整，逐渐走上了销售额稳步增长的轨道。从 2012 年到 2019 年，在没有新品牌加入的情况下，以宝格丽和泰格豪雅为首的"珠宝手表"部门年销售额从 28.36 亿欧元增长到 44.05 亿欧元，营业利润从 3.34 亿欧元增长到 7.36 亿欧元。其中，宝格丽品牌的年销售额超过 20 亿欧元，稳坐全球高级珠宝品牌第三把交椅，排在卡地亚和蒂芙尼之后。

可以说，通过 LVMH 集团的收购，特拉帕尼和他的舅舅们"全身而退"，由此换得的 LVMH 集团股票也在交易完成后持续升值，净收益远远超过了直接的现金交易。

在后面讲述蒂芙尼并购案始末的部分，我们将再次看到特拉帕尼的身影。

收购诺悠翩雅和日默瓦

2013 年夏天，在 LVMH 集团与爱马仕家族的"战役"尚未平息之时，另一个家族却主动登门拜访阿尔诺，送上了一份出乎意料的大礼。

诺悠翩雅公司是一个典型的意大利家族企业，从 19 世纪初就开始在意大利西北部比耶拉省的特里韦罗从事羊毛生意。1814 年，诺悠翩雅家族的第二代传人获得了皮埃蒙特大区国王颁发的许可证，将足迹拓展到英国和法国，开展毛纺面料的跨境贸易，此后又向上游延伸，到世纪之交的时候，诺悠翩雅家族已拥有了两家自己的毛纺织厂。

1924 年，诺悠翩雅品牌历史上的"关键先生"——第四代传人彼得·诺悠·翩雅（Pietro Loro Piana）运用自己的工程学专业知识和商业头脑，在距离米兰 90 分钟车程的夸罗纳小镇开设了现代化的毛纺厂，也就是如今诺悠翩雅公司的前身。彼时正值第一次世界大战结束后欧美国家进入经济繁荣期，诺悠翩雅提供的高级毛料正好响应了富裕阶层对奢华服装不断增长的需求。

据彼得·诺悠·翩雅的侄孙塞尔吉奥·诺悠·翩雅（Sergio Loro Piana）回忆，在 20 世纪初意大利工业革命时期，彼得是将现代化纺织机器引入毛纺织行业的先驱。1941 年，彼得在一次打猎活动中不幸意外身亡。他年仅 18 岁的侄子弗兰科·诺悠·翩雅（Franco Loro Piana）接班后，更加积极地拓展国际市场，将顶级的羊毛、羊绒纱线和面料卖到了美国和日本。第二次世界大战后，随着全球时尚市场逐渐走向繁荣，诺悠翩雅也成为一批知名设计师的心头之好，迪奥、圣罗兰、纪梵希、阿玛尼都在自己的高级定制和成衣系列中大量使用它的高级面料。

在意大利众多毛纺织企业中，诺悠翩雅很早就具备了国际化视野。每到暑假，其他意大利毛纺厂的老板都会让自己的孩子去澳大利亚和新西兰的牧场学习如何处理羊毛，而弗兰科却让自己的两个儿子塞尔吉奥和皮埃尔·路易吉（Pier Luigi）跟随销售团队去巴黎和伦敦学习法语和英语，了解与国际客户的相处之道。

1975 年，塞尔吉奥和皮埃尔·路易吉两兄弟正式接班，他们针对生产设备的升级换代进行了大手笔的投资，同时加强了对珍稀原料产地的直接把控并拓展了品牌成衣业务。20 世纪 80 年代，欧洲纺织业受到亚洲企业的剧烈冲击，但诺悠翩雅顶住了压力，成为意大利奢侈品行业的一面旗帜。

塞尔吉奥和皮埃尔·路易吉两兄弟轮流担任诺悠翩雅公司的首席执行官，每三年轮换一次。塞尔吉奥作为生产方面的专家，统管商品设计和生产，对每件产品的品质精益求精；而皮埃尔·路易吉则更具有冒险精神，多年来四处奔波，足迹遍布安第斯山脉、新西兰和缅甸等地，为诺悠翩雅建立起多样化的顶级原材料供应链。

诺悠翩雅是西方国家中最大的羊绒和羊绒制品生产商，世界顶级羊毛最大的单一购买商，还掌握着野生羊驼绒、荷花纤维、澳大利亚和新西兰超精细美利奴羊毛等珍稀面料资源。到 2013 年，公司年销售额已经达到 7 亿欧元左右，其中约三分之二来自成衣业务，三分之一来自毛纺面料业务。

从 LVMH 集团主席阿尔诺的大儿子安托万的描述中，我们可以体味到诺悠翩雅在奢侈品行业的特殊地位。安托万回忆自己小时候每到夏天，就会陪父亲去意大利的度假胜地——有"贵族渔港"之称的波托菲诺。在当地的购物中心，父亲一定会去诺悠翩雅门店精心挑选一些经典款式的马球衫和毛衣——事实上，在阿尔诺的衣柜里，这是极少数不属于 LVMH 集团的品牌服装。

可想而知，2013 年 6 月的一天，当阿尔诺得知塞尔吉奥和皮埃尔·路易吉希望将公司出售给 LVMH 集团时，一定是大喜过望的——在这之前，诺悠翩雅从未传出过任何出售消息。

一直重病缠身的塞尔吉奥告诉记者，当他们兄弟二人决定出售公司时，心目中唯一的买家就是 LVMH 集团。他们相信诺悠翩雅所拥有的独特资源和行业声望正是 LVMH 集团所急需的，也只有 LVMH 集团这样的现代化企业才值得托付这份家族事业。

基于这种信任，双方的谈判只用了两周时间。2013 年 7 月 8 日，LVMH 集团宣布以 20 亿欧元收购诺悠翩雅 80% 的股权——对诺悠翩雅的整体估值（包含债务）达到 27 亿欧元，相当于诺悠翩雅 2013 年预期销售额的 3.8 倍，与两年前收购宝格丽时的估值标准不相上下。五个月后，了却心愿的塞尔吉奥·诺悠·翩雅与世长辞。

阿尔诺将自己的大儿子安托万派到诺悠翩雅担任董事会主席，辅佐他的是依然持有诺悠翩雅 10% 股份的皮埃尔·路易吉·诺悠·翩雅。

安托万告诉媒体，塞尔吉奥生前给他留下遗言：务必不要（像 LVMH 集团旗下其他品牌那样）为诺悠翩雅引入明星设计总监，他不希望设计师的光环盖过品牌。

2005 年，塞尔吉奥曾向中国香港的《南华早报》描述过诺悠翩雅是如何开发服饰产品的："我们一家对马都很着迷，所以我们就做了骑马穿的夹克；我们也喜欢航海，所以我们就做了航海穿的夹克。这就是为什么我们不需要设计总监。我和我妻子会与（公司内部的）设计团队讨论我们作为真实的人需要什么，因为归根结底，我们并不是要推销某种白日梦或季节性流行的款式，我们自己就是我们品牌的客户。"

顺利将宝格丽和诺悠翩雅这两个"伟大品牌"收入囊中，阿尔诺感到心满意足。此后长达三年，LVMH 集团都没有传出重大的收购消息，直到 2016 年 10 月 4 日突然传来一条让人有些意外的新闻：LVMH 集团破天荒地收购了一家德国品牌——日默瓦。

除了奔驰、宝马等豪华汽车品牌外，低调、务实的德国并不是一个盛产奢侈品牌的地方。事实上，在几大国际奢侈品集团的品牌组合中，只有历峰集团旗下的朗格（A.Lange&Söhne）和斯沃琪集团旗下的格拉苏蒂（Glashütte）两个高级腕表品牌来自德国。日默瓦是一个不同寻常的特例。

1898 年，保罗·莫塞克（Paul Morszeck）和海因里希·戈尔茨（Heinrich Görtz）在德国科隆创办了一家名为"Görtz & Morszeck"的小作坊，制作轻便、坚固的木质行李箱。两年后，戈尔茨离开了，公司由莫塞克一人掌管。

1931 年，保罗·莫塞克的儿子理查德·莫塞克（Richard Morszeck）加入公司，他在柏林的商标注册办公室将公司名称改为今天大家熟知的"RIMOWA"——取自"Richard Morszeck Warenzeichen"这组词汇各单词的首两个字母"RI""MO""WA"，其中，"Richard Morszeck"是理查德的全名，而"Warenzeichen"在德语里是"商标"的意思。

1937 年，一场大火烧毁了日默瓦公司库存的木料，唯一留下来的是一些金属铝材。因祸得福，日默瓦由此转型制作全铝行李箱。1950 年，以德国制造的世界首架全金属客机 Junkers F13 为灵感，日默瓦将平行沟槽设计添加到铝质旅行箱上，制成今日日默瓦品牌最具市场辨识度的标志性产品，在国际客群中打响了知名度。

与其他更为传统的奢侈品牌不同，"技术创新"一直与日默瓦的发展如影随形。

1972 年，里卡德 19 岁的儿子迪特·莫塞克（Dieter Morszeck）加入了家族事业。四年后，他主持设计了第一款具有防水功能的金属旅行箱，使之成为电影制作人、摄影师和记者心爱的旅行伴侣。

2000 年，日默瓦推出的首个聚碳酸酯材质的旅行箱彻底革新了整个旅行箱制造行业，其专利滚珠轴承系统确保了旅行箱的最佳稳定性。

2016 年，日默瓦与德国汉莎航空公司合作推出了日默瓦蓝牙电子标签，其与智能手机搭配使用可以大大简化行李托运手续。

如果说，路易威登赖以起家的帆布木质行李箱在当今时代早已没有多少实用价值，而是成为品牌悠久历史的注脚和极少数人奢侈身份的象征；那么日默瓦则是一个与现代化的旅行生活始终保持着紧密联系、与时俱进的旅行箱品牌。400~1000 美元的定价让日默瓦在奢侈品界或许只能算作"轻奢"，在实用型行李箱这个细分领域却是鹤立鸡群。

德国人对于奢侈品牌的精妙理念甚少津津乐道，但对于"产品"本身的极致追求和其拥有的全球高端商旅客群，让日默瓦在不知不觉间成为 LVMH 集团理想的收购选择。

迪特·莫塞克在与 LVMH 集团联合发布的新闻稿中透露，与后者的接触始于 2014 年。两年后双方达成协议：LVMH 集团以 6.4 亿欧元的代价获得了日默瓦 80% 的股份，迪特仍保留了 20% 的股

份并留任联席首席执行官，和诺悠翩雅的情形惊人的相似，他也将辅佐一位年轻的"阿尔诺"——贝尔纳·阿尔诺的年仅 28 岁的小儿子亚历山大·阿尔诺（Alexandre Arnault）被任命为日默瓦的另一位联席首席执行官。

外界注意到，此次交易对日默瓦的整体估值只有 8 亿欧元，仅相当于日默瓦 2016 年预计销售收入 4 亿欧元的两倍。相比之前 LVMH 集团给宝格丽和诺悠翩雅的估值——分别相当于年销售收入的 3.9 倍和 3.8 倍，这个估值倍数要低不少。考虑到日默瓦如日中天的市场地位和近几年销售额的增长幅度——2015 年销售额为 3.5 亿欧元，比 2014 年增长 28%；2013 年销售额为 2.4 亿欧元，比 2012 年增长 40%——这个估值可以说非常划算。

不过，从日默瓦的数据可以看出，这种高速的增长并不稳定（2013—2016 年的增速分别为 40%、14%、28% 和 14%）——在经营规模快速扩张的同时，对企业经营管理能力也提出了更高的要求。据说，已经传承三代的莫塞克家族面临着第四代成员不愿接班的尴尬局面。"单打独斗"且很可能后继无人的日默瓦的确需要 LVMH 集团这棵大树为品牌的"长治久安"提供保障，这种迫切性甚至超过了 LVMH 集团将又一个"伟大品牌"收入囊中的需求。

事实上，在进入 21 世纪的第二个十年后，阿尔诺和 LVMH 集团在收购品牌这件事上越来越从容淡定。一方面此前收购的每一个品牌都需要好好消化、精心打磨；一方面顶级品牌资源已经被群雄瓜分殆尽，优质标的越来越稀缺，LVMH 集团再也不想在熙熙攘攘的竞购战中被迫给出过高价格，而是更愿意顺势而为，伺机而动。

丰富小众精品品牌组合，拓展体验经济

LVMH 集团从收购诺悠翩雅到收购日默瓦，间隔了三年零三个月。此后三年间，除了继续对世界各地不同特色的高端酒庄和酒类品牌展开收购外，LVMH 集团没有再发起对大型时尚类奢侈品牌的收购，而是基于不同的背景拿下了几个小众精品品牌，包括：

法国独立调香师品牌弗朗西斯库尔吉安（Maison Francis Kurkdjian） 创立于 2009 年，香水售价高达上千欧元，2015 年的销售额约为 2 500 万美元，比上一年增长 40%，是高速增长的小众奢华香水领域的突出代表。作为科蒂香水行业终身成就奖的获得者，创始人弗朗西斯·库尔吉安之前已经与 LVMH 集团有过深度合作，为后者旗下的帕尔玛之水、迪奥、娇兰和凯卓构思过几款香水。2017 年 3 月，LVMH 集团宣布收购该品牌的多数股权。

意大利珠宝品牌雷波西（Repossi） 1920 年诞生于都灵，年销售额为 1 500 万欧元左右，规模不大，但拥有一批忠实的明星、名流顾客，是典型的"小而美"品牌。其第四代继承人、创意总监盖亚·雷波西（Gaia Repossi）是阿尔诺大女儿德尔芬（Delphine）的闺蜜。2015 年 12 月，LVMH 集团收购了该品牌 42% 的股权，后又在 2018 年 4 月将持股比例提高到 69%，实现控股。

法国著名设计师香水品牌让巴杜 2017 年，LVMH 集团还完成了一笔规模不大但颇具历史意义的收购：法国著名设计师香水品牌让巴杜。品牌创始人让·巴杜（Jean Patou）本人是曾经与香奈儿齐名的时装设计大师，被当年的美国媒体誉为"欧洲最优雅的男人"。他在 1914 年创立了自己的时装屋并于 1925 年推出香水产品，其中最知名的就是诞生于 20 世纪 30 年代美国大萧条期间的"Joy（喜悦）"女香——采用 100 种以上珍贵花材制成，所用格拉斯茉莉、玫瑰香精均为世界最高品质的，一度号称"全球最贵的香水"。

值得一提的是，1987 年，压垮摇摇欲坠的让巴杜品牌时装业务的"最后一根稻草"正是来自阿尔诺本人。法国时装设计大师拉克鲁瓦在 1981 年加盟让巴杜品牌担任设计总监，由此在时尚界确立了江湖地位。在获得阿尔诺的资金支持后，拉克鲁瓦在 1987 年突然离职去创办自己的同名品牌，被釜底抽薪的让巴杜公司不得不在同一年关闭了高级定制业务，此后再也没能东山再起。不过，靠着长盛不衰的香水生意，让巴杜的名字始终没有离开过人们的视线。

2017 年，LVMH 集团从梅塔（Mehta）家族所有的英国设计师香水公司（Designer Parfums）手中取得了该品牌的管理控制权，并任命旗下迪奥前任首席执行官、后来的 LVMH 集团时尚部门负责人西德尼·托莱达诺统领品牌的管理大权，随后又将"让巴杜（Jean Patou）"更名为更加简洁的"巴杜（Patou）"，将其定位在"小众精选品牌"，着手拓展香水之外更多的奢侈品业务线。

2009 年，阿尔诺还通过自己的家族投资公司阿尔诺集团收购了法国皮具品牌摩奈（Moynat）。始于 1849 年的摩奈比路易威登的历史还要早五年，是如今唯一仍在巴黎市中心拥有手工作坊的高级皮具品牌，其所有产品都是百分之百纯手工制造。虽然摩奈尚未被正式纳入 LVMH 集团旗下，但 LVMH 集团的精兵强将已经被部署到该品牌的重要岗位，有序推进品牌的复兴工作。

值得一提的是，阿尔诺的老"对手"，路易威登的前掌门人雷卡米尔也对这个品牌情有独钟。在输掉了与阿尔诺的股权争夺战，黯然离开 LVMH 集团之后，雷卡米尔一心扑在了自己的投资控股公司奥科菲（ORCOFI）身上，陆续投资了法国奢侈品牌浪凡（Lanvin）、摩奈及一些时尚品牌和珍稀皮料公司——其中，浪凡在 1996 年随着传统奢侈品领域的优质并购标的愈来愈稀缺，LVMH 集团开始把目光转向一个既古老又新潮的领域：体验经济。

2018 年 12 月，LVMH 集团宣布已经与美国上市公司、奢华酒店和旅行集团贝梦德达成收购协议，以每股 25 美元的价格收购贝梦德，比后者在上一个交易日闭市时的价格高出 42%。交易以现金的形式进行，以此价格计算，贝梦德的市值达到 26 亿美元，包括债务在内的企业总价值为 32 亿美元。这是自七年前 LVMH 集团收购宝格丽以来所进行的最大一笔收购交易。

在截至 2018 年 9 月 30 日的 2017/2018 财年，贝梦德的总收入为 5.72 亿美元，调整后的 EBITDA（息税折旧摊销前利润）为 1.4 亿美元。

贝梦德的前身为东方快车集团（Orient-Express Hotels Ltd.），在 2014 年更名为"贝梦德（Belmond Ltd.）"，拥有"威尼斯—辛普伦东方快车"这一在"伦敦—巴黎—苏黎世—因斯布鲁克—威尼斯"一线运营的举世闻名的豪华列车专线。此外，贝梦德在全球拥有部分持股或负责运营的豪华酒店总计 46 家，酒店主要位于全球知名的旅游胜地，比如，意大利阿马尔菲海岸的 Hotel Caruso，俄罗斯圣彼得堡的 Grand Hotel Europe，意大利威尼斯的 Belmond Hotel Cipriani 和巴西里约热内卢的 Belmond Copacabana Palace 酒店等。

这之前，LVMH 集团已经陆续收购了几家精品酒店品牌，包括：阿尔卑斯山麓滑雪胜地高雪维尔（Courchevel）的白马酒店（Cheval Blanc Hotel）、法国南部滨海度假胜地圣特罗佩（Saint Tropez）的 White 1921 酒店、加勒比海法属圣巴特岛的 Hotel St.Barth Isle de France 等。与万豪国际集团合作的宝格丽精品酒店已经成为奢侈品牌跨界酒店业的典范，陆续在米兰、巴厘岛、伦敦、北京、迪拜和上海等地开业，获得了巨大成功。

合并迪奥，理顺公司架构

在本书的下篇，我们曾经讲述了阿尔诺如何通过收购破产的法国企业巨头阿加奇-威洛-布萨克获得了时尚界王冠上的明珠——迪奥，又在 1988—1990 年争夺 LVMH 集团控股权的战役中通过令人眼花缭乱的"财技"将迪奥从一家单一品牌公司转变成 LVMH 集团的控股公司。由此形成了下面这样复杂的股权结构，延续了多年。

● 阿尔诺家族拥有克里斯汀·迪奥公司 74.1% 的股份和 84.9% 的投票权。

● 克里斯汀·迪奥公司拥有 LVMH 集团 41% 的股份和 56.8% 的投票权，外加迪奥时装公司（Christian Dior Couture）的高级时装业务。

● 阿尔诺家族还直接拥有 LVMH 集团 5.8% 的股份和

6.3% 的投票权。

————————————

2017 年 4 月 24 日，LVMH 集团宣布了两个颇令人费解的投资决定：

① LVMH 集团将收购克里斯汀・迪奥公司旗下迪奥时装公司的全部股权。

② 阿尔诺家族将以 120 亿欧元收购小股东持有的克里斯汀・迪奥公司 25.9% 股权。

迪奥时装公司经营迪奥品牌的服装、配饰和珠宝业务，迪奥的美妆和香水线则归属于 LVMH 集团的"美妆香水"部门。此次交易完成后，迪奥时装公司将并入 LVMH 集团旗下"时装皮具"部门，LVMH 集团将同时拥有迪奥品牌的服装、配饰、珠宝、美妆和香水等全部业务。本次交易对迪奥时装公司的估值为 65 亿欧元。

阿尔诺家族目前已经持有克里斯汀・迪奥集团 74.1% 的股份。根据收购要约，阿尔诺家族 [通过子公司塞米拉米斯（Semyrhamis）] 为小股东持有的每股克里斯汀・迪奥公司股票提供了三种可选方案：

① 260 欧元的现金。

② 0.566 股爱马仕的股票（当时阿尔诺家族仍然是爱马仕的第二大股东）。

③ 172 欧元的现金加上 0.192 股爱马仕股票。

交易完成后，股权结构改变如下：

- 阿尔诺家族拥有克里斯汀·迪奥公司 94.2% 的股份，投票权增加至 96.5%。后者将继续维持在巴黎证券交易所的上市地位。

- 克里斯汀·迪奥公司在剥离了迪奥时装公司的高级时装业务后，将不再拥有任何实业，而是变为纯粹的控股公司，继续拥有 LVMH 集团 41% 的股份和 56.8% 的投票权。

- 阿尔诺家族继续直接拥有 LVMH 集团 5.8% 的股份和 6.3% 的投票权。

在完成此次交易前最后一次单独披露的克里斯汀·迪奥公司财务数据显示：

截至 2017 年 3 月底的 12 个月，迪奥品牌时装和配饰业务的销售额为 20 亿欧元，营业利润为 2.7 亿欧元，自 2000 年以来，销售额年均复合增长率为 12%，2011 年以来，销售额增长了一倍。在并入 LVMH 集团之后，迪奥的时装配饰和珠宝业务不再游离于 LVMH 集团架构之外，迪奥也名正言顺地成为紧随旗舰品牌路易威登之后 LVMH 集团的第二大核心时尚奢侈品牌。

完成了公司架构重整的"家事"，阿尔诺又开始默默地向外搜寻下一个"伟大品牌"，那将是一个震动奢侈品行业内外的重磅标的。

2019 年，对于奢侈品行业来说是一个特别好的年头。2018 年下半年全球经济不景气的阴影只盘旋了短短四个月，中美贸易摩擦并未如许多人担心的那样从实质上影响中国奢侈品消费的增长势头。

从 2019 年初起，各大奢侈品企业都发布了积极的财务数据。作为全球奢侈品行业的龙头，LVMH 集团 2018 财年全年营业利润比 2017 年大幅增长 21%，达到了创纪录的 100 亿欧元，"时装皮具"部门的表现最为强劲，中国市场的业绩尤为突出。

金融市场对奢侈品行业的信心逐渐恢复，主要企业的股票也随之进入上升通道。"华丽志奢侈品行业股票指数"从 2018 年底的 130.4 点，大幅上涨 39.5%，达到 2019 年底的 181.9 点；同期，LVMH 集团的股价更从 258 欧元增长了 60%，达到 414 欧元。

在强劲的股价和健康的现金流支撑下，LVMH 集团也在重新思考如何借助资本力量，通过新的收购活动弥补公司的"短板"，开辟更广阔的增长空间。

第一节　LVMH 集团收购蒂芙尼的动机

为何选择收购珠宝品牌

从长期战略考量，LVMH 集团的下一步收购，不仅需要瞄准"伟大品牌"，而且需要选定一个成长性良好、盈利能力较高的主力品类。

让我们看一看 LVMH 集团旗下五大部门 2019 年的业绩数据。这里没有选取 2020 年的数据，因为这一年受到新冠肺炎疫情的重大影响，集团总销售额下滑 17%，不能反映正常状态下的业绩水平。

虽然坐拥五大业务线，但 LVMH 集团的业绩增长和盈利一直高度依赖以路易威登和迪奥品牌为首的"时装皮具"部门。以

LVMH集团2019年财务数据

货币单位: 欧元（百万）

部门	销售额	营业利润	营业利润率	销售额占比	营业利润占比
酒类	5 576	1 729	31%	10%	15%
时装皮具	22 237	7 344	33%	41%	64%
美妆香水	6 835	683	10%	13%	6%
珠宝手表	4 405	736	17%	8%	6%
精选零售	14 791	1 395	9%	28%	12%
其他	(174)	(383)	220%	0%	-3%
总计	53 670	11 504			

2019 年为例，集团约 537 亿欧元总销售额的 41% 和约 115 亿欧元营业利润的 64% 都来自"时装皮具"部门。从增速看，"时装皮具"部门更是以 20% 的年增速遥遥领先。

不过，在时装皮具领域，要想再寻找下一个路易威登或迪奥，已经近乎是"不可能的任务"，且 LVMH 集团旗下还有许多宝藏小众品牌有待进一步释放潜力（如罗意威、赛琳等），在这个核心品类上，"内生增长"的重要性远远高于通过收购实现的"外延增长"。

酒类的盈利能力虽好（营业利润率高达 31%）但成长速度相对缓慢，且酩轩集团旗下的经典干邑和香槟品牌（轩尼诗、酩悦、凯歌、唐培里侬）已经足够强势并占据了牢固的市场地位，并不需要更多品牌加持。LVMH 集团近年开展的几笔酒类品牌收购更多的是为了延伸到新兴的细分品类，比如桃红葡萄酒、朗姆酒等。

美妆香水方面，LVMH 集团从 2001 年后，就基本不再直接进行品牌收购（或许因为其美妆业务的盈利能力偏低——以 2019 年为例，"美妆香水"部门的营业利润率只有 10%，仅略高于"精选零售"部门。而且，美妆行业的商业逻辑与 LVMH 集团所擅长的时装皮具也存在较大差别）。2010 年后，LVMH 集团改变思路，借助丝芙兰庞大的全球销售网络，通过一家名叫"Kendo"的独立公司开展与明星、名人的深度合作，从 0 到 1 孵化美妆品牌，包括马克雅可布美妆、凯特冯 D 美妆和蕾哈娜的芬蒂美妆等。

以丝芙兰和 DFS 为核心的"精选零售"部门，在经过了销售额多年高速增长后，已经在各自领域拥有近乎"霸主"的地位，开展对外收购的战略意义不大。此外，相比奢侈品牌，精选零售业务的盈利能力一直偏低，以 2019 年为例，营业利润率只有 9%，是 LVMH 集团旗下五大部门中最低的。

相比"美妆香水"和"精选零售"部门，LVMH 集团"珠宝手表"部门的盈利能力要好很多——整体的营业利润率为 17%。虽然 LVMH 集团没有分别报告珠宝和手表业务的财务指标，不过我们可以用瑞士历峰集团的财务报告作参考：以卡地亚和梵克雅宝为首的珠宝世家部门的营业利润率高达 31%，远远超过专业制表部门 13% 的营业利润率。

珠宝，堪称奢侈品最早的品类，可以追溯到史前时代。刚刚学会使用工具的人类佩戴用贝壳、石块、兽骨串成的项链，或用来护佑自己不被野兽袭击，或用来彰显自己在部落的身份和地位。随着文明的演化，奢侈品作为身份和地位象征的作用依然存在，但"装饰"早已取代"护佑"成为奢侈品最重要的属性。

不过，珠宝一直被认为是一个"品牌化"程度较低的领域，绝大多数消费者看中的仍然只是款式和材质，而非"品牌"。根据欧睿信息咨询公司（Euromonitor）的统计，全球排名前十的珠宝品牌只占据 11% 左右的市场份额。随着消费者品牌意识的增强，拥有丰富历史积淀且具有全球知名度的珠宝品牌未来成长的想象空间相当广阔。

华丽志在 2020 年开展的中国奢侈品消费者调研中发现，多达 43.5% 的受访者在回答"未来你最渴望拥有的奢侈品"一题时选择了"珠宝"这个品类，在众品类中排名第一，且这个排名比两年前大幅提高了四位。

蒂芙尼前任首席执行官亚历山德罗·博廖洛曾在 2019 年 7 月接受华丽志的独家专访，在谈到高级珠宝持续增长的市场热度时，他表示："原因在于消费者的观念发生了变化，他们以更平常的方式看待珠宝，就像看待日常用品一样……珠宝不应只适用于特殊场合或正式场合，珠宝（包括高级珠宝）应当用于日常穿戴。"

从宏观看，全球珠宝行业的增长前景是清晰的，不过以 2019 年为例，LVMH 集团"珠宝手表"部门的增速却是所有部门中最低的——只有 7%，不仅远远低于"时装皮具"部门（+20%），还低于"美妆香水"部门（+12%），甚至低于"酒类"和"精选零售"部门（都是 8%）。这或许意味着，仅仅依靠现有品牌组合（包括宝格丽、尚美巴黎、斐登、雷波西）的内生增长，无法在短时间内实现将珠宝打造为 LVMH 集团第三大支柱品类的目标。

种种迹象表明，LVMH 集团下一个理想的收购对象应该是一个著名的珠宝品牌！

为何选择蒂芙尼

那么，在高级珠宝领域，LVMH 集团又有哪些可供选择的收购标的呢？

为了回答这个问题，我请华丽志的研究团队把截至 2019 年底的全球主要高端珠宝品牌按所有权的归属情况做了一个不完全的统计和分类，详见下表：

主要高端珠宝品牌分布

这个表格分为四个象限：多品牌企业集团旗下，单品牌上市公司，家族私有，私募基金控制。

左上角"多品牌企业集团旗下"这个象限包含了最多的高端珠宝品牌，是收购可能性最小的——这些大型奢侈品集团通常拥有雄厚的财力，除非集团决定完全退出"珠宝"行业或是某个品牌长期严重亏损，否则出售品牌的可能性微乎其微。对于集团来说，业绩不好的品牌通常不能在资本市场获得理想的报价，与其仓促卖个"白菜价"，还不如通过削减人员、门店和产品线来控制成本，以最低的代价长期持有品牌资产，等到市场环境适合的时候再加大投入力度，东山再起。

LVMH 集团旗下有前面提到的宝格丽、尚美巴黎、斐登和雷波西。

历峰集团旗下除了法国两大高级珠宝品牌卡地亚和梵克雅宝外，还有 2019 年收购的意大利品牌布契拉提（BUCCELLATI）。

开云集团旗下有法国品牌宝诗龙（Boucheron）、意大利品牌宝曼兰朵（Pomellato）和源自中国香港的麒麟珠宝（Qeelin）。

戴比尔斯集团是全球最大的钻石生产商之一，隶属于上市公司英美资源（Anglo American）。戴比尔斯旗下除了钻石原石开采和销售业务外，还包括两个自有品牌：戴比尔斯和永恒印记。

斯沃琪集团旗下目前只有一个高级珠宝品牌海瑞温斯顿（HARRY WINSTON）。

另外，依然有相当数量的高端珠宝品牌为品牌的创始人家族私有，其中规模较大的有瑞士的萧邦（Chopard）、日本的御本木（MIKIMOTO）、意大利的玳美雅（DAMIANI）——这个玳美雅原本是米兰的上市公司，后来因为股价长期低迷，创始人家族在 2019 年初回购了流通股票，让公司回归家族私有的状态。此外，还有英国的顶级钻石珠宝品牌格拉夫（GRAFF）——格拉夫其实曾在 2012 年谋划在中国香港上市，后来因市场情况不佳而放弃。

这些家族掌控的高级珠宝品牌，通常只有在代际传承出现断层的时候才会考虑对外出售；或者像宝格丽那样，在经历了一段时期的高速发展后遭遇瓶颈，需要通过加入更大的集团来获得抵御市场风险的能力并延揽管理人才。此外，许多高级珠宝品牌尽管名声显赫、利润丰厚，但由于产品定位过于高端，导致目标客群狭窄，比如格拉夫就曾在招股说明书中披露，其最重要的 20 名 VIP 客户为公司贡献了一半销售额。

表中右下角的象限是比较特殊的存在：私募投资公司拥有或控股的品牌。比如主打珍珠材质的日本品牌塔思琦（Tasaki）和主打高级银制品的丹麦品牌乔治杰生（Georg Jensen）——前者目前隶属韩国私募基金 MBK Partner，后者隶属于中东背景的私募基金 Investcorp——没错，就是那个曾经投资蒂芙尼和古驰赚得钵满盆盈的 Investcorp。2012 年，已经没有涉足奢侈品牌投资多年的 Investcorp 联手华人时尚企业家朱钦骐以 1.4 亿美元收购了这个斯堪的纳维亚半岛上历史最悠久的奢侈品牌，持有至今。

理论上讲，私募基金投资品牌都是为了有一天能够高价卖出或通过 IPO 退出，不过上述这两个品牌的年销售额都在 10 亿美元以下，从规模看，目前还不足以为 LVMH 集团的珠宝业务带来根本性的变化。

右上角的象限是"单品牌上市公司"，最典型的就是美国的蒂芙尼和中国的周大福。周大福是中国人最熟悉的珠宝首饰品牌之一，按 2019 年的销售额算，周大福（73 亿美元）远超蒂芙尼（44 亿美元），是规模最大的单品牌珠宝上市公司（周大福旗下其他品牌贡献的销售额占比不足 10%）。不过，周大福 70% 以上的股权依然掌握在创始人家族手中，实质上依然是家族企业。相比之下，蒂芙尼的股权分布则相当分散且都掌握在金融机构手中，是名副其实的"公众公司"。

根据雅虎财经网站的数据，在被 LVMH 集团收购前，蒂芙尼前三大股东中，共同基金管理公司先锋领航（Vanguard Group, Inc.），占股 10.58%；资产管理公司贝莱德（Blackrock Inc.）和道富（State Street Corporation）分别占股 7.26% 和 3.92%。经过一个多世纪的变迁，几易其手，蒂芙尼已经完全褪去了家族色彩。这意味着，任何有关蒂芙尼的收购谈判，都不会掺杂"感情"色彩，只需要谈"钱"就好了——也就是买家能否给出令多数股东满意的价格。

从上面的分析你也可以感受到，一家企业无论实力多么雄厚，如果想要收购具有全球知名度和一定经营规模的高级珠宝品牌，可供选择的余地都非常有限，因为真正适合的标的实在屈指可数。

综上所述，看来 LVMH 集团下一个收购标的必须是"蒂芙尼"了！那么，蒂芙尼究竟能给已经如此强大的 LVMH 集团创造什么不可替代的价值呢？

被LVMH集团收购前，蒂芙尼公司主要机构投资者列表

股东名称	持股数量	报告时间	持股占比	股票价值（美元）
先锋领航集团 Vanguard Group, Inc.(The)	12 837 693	2020年6月29日	10.58%	1 565 428 284
贝莱德公司 Blackrock Inc.	8 809 611	2020年9月29日	7.26%	1 020 593 434
道富集团 State Street Corporation	4 757 852	2020年6月29日	3.92%	580 172 472
高盛集团公司 Goldman Sachs Group, Inc.	3 372 243	2020年6月29日	2.78%	411 211 311
彭特沃特资本管理有限合伙 Pentwater Capital Management Lp	3 255 100	2020年6月29日	2.68%	396 926 894
晶润资本管理有限责任公司 Geode Capital Management, LLC	1 804 595	2020年6月29日	1.49%	220 052 314
富兰克林资源公司 Franklin Resources, Inc.	1 734 594	2020年6月29日	1.43%	211 516 392
加拿大丰业银行 Bank of Nova Scotia	1 600 640	2020年6月29日	1.32%	195 182 041
韦斯特切斯特资本管理有限责任公司 Westchester Capital Management, LLC	1 436 949	2020年6月29日	1.18%	175 221 561
北方信托公司 Northern Trust Corporation	1 417 319	2020年6月29日	1.17%	172 827 878

被 LVMH 集团收购前蒂芙尼的股权分布（来自雅虎财经）

蒂芙尼之于 LVMH 集团的特殊意义

毫无疑问，蒂芙尼的加入将让 LVMH 集团"珠宝手表"部门的经营规模直接翻一番：按 2019 年报告的数据，蒂芙尼年销售额为 44 亿美元，恰好相当于 LVMH 集团"珠宝手表"部门所有品牌加总的年销售额。

除销售规模之外，蒂芙尼经过 180 多年淬炼的 IP 价值、垂直整合的珠宝供应链、在年轻客群中的广泛影响力、在美国市场的优势地位和在中国市场广阔的发展前景，都对 LVMH 集团具有强烈的吸引力。

● *IP 价值*

本书上篇已经讲述了蒂芙尼具有强大生命力的"品牌财富"是如何历经 180 多年逐步形成、层层丰富并不断夯实的。

若用直观的数据来理解这种品牌财富，可以参考国际广告巨头宏盟集团（Omnicom）旗下品牌咨询机构 Interbrand 于 2021 年 10 月发布的"全球 100 大最有价值品牌榜"。进入这个榜单的前六大奢侈品牌是路易威登(367.66 亿美元，总榜第 14 名)，香奈儿(221.09 亿美元，总榜第 21 名)，爱马仕（216 亿美元，总榜第 23 名)，古驰（166.56 亿美元，总榜第 33 名)，卡地亚（81.61 亿美元，总榜第 73 名)，迪奥（70.24 亿美元，总榜第 77 名)。

蒂芙尼的品牌价值为 54.84 亿美元，在总榜上排名第 92 位，在所有上榜的奢侈品牌中排名第七，在高级珠宝品类中的排名仅次于卡地亚。

• 垂直供应链

除了品牌的 IP 价值，蒂芙尼在银制品、钻石和稀有宝石首饰方面的丰富经验和垂直整合的供应链，对 LVMH 集团来说也是非常宝贵的资产，有助于提升其旗下其他珠宝品牌的产品研发能力，扩大利润空间。

我们在上篇第二章中已经了解到，蒂芙尼垂直整合的珠宝供应链既体现在珠宝产品生产的内部化上，也体现在其对钻石原石货源和加工流程的把控上。2020 年 11 月，时任蒂芙尼钻石与珠宝供应部门高级副总裁的安德鲁·W. 哈特在接受华丽志专访时曾对此做了详细介绍：

"蒂芙尼钻石供应链的垂直整合始于 1999 年。当时，品牌高层对加拿大西北部的一座钻石矿进行了 7 500 万美元的股权投资（即戴维科钻石矿）并签署协议，在当地采购符合蒂芙尼质量标准的原石。当时这是行业里的先例，很多业内人士都对零售珠宝商是否有能力抛光原石持怀疑态度，包括我们的一些投资者也对我们的举动感到惊讶。一开始我们甚至很难说服钻石供应商向我们出售原石。"

目前，蒂芙尼品牌使用的钻石原石，大多数都是直接从博茨瓦纳、加拿大、纳米比亚、俄罗斯和南非等地的钻石生产商那里定期、批量采购的，只有少量采购自原石的二级交易市场。

哈特介绍说：蒂芙尼会挑选全球 0.04% 的宝石级钻石，送往蒂芙尼位于比利时安特卫普的钻石加工总部，由专家记录每颗钻石的细节信息并绘制设计图。钻石原石的切割和抛光大部分在蒂芙尼位于比利时、博茨瓦纳、毛里求斯、越南和柬埔寨的工坊内完成。这些打磨过的钻石会被送到美国、柬埔寨和越南的蒂芙尼宝石实验室进行评级和质量控制，主要考查标准包括颜色、净度、切工和克拉重量。而珠宝成品的钻石镶嵌工作则大部分在美国的蒂芙尼珠宝工坊内手工完成，这些工坊位于纽约、罗得岛和肯塔基州。

蒂芙尼目前雇用的超过 1.4 万名员工中，超过 1/3 是珠宝工匠。蒂芙尼每年出售的珠宝产品中，大约 60% 来自公司自有的生产设施。

- **年轻客群**

蒂芙尼与卡地亚、宝格丽最大的不同之处在于其拥有非常广泛的入门级珠宝产品线，其标志性的银质首饰更是高档珠宝界门槛最低、最"亲民"的。银质产品也是蒂芙尼年利润的最大贡献者之一，因为其原材料成本和工艺复杂度相比钻石、彩色宝石和黄金类珠宝更低，主要靠设计和 IP 取胜，兼具时尚感和一定的收藏价值，也更容易批量复制。

蒂芙尼从 2017 年起将年度报告中业务线的划分改为"珠宝系列""订婚类珠宝"和"设计师珠宝"三大类，不再按价位划分（"珠宝系列"项下包括黄金、钻石和银质产品）。不过从蒂芙尼 2016 年的年度报告中（下图）

依然可以看到，"时尚珠宝"业务线的产品均价在350美元，为蒂芙尼贡献了高达三分之一的销售额，相比之下，高价产品线——包括产品均价为6 300美元的"高级、精致和顶级珠宝"业务线和产品均价为3 400美元的"订婚珠宝和婚戒"分别贡献了约五分之一的销售额。此外以艾尔莎·佩雷蒂和帕洛玛·毕加索为首的"设计师珠宝"业务线的产品均价也偏低，只有530美元。

这样看来，单价低于1 000美元的"亲民"珠宝，为蒂芙尼贡献了将近一半的销售额。

曾在宝格丽工作了16年的亚历山德罗·博廖洛在2017年10月接任蒂芙尼首席执行官一职后就表示，与宝格丽相比，蒂芙尼更加低调、年轻、有趣，而这就是品牌DNA，也是蒂芙尼的机遇所在。

不过，"亲民"珠宝的高占比，一直是蒂芙尼最受争议的一点，被一些业内人士认为拉低了蒂芙尼作为奢侈品牌的定位，有损品牌价值，也妨碍其拓展高端客群。但不管怎样，蒂芙尼确实因此收获了其他高级珠宝品牌很难触达的青少年客群。

根据Similarweb的数据，2019年头10个月蒂芙尼官方网站的电脑端浏览量达到了650万人次，是宝格丽（68万人次）的将近10倍；平均浏览时间为5分20秒，高于宝格丽的3分20秒；跳出率（打开网页之后不做任何操作便关闭网页的访问次数占比）为23%，低于宝格丽的31%。这组数据从一个侧面反映了蒂芙尼品牌在互联网原生代人群中的广泛影响力。

蒂芙尼2016年度报告
各业务线销售额占比及地区分布

2016年	美洲 销售占比	亚太地区 （除日本） 销售占比	日本 销售占比	欧洲 销售占比	各业务线 销售占比
高级、精致和顶级珠宝 High, fine & solitaire jewelry	21%	22%	14%	15%	20%
订婚珠宝和婚戒 Engagement jewelry & wedding bands	22%	35%	39%	26%	28%
时尚珠宝 Fashion jewelry	34%	35%	19%	46%	33%
设计师珠宝 Designer jewelry	12%	6%	21%	10%	12%

蒂芙尼 2016 年度报告——各业务线销售额占比及地区分布

• *美国市场*

根据瑞士信贷（Credit Suisse）《2020 年全球财富报告》（*Global Wealth Report* 2020），美国是目前全球百万富翁数量最多的国家，达到 2 021.5 万人，遥遥领先于排在第二位的中国（578.8 万人）和第三位的日本（332.2 万人）。

但在这样一个购买力雄厚的庞大市场中，LVMH 集团的存在感却不如在亚洲市场。2020 财年，LVMH 集团总销售额来自美国市场的比例是 24%，远低于亚洲市场（41%）。

为了深耕美国市场，2019 年 10 月，一间占地 100 公顷的路易威登工坊在得克萨斯州落户，这里生产的皮具和手袋将打上"美国制造"的标签，并在未来五年为美国创造 1 000 个就业岗位。在此之前，路易威登的全球 24 家工坊中，大部分工坊位于欧洲，只有两家工坊位于美国的加利福尼亚州。

2020 财年，美国市场对 LVMH 集团"珠宝手表"部门销售额的贡献率只有 8%，而亚洲市场的则高达 55%；这一数据也远远低于 LVMH 集团"时装皮具"部门和"酒类"部门——来自美国的销售占比分别为 19% 和 41%。

相比之下，作为美国历史最悠久的奢侈品牌，美国本土一直是蒂芙尼最大的市场。根据 2019 年财务报告，以美国为首的美洲市场为蒂芙尼贡献了 43% 的销售额，旗下 326 家门店中有 94 家位于美国本土，包括纽约第五大道旗舰店这样举世闻名的旅游购物胜地。

显而易见，蒂芙尼的加入将有力推动 LVMH 集团进一步深入美国奢侈品市场。

• *中国市场*

美国之外，中国市场更是所有奢侈品牌觊觎的一块大蛋糕。戴比尔斯的报告显示，中国大陆在 2017 年已经成为全球第二大钻石珠宝消费市场，消费额达 100 亿美元。

在高级珠宝领域，卡地亚和宝格丽在中国的销售额都在持续增长，但蒂芙尼以更加年轻化的品牌形象、高辨识度的标志性产品(蒂芙尼蓝盒子、六爪镶嵌钻戒、银质饰品等)，在中国年轻消费者的心目中占有特殊的一席之地。

从 2017 年下半年起，中国大陆市场一直都是蒂芙尼销售额增长最主要的推动力量，无论其他市场如何震荡，这里的季度销售额始终保持着两位数的增速。

经过一年多的筹备，蒂芙尼首次大型回顾展于 2019 年 9 月 23 日在中国上海举行，展出品牌历史上逾 350 件珠宝珍品。为期 50 天的展览吸引了共计 11 万名观众，并带动了 155 万人次网站流量、5 万人次小程序流量、4.9 亿人次社交平台传播量，社交媒体平台关注数增加了 10.4%。

在接受华丽志独家专访时，蒂芙尼前首席执行官亚历山德罗·博廖洛曾明确表示，中国是他来访最频繁的海外市场，加大对中国市场的投入，是蒂芙尼当前的重中之重。

除了上面详细分析的种种理由外，LVMH 集团收购蒂芙尼应该还有一个非常简单粗暴的理由：避免它被竞争对手揽入麾下。

第二节　LVMH 集团收购或蒂芙尼出售的时机

好的收购，不仅要看标的的价值，也要看出手的时机，无论从买方还是卖方角度看，都需要踩中一个相对而言"最佳"的时点。

LVMH 集团的时机

在品牌收购的道路上，阿尔诺走过了"边干边学"的第一阶段（1990 年前的赛琳和克里斯汀拉克鲁瓦，"遍地开花"的第二阶段（1990—2001 年的凯卓、唐娜凯伦、罗意威、伯尔鲁帝、丝芙兰、DFS、娇兰、泰格豪雅、尚美巴黎以及一系列美国新锐美妆品牌等），"精准打击"的第三阶段（2011—2018 年的宝格丽、诺悠翩雅、日默瓦、贝梦德），终于来到了"集中火力"的第四阶段（2019—2020 年）——豪掷上百亿美元收购蒂芙尼，成就全球奢侈品历史上最大一笔交易。

收购蒂芙尼，是 LVMH 集团经过了漫长 30 年的外延扩张和内生增长，逐渐夯实了全球最大奢侈品帝国根基后的自然延伸。经济实力上升、组织建设完善、并购战略成熟，2019 年的 LVMH 集团正处于历史上最好的一个时间点。

从 2015 年到 2019 年，LVMH 集团的销售收入和净利润持续稳步增长。

2015—2019 年 LVMH 集团销售收入和净利润（单位：亿欧元）

2019 年，集团业务产生了 61.67 亿欧元的净现金流，年底账面现金及现金等价物为 56.73 亿欧元，均为历史最高；而净金融债务[1]在总股本中所占比例只有 16%，相比 2017 年的 24% 大幅降低。

全球十大奢侈品上市公司市值 (截至2021年10月30日)

排名	集团	市值（单位：亿美元）
1	LVMH 路威酩轩集团	2207
2	Hermès 爱马仕	917
3	Kering 开云	712
4	Essilor Luxottica 依视路陆逊梯卡	506
5	Richemont 历峰	330
6	Tiffany 蒂芙尼	159
7	周大福	128
8	Prada 普拉达	101
9	Swatch 斯沃琪	100
10	Moncler 盟可睐	96

数据来源：雅虎财经

从公司市值看，截至 2020 年 10 月 30 日（即 LVMH 集团和蒂芙尼敲定最终收购协议后的股票交易日），LVMH 集团的总市值达到 2 207 亿美元，高居全球奢侈品上市公司榜首，甚至高于排名第二到第四的三家公司(爱马仕、开云、依视路陆逊梯卡)市值的总和。

无论是公司稳健的财务状况还是股票市场的乐观预期，都为 LVMH 集团借助自身财力和金融杠杆展开新的收购活动创造了优越的条件。

---

1 净金融债务 = 金融债务 + 应付股利和票据－现金及现金等价物

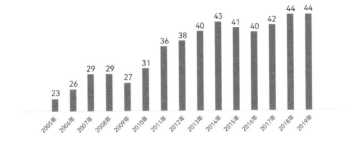

2005—2019年蒂芙尼年销售收入（单位：亿美元）

蒂芙尼的时机

从此次收购的标的的角度看，蒂芙尼正处于一个微妙的发展时期。

从下表可以看出，2014 年是蒂芙尼业绩的阶段性高点，但此后三年，业绩非但没有增长，反而有所下滑。这背后，是蒂芙尼管理层的一次重要震荡。

2014 年 7 月 21 日，蒂芙尼宣布，在位 16 年的首席执行官、时年 62 岁的科瓦尔斯基将于 2015 年 4 月退休。公司时任总裁弗雷德里克·库门纳尔（Frederic Cumenal）成为继任首席执行官。库门纳尔在四年前（2010 年）加入蒂芙尼，曾担任负责欧洲国家、日本和新兴市场的执行副总裁，2013 年 9 月被提拔为蒂芙尼总裁。此前，他在 LVMH 集团工作了 15 年，担任过酩悦香槟的首席执行官，也曾为路易威登品牌工作多年。

卸任的科瓦尔斯基于 1983 年加入蒂芙尼，我们在上篇第三章中曾经介绍过他——他是蒂芙尼前董事会主席钱尼的"亲传弟子"。1984 年，钱尼在私募基金 Investcorp 的支持下，将蒂芙尼从雅芳集团独立出来，并在三年后成功使其扭亏为盈，登陆纽约证券交易所。当时跟随钱尼参与杠杆收购并获得丰厚回报的 30 位蒂芙尼高管人员中，就有时任公司财务计划部总监的科瓦尔斯基。1999 年，钱尼功成身退，蒂芙尼的指挥棒就交到了科瓦尔斯基手中。

在科瓦尔斯基主政期间，蒂芙尼很好地平衡了传统低价银饰和高级钻石珠宝之间的关系，同时大力发展日本和中国等亚洲新兴市场，成功对冲了美国本土市场销售额的下滑。2013 年 9 月，蒂芙尼聘请曾在香奈儿、芬迪和玛尼（MARNI）等欧洲奢侈品牌工作过的女设计师弗朗西斯卡·阿姆菲希尔特洛夫担任设计总监，推出了个性鲜明的 T 系列，并创作了一批令人印象深刻的高级珠宝作品。

科瓦尔斯基退休的消息宣布时，蒂芙尼股票的收盘价格为 99 美元，而 16 年前他走马上任时，股价是 15 美元，在他任内股价增长了 5.6 倍。

不过，这位"功勋首席执行官"的隐退，也意味着从 1984 年到 2014 年长达 30 年一脉相承的"钱尼-科瓦尔斯基"管理班底不再直接为蒂芙尼这艘大船掌舵。随之而来的交接班问题很快浮现，库门纳尔虽然是奢侈品行业的老将，但毕竟没有珠宝领域的从业经验，在他接任首席执行官的两年里，蒂芙尼的业绩上升趋势戛然而止。从 2014 年 11 月到 2017 年 10 月的 12 个财会季度里，蒂芙尼有十个季度的同店销售额不是下滑就是持平。

这期间，蒂芙尼还遭遇了一桩"飞来横祸"：颇具争议的特朗普在 2016 年 11 月当选下一任美国总统，大量对特朗普当选感到愤怒的人们冲上纽约第五大道，聚集在以特朗普名字命名的特朗普大厦周围举行抗议活动，这让隔壁的蒂芙尼旗舰店苦不堪言（特朗普和蒂芙尼成为邻居的典故，请参见本书上篇关于蒂芙尼第五大道旗舰店的章节）。甚至有分析师认为，蒂芙尼第五大道旗舰店的客流量因此下跌了一半以上。

"特朗普因素"之外，蒂芙尼面临的更大挑战还在于其核心市场美国业绩的低迷、旅游购物热潮的消退、品牌形象的老化和产品创新的不足。

尽管库门纳尔在任上也采取了一些积极举措，包括请来歌坛天后 Lady Gaga 代言品牌新推出的"硬件（Hardware）"系列，并斥资上千万美元首次在有美国"春晚"之称的"Super Bowel"（美国职业橄榄球大联盟年度冠军赛，俗称"超级碗"）的黄金时段发布电视广告，但仍被董事会认为"战略执行力度不足"，涉及门店网络优化、客户体验改进、新品推出、营销投入优化、改进公司运营和业务流程等方面。

设计总监阿姆菲希尔特洛夫虽然为蒂芙尼推出了颇受年轻客群欢迎的"T"系列，却在上任不满四年后黯然离职，取代她的是美国设计师里德·克拉科夫。后者曾在美国轻奢皮具品牌蔻驰掌管设计工作多年，他在任期间（1996—2013 年），蔻驰的年销售额从 5 亿美元增长到近 50 亿美元，克拉科夫一度成为美国时尚界的"打工皇帝"。克拉科夫被蒂芙尼被任命为艺术总监，全面负责监督珠宝、奢侈品配饰、门店、电商和广告业务的创意工作。

2017 年 2 月，蒂芙尼宣布在位仅仅 22 个月的库门纳尔离职，已经退居二线的科瓦尔斯基不得不重新出山，担任临时首席执行官。

此时的蒂芙尼，股价已经从两年前的近 100 美元，跌到 80 美元以下。当这样一个经典老牌陷入低谷的时候，对一些"内行人"来说，正是一个进入的好时机。

一个我们熟悉的身影出现了，他就是意大利珠宝世家宝格丽的第四代继承人、宝格丽前任首席执行官，一手主导将宝格丽并入 LVMH 集团的弗朗切斯科·特拉帕尼。

2014 年 3 月，从 LVMH 集团"珠宝手表"部门首席执行官一职离任后，依旧年富力强的特拉帕尼并未从人们的视线中消失，而是转型为一名奢侈品行业的投资人。他担任高级合伙人的意大利私募基金 Clessidra 从创始人家族手中收购了意大利著名珠宝品牌布契拉提 70% 的股权，还从著名设计师罗伯特·卡沃利（Roberto Cavalli）本人手中收购了其同名品牌。

2017 年 2 月，特拉帕尼联合纽约一家名为"Jana Partners"的对冲基金，收购了蒂芙尼约 5.1% 的股权并被任命为蒂芙尼董事会成员。同年 7 月，宝格丽前高管、意大利人亚历山德罗·博廖洛被任命为蒂芙尼新任首席执行官，而引荐他的不是别人，正是他的老领导特拉帕尼。

时年 52 岁的博廖洛是一位奢侈珠宝行业的老将，曾在宝格丽工作了 16 年，担任过首席运营官和"手表配饰"部门执行副总裁。

2012 年，他加入 LVMH 集团旗下的丝芙兰担任北美区首席运营官，后在 2013 年加入意大利高端牛仔服品牌迪赛（Diesel）担任首席执行官，直至跳槽到蒂芙尼。

在 2018 年初蒂芙尼发布的年度报告中，初来乍到的博廖洛指出，蒂芙尼的当务之急是聚焦六个战略重点：

①让品牌信息与时俱进并扩大传播。

②更新产品组合并改善店内陈列。

③通过线上和线下渠道为顾客带来激动人心的体验。

④加强品牌在关键市场的竞争地位并成为领头羊。

⑤建设更高效的运营模式。

⑥让公司组织协调一致、反应敏捷，并激励团队去争取胜利。

针对品牌产品线老化的问题，"新鲜感"成为蒂芙尼迈入新时代的关键词。为了加快新品发布速度，蒂芙尼于 2018 年 6 月在纽约开设了一家珠宝设计和创新工作室，其主要任务就是提升品牌"从创意到成品"的开发效率。

2018 年 5 月，新任艺术总监里德·克拉科夫发布了他任职以来的首个珠宝系列——花韵（Paper Flowers），用白钻、彩钻、坦桑石和铂金制作出纸质花瓣的效果，以简洁的当代风格呈现自然主题，同时试图跳出传统高级珠宝的设计程序。

珠宝外，克拉科夫推出的"日常用品（Everyday Objects）"家居装饰系列也广受好评，其中包括售价 165 美元的披萨切割器、425 美元的量角器、1 500 美元的回形针、9 000 美元的毛线球等出人意料的创意设计产品，在包括中国微博和微信在内的全球社交媒体引发了可观的声量，让蒂芙尼品牌在年轻群体中的热度大增，当季就推动蒂芙尼家居用品的销售额实现两位数增长。

2019年10月，蒂芙尼还首次推出男士配饰系列"Tiffany 1837 Makers"，涵盖男士生活方式的方方面面，从戒指、手环、项链、吊坠到钱夹、酒具、娱乐用品，应有尽有。

作为一家高级珠宝品牌，蒂芙尼的另一项重要任务就是制止品牌定位下滑的趋势，强化定价权。在博廖洛的领导下，蒂芙尼引入了更多高价位的黄金和钻石珠宝产品。到2019年，蒂芙尼的商品均价比上一年提高了10%。

为了让蒂芙尼的品牌信息"与时俱进并扩大传播"，2017年11月，"蒂芙尼的早餐"终于在影片上映56年后变为现实——在纽约第五大道旗舰店的四楼开出了品牌第一家咖啡店"蓝盒子咖啡（Blue Box Café）"并供应早餐。该店主色调为品牌标志性的"知更鸟蛋蓝（即蒂芙尼蓝）"，早餐每份售价29美元。一开业，这份包含松露鸡蛋、奶油华夫饼和牛油果吐司的早餐菜单就在社交网站上流传开来。两年后，在上海落成的蒂芙尼中国最大旗舰店中，全球第三家"蓝盒子咖啡"也首次与中国消费者见面。

2018年8月，蒂芙尼宣布从2019年2月开始对其位于纽约第五大道的旗舰店进行彻底翻新。本次翻新计划用时三年（后因新冠肺炎疫情推迟了工期），总成本预计将达到2.5亿美元，在翻新期间，蒂芙尼旗舰店将会暂时租借隔壁店面继续营业。

在新管理团队的努力下，蒂芙尼重新确立了自己在全球奢侈品行业的江湖地位，并收获了更多年轻消费者尤其是中国消费者的关注，销售额重新回到了增长的轨道：2017 财年和 2018 财年的销售额增速分别为 4% 和 7%。到 2019 财年（截至 2020 年 1 月 31 日），蒂芙尼的年销售额为 44.24 亿美元，相比 2018 年的 44.42 亿美元略有下滑——当然，这主要是因为 2020 年初新冠肺炎疫情导致蒂芙尼在中国的零售业务中断。

重振旗鼓的蒂芙尼是否能加快前进的步伐？显然，LVMH 集团的阿尔诺心中已经有了肯定的答案。

2019 年 10 月，LVMH 集团向蒂芙尼提交了整体收购要约。蒂芙尼董事会很快做出了积极回应。毋庸置疑，将形单影只的蒂芙尼送进 LVMH 集团这只巨无霸舰队，让投资更快获得满意的回报，是蒂芙尼的金融机构股东们非常乐意见到的。唯一的问题是：价格。

那么，LVMH 集团究竟应该出价几何呢？

LVMH 集团对蒂芙尼的赋能空间

我们常说，价格是价值的反映，对于希望长期持有品牌的战略投资者来说，一个首要考虑的问题就是：在我的能力范围内，能为标的公司创造什么新的价值？如果这个潜在的"增值"空间足够大，战略投资者就会愿意付出充分的溢价，从而打动卖家，促成交易。

对于一直走下坡路或经营已经陷入困境的"弱势"品牌来说，这个"价值创造"的过程就是通过注入新的资金和提升管理能力，开源节流，扭亏为盈，释放被压抑的 IP 价值——这种情况下，原来的东家通常已经焦头烂额，对报价的期望值一般不会太高（因为其他选择可能就是"破产清算"），买家通常可以用比较"便宜"的价格拿下，但需要仔细考量的是品牌的"下行风险"——究竟要投入多少资金和精力去"扭转乾坤"？会不会被拖入一个"无底洞"？与此相关的，奢侈品行业并购历史上有不胜枚举的失败案例，也有凤毛麟角的成功案例，这里就不一一赘述。

对于蒂芙尼这样拥有很高市场地位且经营情况良好的"强势"品牌来说，买家需要担心的，不是"下行风险"，而是"上升空间"——走过 180 多年，蒂芙尼的 IP 已经发展得非常充分，市场渗透率在许多主要市场也已经很高，此前几代管理团队都比较称职，施行的战略也都相当周全。那么它是不是已经触及历史性的"天花板"呢？新东家又将如何创造新的价值呢？

站在 LVMH 集团的角度去考量，为蒂芙尼赋能的空间还是非常广阔的，除了与集团其他品牌在门店、广告、供应链等方面的"协同效应"外，还包括以下几个方面。

强化奢侈品定位

蒂芙尼成立于 1837 年，其历史要比法国的卡地亚（始于 1847 年）和意大利的宝格丽（始于 1884 年）更加悠久。但相比众多奢侈品牌争奇斗艳的欧洲"旧大陆"，在美国这片"新大陆"上蒂芙尼一直是本土奢侈品界的"孤家寡人"。蒂芙尼在维护"奢侈品牌"神圣形象这件事上，多少有点美国式的"漫不经心"。

2019 年 10 月，在 LVMH 集团宣布了收购蒂芙尼的意向后，阿尔诺曾前往韩国首尔的一家蒂芙尼门店巡视。在这里他发现一瓶清洁剂被遗落在柜台上，一张粉色的报事贴被随意地粘在一件商品旁，上面写着"无货"二字。他随手拍下照片，并告诉随行人员这是"一个管理失败的例子"。阿尔诺表示："（蒂芙尼的门店中）有些地方非常不错，但是也有不少地方需要提高。"他强调："我很关注细节！"

汇丰银行奢侈品分析师埃尔万·朗堡（Erwan Rambourg）认为，因为蒂芙尼珠宝定位的原因，相比宝格丽或卡地亚，蒂芙尼门店的盈利能力要差一些。预计 LVMH 集团将会缩减蒂芙尼品牌在美国的销售网络——主要针对那些出售价格较低珠宝的门店，并努力加强品牌对中国游客的吸引力。阿尔诺表示："中国消费者很喜欢蒂芙尼，但是蒂芙尼还需要加大投资，进一步提高品牌的知名度。"

拓展欧洲市场

目前欧洲市场仅占蒂芙尼全球销售额的 11%。作为一家植根于欧洲的奢侈品巨头，LVMH 集团在帮助蒂芙尼拓展欧洲门店网络、扩大品牌知名度方面大有可为，除了欧洲本地消费者，更重要的是吸引更多来欧洲旅行的海外游客。

强化手表业务

珠宝和手表都属于"硬奢侈品"，卡地亚的手表与珠宝难分伯仲，宝格丽的手表业务对品牌也贡献良多。蒂芙尼虽然从 19 世纪就成为瑞士名表百达翡丽在美国的重要经销商，但自己品牌的手表业务却一直跌跌撞撞——在 19 世纪末 20 世纪初经历过短暂辉煌后就一蹶不振，2019 年手表业务为蒂芙尼贡献的销售额仅为 1%。

2008 年，蒂芙尼和瑞士钟表巨头斯沃琪集团达成的合作非但没有壮大品牌的手表业务，反倒因为提前"毁约"而陷入旷日持久的官司，最终令蒂芙尼蒙受高达 4.8 亿美元的损失。LVMH 集团的手表业务虽然不及瑞士两大"硬奢侈品"巨头历峰集团和斯沃琪集团，但也通过几十年经营泰格豪雅、宇舶、真力时等几大品牌积累了丰富的经验和人才储备，而真力时拥有的稀缺的高端手表机芯制造工艺和产能也能为蒂芙尼手表业务重振旗鼓提供坚实的支持。

分析师埃尔万·朗堡表示，归属 LVMH 集团旗下后，蒂芙尼品牌将会做出很大改变，那将不是影响未来几个季度，而是影响未来几代人。"目前蒂芙尼本身并没有什么问题。它介于大型品牌和巨型品牌之间，而 LVMH 集团的任务是将它变成一个真正的巨型品牌。就和路易威登一样，十年前路易威登是一个大品牌，而现在它已经成为奢侈品行业无处不在的巨型品牌，蒂芙尼也能够做到同样的事情。"

回看历史，对于 LVMH 集团和蒂芙尼都具有划时代意义的转折点都出现在 1984 年：

这一年，年仅 35 岁的法国房地产商人阿尔诺在里昂信贷银行和拉扎德公司的支持下收购了破产的法国企业巨头阿加奇-威洛-布萨克，从而获得了通往奢侈品世界的一张宝贵的通行证——迪奥，五年后他异军突起，成为 LVMH 集团的大股东。

同样在 1984 年，51 岁的美国职业经理人钱尼率领蒂芙尼的高管团队，在私募投资公司 Investcorp 的帮助下，将蒂芙尼从雅芳集团独立出来。一群"打工者"变身公司股东，由此释放出巨大的能量，让蒂芙尼不到三年就扭亏为盈，顺利登陆纽约证券交易所。

35 年后，LVMH 集团和蒂芙尼的轨迹终于相交在一起。

第三节　大结局

2019 年 10 月 26 日（周六），彭博新闻社率先爆出消息，LVMH 集团在 10 月早些时候向蒂芙尼提交了一份不具约束力的初步报价，26 日双方就收购事宜开启了谈判。

LVMH 集团给蒂芙尼的这份报价为每股 120 美元，总值 145 亿美元，比 25 日纽约证券交易所收盘时蒂芙尼每股 98.55 美元的价格（市值 119 亿美元）高约 22%。该交易将全部以现金形式进行。

2019 年 11 月 7 日，蒂芙尼董事会做出回应，认为 LVMH 集团严重低估了蒂芙尼的价值，120 美元一股的报价"不足以形成谈判的基础"（毕竟，蒂芙尼的股价曾在 2018 年 7 月触及每股 139 美元的历史高点），不过如果 LVMH 集团能够提高报价，蒂芙尼董事会表示愿意与 LVMH 集团展开独家谈判，并公开账目，推进调查。

显然，与蒂芙尼谈判的大门已经对 LVMH 集团敞开，达成交易只是时间问题。

路透社的分析师认为，预计蒂芙尼 2019 财年（截至 2020 年 1

月 31 日）的销售额增速将不到 1%，营业利润率为 18%（由于突如其来的新冠肺炎疫情对中国市场的冲击，这两个数字实际为 0% 和 17%）。要从收购蒂芙尼的交易中获得足够的投资回报，LVMH 集团必须在接下来的五年里将这两个数字分别增加到 9% 和 24%。然而即使是 LVMH 集团自身，接下来五年内预计的年销售额增长率和营业利润率也仅为 8% 和 21%。而如果在目前价格的基础上进一步提高报价到每股 130 美元，则 LVMH 集团必须在接下来的五年里将蒂芙尼的销售增速提高到 11% 才能实现正向的投资回报。

情况似乎不太乐观。不过一些分析师表示，LVMH 集团过去的收购一直着眼于标的公司五年以上的长期表现，因此很可能愿意为拿下蒂芙尼而做出一定的短期牺牲。果然，2019 年 11 月 20 日，知情人士透露，LVMH 集团将收购报价提高至每股 130 美元。

就在人们仍在揣测双方的谈判会相持多久的时候，仅仅过了五天，2019 年 11 月 25 日，LVMH 集团与蒂芙尼就宣布达成最终协议，成交价敲定在每股 135 美元，对蒂芙尼股权的总估值为 162 亿美元。交易完成后，LVMH 集团还将承接蒂芙尼账面的 3.5 亿美元债务，因此，本次交易对蒂芙尼的整体企业估值为 165.5 亿美元。

当时，双方预计这笔奢侈品历史上最大一笔收购交易将于 2020 年中完成，在此之前还需要通过各国政府监管部门的反垄断审查。

2020 年 2 月 4 日，蒂芙尼举办了一次特别股东大会，就这笔交易进行投票表决。到场股东持有的股权合计达到蒂芙尼已发行和流通的股权（截至 2020 年 1 月 2 日）的 71.9%。投票结果显示，LVMH 集团提出的收购报价获得了到场股东 99.3% 的赞成票（代表蒂芙尼股权的 71.3%）。在股东大会上还通过了一项决议，将为受到此次收购影响的部分蒂芙尼高管提供一定的补偿安排。此外，蒂芙尼还在会上宣布：美国《克莱顿反托拉斯法》(*Hart-Scott-Rodino Antitrust Improvements Act of* 1976) 要求的针对此次交易的等待期已经于 2020 年 2 月 3 日正式到期。

随后，阿尔诺发表声明："这是我们完成收购蒂芙尼的道路上的里程碑。作为一个全球范围内的标志性珠宝品牌，蒂芙尼对我们的品牌组合是一个独特而有力的补充。"

2020 年 1 月 28 日，在发布 LVMH 集团全年业绩数据的会议上，当被问及蒂芙尼的未来时，阿尔诺用了宝格丽来举例说明。"自 2011 年收购宝格丽以来，品牌的销售额增长 1 倍以上，利润增长近 5 倍。如果蒂芙尼也能以这样的轨迹发展，我们就算做得很好了。"

在同一个会议上，阿尔诺也被问及新冠肺炎疫情对奢侈品行业可能的影响。他谨慎地表示："每次遇到意外的事件，我们的第一反应是：不要慌，冷静下来分析情况。之后我们联系了中国团队了解情况，得到两个结论：一是新冠病毒致死率没有非典病毒高；二是中国政府的反应很快，手段利落。我们进一步了解到，可以预计，疫情的高峰期将在近几周出现，但局部疫情将在 3 月中旬或 3 月底得到解决。我不能保证（信息正确与否），这只是我听到的，也可能是错的……如果疫情只延续一小段时间，能在未来 2 ～ 2.5 个月解决，就不会很糟糕，如果延续两年，那就完全不一样了。"

阿尔诺说对了一件事，那就是中国的疫情的确在当年3月就得到了很好的控制，但即便是经历了多个经济周期（包括"9·11恐怖袭击事件"这样的"黑天鹅"事件）、身经百战的阿尔诺也万万没有料到，新冠肺炎疫情在世界范围内暴发。各国纷纷采取了防疫措施，奢侈品高度依赖的实体零售和旅游零售行业遭到了前所未有的打击。2020年上半年，LVMH集团的销售收入同比下滑了27%，堪称史上最大跌幅。

蒂芙尼的情况则更为"惨烈"。2020财年第一季度（2月1日到4月30日）的销售额同比下滑45%。对于蒂芙尼这类以节庆赠礼为主要销售场景的零售商而言，疫情导致婚礼等活动延期或取消，严重影响了其正常的销售活动。2020年5月下旬，美国中部明尼苏达州明尼阿波利斯市警察暴力执法事件引发了蔓延全美的反种族歧视抗议游行，这让蒂芙尼在疫情刚刚缓和后不久，再度关闭了大批美国本土门店。

尽管如此，无论是LVMH集团还是蒂芙尼，都在黑暗中看到了一道金色的光线，那就是中国市场正在快速从疫情中复苏，同时线上销售也在以前所未有的速度增长。

当2020年2—3月疫情在中国最吃紧的时候，蒂芙尼在中国市场的销售额比2019年同期下降了85%，但进入4月就剧烈反弹，甚至比2019年同期大幅增长了30%！T1系列的玫瑰金和镶钻金饰产品开局强劲，在许多门店仍然关闭的情况下，该系列的销售情况依然达到了预期。

2020年6月9日，蒂芙尼时任首席财务官马克·埃尔切格（Mark Erceg）表示："蒂芙尼目前手头有充足现金，截至4月30日，公司遵守了所有债务条款。尽管如此，我们仍然决定，像许多其他公司一样修改某些贷款协议，以便在当前的特殊时期创造更大的财务空间。"

上述修改包括将评估公司履行财务义务的能力的最高杠杆比率从3.5提高到4.5，从而避免触发与LVMH集团达成的收购协议中有关违约的条款。

尽管LVMH集团多次公开表示将如约完成对蒂芙尼的收购，然而到2020年8月24日——这个原协议中规定的交易完成期限时，LVMH集团仍未向欧盟委员会提交有关这笔交易的反垄断审查申请。不过，协议也规定了可以顺延三个月，在2020年11月24日之前完成交易。

2020年8月27日，蒂芙尼发布了最新季度报告：2021财年第二季度（5月1日到7月31日）的销售额比上年同期下降了29%，降至7.47亿美元，略低于7.72亿美元的预期。

令人欣慰的是，中国大陆市场持续反弹，5月销售额的同比增幅高达90%。该季度，蒂芙尼在全球范围内的电子商务业务同比增长了123%。蒂芙尼特别指出，在中国市场的带动下，8月的销售额甚至高于2019年同期。

然而，这个成绩单显然并不足以让阿尔诺释然。他或许在反复自问：在疫情持续蔓延的当口，维持公司现金储备的重要性陡增，那么 LVMH 集团为什么要在这个节骨眼上豪掷 162 亿美元，消耗自有资金的同时还承受巨额的债务负担呢？

2020 年 9 月 9 日，LVMH 集团突然宣布将放弃收购蒂芙尼的计划，给出的理由出乎所有人的意料：法国政府说"NO"！

在 LVMH 集团向蒂芙尼提供的来自"法国外交部"的信件中写道："美国对法国部分商品新增的关税可能会影响法国的对外关系。因此法国公司在这些相关领域进行的投资必须在当前的新情况下进行再次评估。作为目前法国企业最重要的投资，LVMH 集团收购蒂芙尼的交易吸引了我们的注意力。为了支持法国对美国政府决策做出的应对，LVMH 集团应该将收购蒂芙尼的交易完成时间延迟到明年 1 月 6 日。"

这封信件的签字人是法国外交部部长勒德里昂（全名为 Jean-Yves Le Drian）。此前在 2020 年 7 月美国政府曾宣布，计划对法国的红酒、手袋和奶酪等商品增收关税，作为对法国计划增收数字税（将对亚马逊等美国互联网企业造成影响）的回应。不过，据路透社报道，来自法国政府的消息人士称，这封信件的目标是警告 LVMH 集团继续执行交易可能需要承担的风险，但是并不具有强制效力，这位消息人士表示："LVMH 集团可以自行决定是否按照信上的指示行动。"

LVMH 集团首席财务官让-雅克·吉奥尼则解释说："我们被禁止在 2020 年 11 月 24 日完成此次交易，这是来自政府的命令，我们别无选择，就是这么简单。我们的收购协议中也已经提到可能出现这样的情况。"

有记者提问：LVMH 集团是否游说法国政府做出这一决定，来寻找一个正当的理由放弃收购？吉奥尼对这样的说法嗤之以鼻："你一定是在开玩笑，你难道真的认为我们会主动要求外交部给我们这封信？我们完全没有预料到这件事的发生。"他补充道，LVMH 集团在收到法国外交部的信件之后，咨询了许多法律专家，并与外交部进行了沟通，才最终得出放弃收购的结论。

不过，两位法国政府方面的知情人告诉路透社，为了推后交易时间，LVMH 集团曾在 7 月中旬与法国财务部接触，但财务部拒绝了他们的请求。法国财务部对此不予置评。针对这个传言，LVMH 集团发言人表示："我们正式否认这些不实的谣言。"

蒂芙尼董事长罗杰·N. 法拉对 LVMH 集团的说辞完全不买账，他义正词严地指出："我们相信 LVMH 集团会使用一切手段，避免根据之前达成的协议完成交易。但是根据法国的法律，法国外交部没有权力命令一家法国公司违反一份合法的协议。而 LVMH 集团在未通知蒂芙尼的情况下就与法国政府进行谈判，也进一步违反了双方的收购协议。此外，我们也不知道有任何一家其他公司收到了类似的要求……"

罗杰·N. 法拉还透露了一个重要的信息："在 LVMH 集团提出报价之前，蒂芙尼原本并没有寻求出售的打算，只是在 LVMH 集团连续五次提高收购报价之后才最终同意出售。"蒂芙尼董事会担心，如果收购失败，可能会对蒂芙尼的股价造成冲击，严重影响蒂芙尼的品牌价值以及未来和其他公司的潜在交易。

2020 年 9 月 9 日 LVMH 集团宣布中止交易的当天，蒂芙尼就向美国特拉华州的衡平法院起诉，要求法院强制 LVMH 集团在 2020 年 11 月 24 日之前完成收购。9 月 10 日，LVMH 集团宣布将会向同一家法院提出反诉，指控蒂芙尼在疫情期间管理不力，包括在亏损的情况下依然进行分红等。

蒂芙尼的确在 2020 年 5 月和 8 月先后进行了每股 0.58 美分的分红。虽然双方的收购协议允许蒂芙尼进行分红，但 LVMH 集团表示，蒂芙尼在 2020 年第一季度出现了亏损，股价也因为疫情的暴发不断下跌，因此不应该进行分红。LVMH 集团自己就将 2019 财年的分红减少了 30%。

针对 LVMH 集团的这项指责，蒂芙尼反驳道：分红是双方协议中规定的，也得到了 LVMH 集团的认可。蒂芙尼自（1987 年）上市以来，已经连续 131 个季度发放红利，而且蒂芙尼的财务情况也完全足以支持继续分红。

LVMH 集团和蒂芙尼还就协议中的"重大不利影响"条款隔空展开了辩论。"重大不利影响"条款是并购交易中常见的条款之一，在交易完成之前，如果被收购方因某些原因受到严重负面影响，收购方可以根据该条款选择放弃收购。

蒂芙尼指出，根据双方协议，新冠肺炎疫情的暴发和北美的大规模抗议活动"甚至都不在可能触发重大不利影响条款的因素范围之内。LVMH 集团在这方面提出的要求毫无根据"。蒂芙尼在声明中还强调，疫情期间蒂芙尼用一种"合理"的方式运营业务，符合双方协议中的一切需求，也定期向 LVMH 集团提供了必要的信息。

LVMH 集团则认为，双方的协议中包括了一些关于"重大不利影响"的"例外条款"，防止 LVMH 集团因为某些特定原因引发的"重大不利影响"而终止收购，比如受到网络攻击、法国的黄背心运动等，但是并没有包括疫情相关内容。

对此，蒂芙尼反驳道："在针对'重大不利影响'条款的例外情况进行谈判时，双方根本不曾考虑到（后来发生的）疫情。"蒂芙尼强调，双方的谈判不需要把每一个可能对整个行业造成严重负面影响的因素全部包括在内并写下详细的明确条款，这样只会让"重大不利影响"条款变成一长串对可能的灾难性事件的罗列，并最终变得毫无意义。

罗杰·N. 法拉认为："如果 LVMH 集团有任何实质性的理由来支持他们放弃收购，他们就无须躲在一封没有强制力的信的背后。这种行为也不符合欧洲联盟的法律。"他强调，只是在 LVMH 集团发表声明宣布放弃收购之后，蒂芙尼才"被迫采取法律手段"向法院提出诉讼。同时蒂芙尼依然希望能够根据双方达成的协议和时间完成交易。

LVMH 集团在宣布放弃收购蒂芙尼后曾表示，蒂芙尼 2020 上半财年的业绩表现"远不及"LVMH 集团旗下同类品牌，且整个2020 财年的业绩预期"令人十分失望"。而蒂芙尼在向法院提交的一份文件中则指出，已于 2020 年 8 月向 LVMH 集团提供了新的业绩预期，预计 2020 财年第四季度利润高于去年同期，以证明公司正在快速复苏且能够超越新冠肺炎疫情前的表现。

为了表达自己的愤懑之情，蒂芙尼甚至在给法院的文件中这样写道："贝尔纳·阿尔诺的收购策略被人们称为'冷酷无情'，这并不是空穴来风。他愿意用尽一切手段来压低交易的价格，甚至不惜动用他庞大的个人财富和在法国政府的广泛影响力。"

LVMH 集团与蒂芙尼之间的火药味越来越浓，这样的隔空"互怼"持续了将近两周时间。

2020 年 9 月 21 日，美国特拉华州衡平法院的法官宣布将在 2021 年 1 月 5 日开始为期四天的审理工作——这是一个折衷的结果，既没有同意按蒂芙尼的要求强制 LVMH 集团在 2020 年 11 月 24 日之前履行收购协议，也没有同意 LVMH 集团要求的将审理推迟到 2021 年 3 月甚至 4 月进行。法官表示，这足以在 2021 年 2 月 3 日——美国反垄断审查批复到期之前解决此案，并留有上诉时间。法官同时呼吁双方回到谈判桌上，进行"有效的沟通，以避免诉讼"。但是双方都拒绝了这个提议。

这个僵局将要持续多久？这笔交易是否有继续的可能？前景似乎越来越暗淡。此后一个月的时间里，LVMH 集团和蒂芙尼都变得安静了许多。

或许是为了反驳蒂芙尼关于 LVMH 集团故意拖延反垄断审查进程的指控，避免未来在法庭上处于不利地位，2020 年 9 月下旬，

LVMH 集团还是默默地向欧盟委员会提交了相关文件，并在 2020 年 10 月 26 日获得了正式批复。此前，美国外国投资委员会以及澳大利亚、加拿大、中国、韩国、墨西哥和俄罗斯等国的反垄断机构都已经为该交易亮了绿灯。至此，有关蒂芙尼收购案的所有外部障碍都已扫清，接下来就看当事双方的态度了。

就在欧盟委员会的批复到手后的第二天，消息人士就放出话来：LVMH 集团与蒂芙尼重新开始"间接"谈判了，焦点似乎只有一个：价格！

就在人们纷纷猜测双方还将拉锯多久，蒂芙尼需要做出多大的牺牲才能让 LVMH 集团回心转意时，大结局不期而至。令几乎所有人大跌眼镜的是，这个"谈判"仅仅用了一天的时间！

2020 年 10 月 28 日，消息人士披露：LVMH 集团和蒂芙尼已经以一个更低的价格达成了新的收购协议。

2020 年 10 月 29 日，LVMH 集团和蒂芙尼发布正式声明：根据双方新达成的收购协议，交易价格从每股 135 美元下调至每股 131.5 美元，交易总金额从原来的 162 亿美元（不含承接债务）降至 158 亿美元左右。除了交易价格，协议的其他关键条款并未改变。此外，双方已经同意和解，不再继续针对彼此的法律诉讼。

一个月前还被蒂芙尼董事会称为"冷酷无情"的阿尔诺心平气和地表示："调整后的协议让 LVMH 集团能够更有信心地开展收购工作，并重新开始与蒂芙尼就整合相关细节进行讨论。我们和以前一样，相信蒂芙尼品牌的潜力，相信 LVMH 集团是蒂芙尼合适的新家庭。"

蒂芙尼的董事长罗杰·N.法拉也和颜悦色地表示:"我们很高兴能够和 LVMH 集团就一个有吸引力的价格达成一致,并继续进行交易。董事会认为这对我们的所有利益相关者来说都是最佳的选择。"

对于这样一部持续了一年之久的精彩连续剧来说,这个结局简直是"反高潮"的。许多业内人士面面相觑:闹出这么大动静,还差点对簿公堂,就是为了砍下这 4 亿美元? 这背后的内情或许要多年之后才会大白于天下,不过从下一个月蒂芙尼发布的财务报告中我们可以找到一些蛛丝马迹。

2020 年 11 月 24 日,蒂芙尼公布了 2021 财年第三季度关键财务数据(截至 2020 年 10 月 31 日):净销售额同比仅下降了约 1%,降至 10.1 亿美元,美国国内需求复苏,而中国大陆市场销售额更同比大增逾 70%;公司净利润为 1.19 亿美元,比上年同期的 7 800 万美元增长了 52%,均超过了华尔街的预期!

新冠肺炎疫情危机还推动蒂芙尼对线上业务加大投资,并在美国某些门店推出了路边提货服务。2021 年前三个季度,电子商务渠道销售额占到总销售额的 12%,而在过去三个财年中这一比例仅为 6%。进入至关重要的假日季后,蒂芙尼官方网站的流量增长喜人。

考虑到 LVMH 集团可能早在一个月前就从蒂芙尼拿到了最新数据,可以推测,这份成绩单让阿尔诺终于可以释怀。事实证明,即便面临新冠肺炎疫情这样空前的大灾难，蒂芙尼和奢侈品行业依然展现了强大的"韧性"——困于家中的消费者们对美好生活的渴望非但没有减弱，反而更迫切了。而包括蒂芙尼在内的头部珠宝品牌，正是许多人寄托这种渴望的载体。

"The Tiffany Deal（蒂芙尼的交易）"终于画上了一个圆满的句号。

第四节　未完待续

2020 年 12 月 30 日，在远程举行的蒂芙尼特别股东大会上，超过 99% 的股东投票通过了 LVMH 集团以 1.58 亿美元收购蒂芙尼的世纪交易。交易完成之后，蒂芙尼的五位最顶层高管将获得总计 1 亿美元的"黄金降落伞"（因公司被收购导致董事、总裁等高管被解雇而提供给这些人的补偿费）。

2021 年 1 月 7 日，LVMH 集团正式入主蒂芙尼，旋即宣布了全新的高管班底：

追随阿尔诺 40 多年的得力干将、路易威登首席执行官兼董事长迈克尔·伯克担任蒂芙尼的董事长；路易威登全球商业活动执行副总裁安东尼·勒德鲁（Anthony Ledru）担任首席执行官。此外，阿尔诺还把自己的小儿子亚历山大·阿尔诺（时任日默瓦首席执行官）派来担任执行副总裁，负责品牌传讯工作。

就此，历经 183 年风雨的蒂芙尼正式揭开了全新的篇章。不出意外的话，它的所有权将不会再发生更迭，除非有一天 LVMH 集团自己分崩离析。

　　本书完稿于 2021 年 10 月，LVMH 集团入主蒂芙尼后究竟会给该品牌带来哪些重大变化，这些变化是否能获得包括中国消费者在内的新老顾客的认可，品牌的业绩到底会因此变得更好还是更差，大家可以在未来的漫漫岁月里持续追踪蒂芙尼的发展动向并做出自己的判断。

　　人的生命是短暂的，品牌的生命或短或长，而真正的"伟大品牌"，特别是已经走过百年征程的奢侈品牌，或许可以一直一直"活"下去，进入所谓的"无限游戏"的境界。

　　21 世纪初，阿尔诺曾与他的偶像、苹果公司的创始人乔布斯会面。乔布斯真诚地表示："贝尔纳，我不知道 50 年后我的苹果手机是否还能热卖，但我可以告诉你，我确信那时候人们依然会痛饮你的唐培里侬香槟。"

　　研究奢侈品产业十多年，我越来越体会到，这个领域的特殊魅力就在于它的"复杂性"与"矛盾性"。

　　奢侈品产业超越了单一维度的"商业"，将历史、地理、工艺、科技、艺术乃至哲学等领域的不同要素集于一身。只有当这些要素持续发生正确的"化学反应"时，才能成就一个百年品牌，蒂芙尼就是这样一个"幸运儿"和"幸存者"。

细究每一个依然活跃在市场上的奢侈品牌，都好比端详一个个生动的"人"：她（他）既理性，又感性；既"精神"，又"物质"；既我行我素，又谨言慎行；既有风光无限的时候，也不免陷入落寞与惆怅。

每一个成功的奢侈品牌都源于某种超凡脱俗的"创造力"，却又必须被纳入世俗的"组织框架"去运行。在尊重市场规律、适应时代变迁的同时，它必须时刻警醒自己不要丧失本我，泯然众人。

单纯从美学或商业角度去品评"奢侈品"，其实远不如从立体多维的角度去研究这个"矛盾的人"有趣。我相信，这种研究必须基于品牌发展过程中真实的历史细节和数据（好比了解人体的构造和生理指标），同时将"人性"的因素纳入考量。

这里所讲的"人性"有两层含义：

- 把奢侈品牌当作一个有血、有肉、有灵性的"人"去分析和理解。
- 充分意识到品牌发展进程中"关键人物"的决定性作用。

通过蒂芙尼发展史上的一个个"关键人物"，我们逐渐理解了为何在美国这样一个奢侈品"弱国"，会长出蒂芙尼这样一个具有全球影响力的顶流珠宝品牌。

蒂芙尼与美国"镀金时代"相伴相生，彼时美国社会财富的爆炸性增长为蒂芙尼早年的发展壮大提供了必要的土壤。不过，创始人老蒂芙尼的企业家精神才是一切的原点——他的进取心和学习能力、他的远见卓识和国际化视野、他兼容并蓄的胸怀，让蒂芙尼超越了家族生意和单一品牌的局限，成长为一个可以吸纳最优秀人才（包括一大批来自欧洲的创意设计人才）的"大平台"，并让这些人才大放异彩，例如，银器大师摩尔父子，宝石学家乔治·弗雷德里克·坤斯，珠宝设计天才 G. 保尔丁·法纳姆，装饰艺术大师路易·康福特·蒂芙尼，创意总监凡·戴·楚克斯和约翰·洛林，橱窗设计大师吉恩·摩尔，珠宝设计大师让·斯伦贝格尔、艾尔莎·佩雷蒂、帕洛玛·毕加索等。这些人为蒂芙尼创造了取之不竭的财富，他们的名字也因为蒂芙尼品牌和企业的延续和发展，得以让世人铭记。

蒂芙尼的独特魅力，让它多次化险为夷。总有"贵人"及时出现在不同的历史转折点上，推动蒂芙尼冲破瓶颈，更上层楼——无论是风流倜傥的沃尔特·霍温，还是兢兢业业的威廉·R. 钱尼，抑或是巅峰时刻的贝尔纳·阿尔诺。

与蒂芙尼类似，LVMH 集团旗下 70 多个奢侈品牌，无论大小、无论品类，其背后都有一个"特立独行"的创始人及其继承者共同编织的生动故事，为每个品牌勾勒出属于自己的样貌、个性和命运。不过，成就 LVMH 集团这个"奢侈品帝国"的，不仅仅是这 70 多个品牌的精致产品、辉煌门店、华丽大秀和酷炫大片的简单叠加，还是一种特殊的"品牌财富"效应作用的结果。

我们再重温一下在本书上篇第三章提到的公式（浓缩版）：

BF（Brand Fortune，品牌财富）＝ A+B+X

A 是品牌发展进程中的"常量"，也就是定义了品牌 DNA、让品牌拥有了可持续的差异化竞争优势，为穿越不同时代、基业长青打下坚实基础的标志性元素。

B 是品牌发展进程中的"渐变量"，包括品牌企业管理者日常必需应对的产品、用户、品牌内容和商业系统等课题。

X 是品牌发展进程中的"突变量"，主要由"所有权"的更迭和"关键人物"的涌现这两种力量构成。

沿用这个公式，我们可以将 LVMH 集团本身当作一个"奢侈品牌"来看待，将其背后的财富要素进行如下拆解。

突变量

1) 所有权

LVMH 集团所有权最根本性的变化都发生在 1989 年之前：从酩悦夏桐，到酩悦-轩尼诗（MH）；从路易威登（LV），到路威酩轩（LVMH）。1987 年仓促捏合而成的 LVMH 集团也与所有权和控制权的动荡相伴相生。但两年后，贝尔纳·阿尔诺异军突起，力排众议成为 LVMH 集团唯一的主人，让"所有权"这个充满不确定性的变量变得异常稳定。

2) 关键人物

纵观 LVMH 集团的演化历程，除了每个品牌的创始人，还有三位堪称推动路易威登（LV）、酩悦-轩尼诗（MH）和路威酩轩（LVMH）发生重大历史转折的关键人物，他们分别是：

- 以现代化商业思维将路易威登推向国际市场，将其从家族小企业发展为顶流奢侈品公司的亨利·雷卡米尔；

- 整合顶级香槟资源，主导酩悦夏桐香槟与轩尼诗干邑两大酒业巨头合并，又高瞻远瞩地进军香水领域的罗伯特-让·德·维欧格伯爵；

- 倾注了自己所有的智慧、金钱、野心和韧性，将 LVMH 集团牢牢抓住，再也不放手的贝尔纳·阿尔诺。

根据"福布斯全球亿万富豪排行榜"，阿尔诺在 2019 年 12 月、2020 年 1 月、2021 年 5 月、2021 年 8 月多次登顶全球首富的宝座。其中，2021 年 8 月 5 日的数据显示，阿尔诺及其家族以 1 975 亿美元的资产净值超越了美国电商巨头亚马逊的创始人兼董事长杰夫·贝佐斯（1 933 亿美元）排名第一，电动汽车巨头特斯拉（Tesla）的创始人埃隆·马斯克（Elon Musk）排名第三（1 821 亿美元）。

8 月 6 日 LVMH 集团的股票收于每股 698.2 欧元，总市值 3 520 亿欧元（按当日汇率，约合 4 141 亿美元）。

首富的光环背后，是阿尔诺及其家族在 LVMH 集团高达 47.5% 的持股比例。相比之下，贝佐斯在亚马逊的持股比例只有 10% 多一点。

阿尔诺在 2019 年 4 月曾接受美国消费者新闻与商业频道

（CNBC）电视专栏"The Brave Ones（勇者）"的专访，在谈到 LVMH 集团的核心优势时，他把"人才"放在了第一位："今天，奢侈品生意成功背后的要素组合，与 20 世纪 80 年代我收购迪奥时没什么不同——你必须与一些最棒的发明家、创造者、设计师精诚合作，推销他们的产品，用他们的产品在世界上创造（人们对品牌的）渴望……LVMH 集团最大的优势在于：因为我们是行业第一，因为我们的业务非常多元化，所以我们可以吸引最优秀的人才！"

虽然设计师发挥的作用主要在"品牌"层面，而非"集团"层面，但为了锁定这些驱动奢侈品牌成长的核心创意力量，LVMH 集团频繁采用了"雇佣＋参股"双管齐下的手段。近十年发生的重要案例就包括：

2013 年，投资于英国鞋履设计师尼古拉斯·柯克伍德（Nicholas Kirkwood）的个人品牌，获得多数股权（2019 年出售）；

2013 年，投资于罗意威的创意总监、英国设计师 J.W. 安德森（J.W. Anderson）的个人品牌；

2014 年，投资于芬迪的首席皮具设计师、意大利人马可·德·文森佐（Marco de Vincenzo）的个人品牌；

2020 年，投资于英国设计师丝黛拉·麦卡妮（Stella McCartney）的个人品牌，后者也是可持续时尚的代表性人物；

2021 年，投资于赛琳前设计总监菲比·费罗新推出的个人品牌；投资于已故路易威登男装总监维吉尔·阿布洛（Virgil Abloh）自创的潮牌 Off-White。

这些顶尖的创意与设计人才不仅是 LVMH 集团的宝贵资产，也是其连接新一代设计力量的重要纽带。从 2013 年起，在阿尔诺的大女儿德尔芬·阿尔诺（Delphine Arnault）的一手推动下，LVMH 集团开始每年举办青年设计师大奖赛（LVMH Prize）。星光熠熠的决赛评委会，就是由 LVMH 集团旗下各大品牌的创意总监组成的。以 2021 年揭晓的第八届大赛为例，来自全球各地报名参赛的年轻设计师高达 1 700 名。

不光是设计师，近年来，LVMH 集团越来越重视对优秀时尚创业者的投资：无论是街头潮流的"带头大哥"维吉尔·阿布洛，还是流行歌坛巨星蕾哈娜，都是这个时代兼具创意才华、商业头脑和社交媒体号召力的时尚企业家，他们本身也是多元文化的代表。

巧合的是，就在本书完稿之际，2021 年 10 月 5 日，LVMH 集团宣布收购巴黎百年香氛和药妆品牌万能药店布利 [Officine Universelle Buly，简称布利（Buly）]，这将是 LVMH 集团旗下第 76 个品牌。值得注意的是，这家始于 1803 年的品牌在 2014 年重启之前已经沉睡了 100 多年，将其再度唤醒的，是摩洛哥裔创业夫妇拉姆丹·图哈米（Ramdane Touhami）和维多利亚·德·泰拉克（Victoire de Taillac）。他们之前成功复活了一个沉睡 350 年的法国蜡烛品牌喜楚登（Cire Trudon）。

在 LVMH 集团将布利正式收归旗下之前，2017 年，LVMH 集团彼时刚刚组建的风险投资基金（LVMH Luxury Ventures）就已经捷足先登，入股了这家公司并陪伴其成长四年，直到它被 LVMH

集团完全认可并接纳。

阿尔诺在欢迎布利的致辞中说："……我们将竭尽全力帮助拉姆丹·图哈米和维多利亚·德·泰拉克在这次创业冒险中继续前进。"显然，这笔投资锁定的不只是品牌本身，更有两位"关键人物"的智慧、能量与创业激情。

渐变量

LVMH 集团旗下各个品牌在设计、生产、传播、销售等各个环节制订规划并切实执行，渐进式地维护和强化品牌的个性、光环和市场地位，保持全球奢侈品消费者对品牌的渴望并有序地触达更广泛、更年轻的顾客群体——这些日复一日的经营管理工作，确保LVMH 集团整体健康运转和有序增长，都属于所谓的"渐变量"。

此外，我将 LVMH 集团在 1989—2020 年从事的收购活动（以及出售活动）也划入"渐变量"的范畴——注意，是"渐变"而非"突变"。

因为如果孤立地看，这期间每一笔收购交易都不曾显著改变LVMH 集团的基本面，即便是收购 DFS、丝芙兰、芬迪、宝格丽、蒂芙尼这样的大型交易——相对于 LVMH 集团既有的庞大体量，这些交易在发生之后所带来的增量都不够"大"，更没有"颠覆"LVMH 集团在 1989 年之前形成的由"奢侈皮具 + 香槟干邑"组成的核心业务体系。事实上，直到今天，LVMH 集团的大部分利润依然依赖于最早加入集团的几个核心品牌。

从"物理"层面看，这些大大小小的收购活动"渐进式"地扩张了 LVMH 集团的版图，逐步丰富并平衡了集团的业务组合，扩大了集团未来的发展空间，并对冲了潜在风险。

从"精神"层面看，收购行为本身也形成了一种独特的"叙事"体系——通过"买买买"彰显 LVMH 集团打造奢侈品帝国的实力和野心，让更多潜在的竞争者高山仰止，望而却步。这种"叙事"的力量，超越了一纸协议和财务数字，通过媒体的密集传播，向全世界传递了清晰的信号，LVMH 集团在奢侈品行业内外的声量和存在感由此不断放大并持续叠加——其重要性在 LVMH 集团版图演化的早期尤为突出。

常量

阿尔诺对于 LVMH 集团的绝对把控，让原本属于"变量"的"所有权"高度稳定，也让阿尔诺和他的家族成为 LVMH 集团的标志性要素之一。

此外，LVMH 集团旗下两个"超级明星"——路易威登和迪奥，不仅是集团最核心的时装皮具业务最重要的基石，也是 LVMH 集团的行业领导地位在大众心目中最具体的象征；轩尼诗干邑、酩悦香槟、唐培里侬香槟等奠定"酩悦-轩尼诗（MH）"在酒业崇高地位的经典品牌也属于这个范畴。

之所以将上述这些标志性元素称为"常量"，是因为即便 LVMH 集团失去其他品牌，只要这几根中流砥柱还在，LVMH 集团就依然是奢侈品界一面不倒的大旗。其他品牌虽然对 LVMH 集团都有或大或小的贡献，但综合其规模、影响力和稀有性来看，尚不足以构成 LVMH 集团的"常量"。

那么，蒂芙尼是否能在不远的将来进入 LVMH 集团的"常量"之列呢？相信时间会给出答案。

LVMH 旗下品牌 & 业务线一览

Wines & Spirits
葡萄酒及烈酒销售额占比—11%

Fashion & Leather Goods
时装及皮革制品 销售额占比—47%

Ao Yun Ao Yun 中国敖云	**Ardbeg** Ardbeg 苏格兰雅柏威士忌	BELVEDERE VODKA Belvedere 波兰雪树伏特加
 Bodega Numanthia 西班牙尤玛西雅	CAPE MENTELLE Cape Mentelle 澳大利亚曼达岬酒庄	CHANDON Chandon 法国夏桐
CHÂTEAU CHEVAL BLANC Château Cheval Blanc 法国白马酒庄	*Château* D'ESCLANS Château d'Esclans 法国蝶之兰酒庄	GALOUPET Château du Galoupet 法国佳路佩城堡
Château d'Yquem Château d'Yquem 法国滴金酒庄	CHEVAL des ANDES Cheval des Andes 阿根廷安第斯之马	CLOS des LAMBRAYS Clos des Lambrays 法国朗贝雷酒庄
CLOUDY BAY Cloudy Bay 新西兰云雾之湾	*Dom Pérignon* Dom Pérignon 法国唐培里侬	EMINENTE WINES Eminente 古巴埃米南特朗姆酒
GLENMORANGIE Glenmorangie 苏格兰格兰杰威士忌	*Hennessy* Hennessy 法国轩尼诗干邑	KRUG Krug 法国库克
MERCIER Mercier 法国梅西埃香槟	MOËT & CHANDON Moët & Chandon 法国酩悦香槟	NEWTON Newton Vineyard 美国纽顿庄园
Ruinart Ruinart 法国瑞纳特	TERRAZAS Terrazas de los Andes 阿根廷安第斯台阶酒庄	Veuve Clicquot Veuve Clicquot 法国凯歌香槟
VOLCAN DE MI TIERRA Volcan de mi Tierra 法国帝亚拉龙舌兰酒	WOODINVILLE WHISKEY CO. Woodinville 美国伍丁维尔威士忌	

Berluti Berluti 伯尔鲁帝	CELINE Celine 赛琳
DIOR Dior 迪奥	EMILIO PUCCI Emilio Pucci 璞琪
FENDI FENDI 芬迪	LOEWE Loewe 罗意威
KENZO Kenzo 凯卓	GIVENCHY Givenchy 纪梵希
Loro Piana Loro Piana 诺悠翩雅	LOUIS VUITTON Louis Vuitton 路易威登
MARC JACOBS Marc Jacobs 马克雅可布	PATOU Patou 巴杜
RIMOWA RIMOWA 日默瓦	

394

Perfumes & Cosmetics
香水及化妆品 销售额占比—12%

Acqua di Parma
帕尔玛之水

benefit

Benefit Cosmetics
贝玲妃

Cha Ling
茶灵

FENTY BEAUTY
BY RIHANNA

Fenty Beauty
by Rihanna

fresh

Fresh
馥蕾诗

PARFUMS
GIVENCHY

Givenchy Parfums
纪梵希

GUERLAIN
PARIS

Guerlain
娇兰

KENZO
PARFUMS

Kenzo Parfums
凯卓香水

Kat Von D · Beauty

KVD Vegan
Beauty

Maison
Francis Kurkdjian
Paris

Maison
Francis Kurkdjian

MAKE UP
FOR EVER

Make Up For Ever
玫珂菲

MARC JACOBS
BEAUTY

Marc Jacobs Beauty
马克雅可布美妆

Christian Dior
PARFUMS

Parfums Christian Dior
迪奥香水

LOEWE

Parfumes Loewe
罗意威香水

OFFICINE UNIVERSELLE BULY

Officine
Universelle Buly
布利

Watches & Jewelry
腕表及珠宝 销售额占比—7%

BVLGARI

BVLGARI
宝格丽

CHAUMET
PARIS

Chaumet
尚美巴黎

FRED

Fred
斐登

HUBLOT

Hublot
宇舶

TAGHeuer

TAG Heuer
泰格豪雅

TIFFANY & CO.

Tiffany & Co.
蒂芙尼

ZENITH
SWISS WATCH MANUFACTURE

Zenith
真力时

Selective Retailing and Other activities
精选零售及其他 销售额占比—23%

DFS
DFS环球免税店

LA GRANDE
EPICERIE PARIS

La Grande
Epicerie de Paris

Le Bon Marché Rive Gauche
乐蓬马歇百货公司

J

SEPHORA

Sephora
丝芙兰

STARBOARD
CRUISE SERVICES

Starboard Cruise Services
斯达伯德邮轮

BELMOND

Belmond
贝梦德

CHEVAL BLANC

Cheval Blanc
白马庄园

CONNAISSANCE DES
arts

Connaissance des Arts
《艺术知识》

le Jardin
d'Acclimatation

investir

Investir
《投资》

SAMARITAINE
PARIS PONT-NEUF

La Samaritaine
莎玛丽丹百货公司

Le Parisien
《巴黎人报》

Les Echos

Les Echos
《回声报》

RADIO
CLASSIQUE

Radio Classique
古典音乐之声

ROYAL VAN LENT

Royal
Van Lent

参考文献

引 子

[1] Hogan, Bernadette.,Marsh, Julia. & Hicks, Nolan. Coronavirus in NY: Cuomo orders lockdown, shuts down non-essential businesses[EB/OL]. New York Post, 2020-3-20.

上篇 蒂芙尼的品牌财富

第一章 蒂芙尼——美国奢侈品的"代名词"

[1] Capote, Truman. Breakfast at Tiffany's and Three Stories[M]. New York: Knopf Doubleday Publishing Group, 1993.

[2] Friedman, Vanessa. Givenchy and Hepburn: The Original Brand Ambassadors[EB/OL]. The New York Times, 2018-3-13.

[3] Burlingham, Michael John. The Last Tiffany: A Biography of Dorothy Tiffany Burlingham[M]. NewYork: Atheneum Books, 1989.

[4] Purtell, Joseph. The Tiffany Touch[M]. New York: Random House, 1971.

[5] Speenburgh, Gertrude. The Arts of the Tiffanys[M]. Chicago: Lightner Pub. Corp, 1956.

[6] Khordipour, Benjamin. Historical Spotlight: Louis-François Cartier[EB/OL]. Estate Diamond Jewelry, 2017-4-5.

第二章　老蒂芙尼为品牌缔造的七种财富

[1] Crazy About Tiffany's: The Story Behind An Iconic Brand Color[EB/OL]. PANTONE, 2018-4-19.

[2] Baer, Meryl. The History of American Income[EB/OL]. bizfluent, 2017-9-26.

[3] Carpenter, Charles H. & Carpenter, Mary Grace. Tiffany Silver[M]. San Francisco: Alan Wofsy Fine Arts, 1997.

[4] Hawley, Henry H. Tiffany's Silver in the Japanese Taste[J].In The Bulletin of the Cleveland Museum of Art, Vol. 63, No. 8, October 1976, pp. 236-245.

[5] Trump, Donald J.. Trump: The Art of the Deal[M]. New York: Random House, 1987.

[6] Whiting, Amanda. Tiffany Trump Is About to Finish Law School. And She's Getting a Lot Trumpier[EB/OL]. WASHINGTONIAN, 2019-12-22.

[7] Bagli, Charles V.. Tiffany's Owns the Building Once Again[N/OL]. The New York Times, 1999-11-23.

[8] Domosh, Mona. Shaping the Commercial City: Retail Districts in Nineteenth-Century New York and Boston[J]. Annals of the Association of American Geographers, Vol. 80, No. 2, June 1990, pp. 268-284.

[9] Barron, James. How Tiffany Moved 114,000 Gems Without Getting Robbed[EB/OL]. The New York Time, 2020-1-13.

[10] Pratt, Harry E.. The Personal Finances of Abraham Lincoln[J]. In The American Historical Review, Volume 49, Issue 2, January 1944, pp. 316-317.

[11] Mary Todd Lincoln's Seed Pearl Jewelry Suite[EB/OL]. Internet Stones, 2017-1-20.

[12] Conroy, Sarah Booth. JEWELS FROM TIFFANY'S[EB/OL]. The Washington Post, 1998-5-25.

[13] Wilson, Cintra. If Bling Had a Hall of Fame[EB/OL]. The New York Times, 2009-7-29.

[14] CARRIAGE TRADE: Standing Straight at Tiffany's[R]. TIME, Vol. LXVI No. 9, 1955.

[15] Burlingham, Michael John. The Last Tiffany: A Biography of Dorothy Tiffany Burlingham[M]. New York: Atheneum Books, 1989.

[16] Hayes, Samuel L., III. Tiffany & Co.[R]. Harvard Business School Case 288-022, 1987.

[17] Newman, Jill. Tiffany Reveals a New Diamond for the Record Books[EB/OL]. TOWN&COUNTRY, 2021-1-5.

[18] A guide to Tiffany & Co.—An American Institution[EB/OL]. CHRISTIE'S, 2020-3-26.

[19] The French Crown Jewels. Good Prices Secured At The Sale Yesterday[N/OL]. The New York Times, 1887-5-17.

[20] Tanna, Ketan. Tiffany Sells 13.9% Stake In Aber For $268 million [EB/OL], DIAMONDSNET, 2004-12-8.

[21] Bhasin, Kim. Tiffany & Co. Maps Three-Year Renovation of Its Vital Flagship Store [EB/OL]. Bloomberg, 2018-8-14.

[22] Hoving, Walter. Tiffany's Table Manners for Teenagers[M]. NewYork: Random House Books for Young Readers, 1989.

[23] Staley, Tricia. Norwich in the Gilded Age: The Rose City's Millionaires' Triangle[M]. Cheltenham: The History Press, 2014.

[24] Loring, John. Paulding Farnham: Tiffany's Lost Genius[M].New York: Harry N. Abrams, 2000.

[25] Jlouis. John Loring Shares Tiffany & Co. Stories Of Louis Comfort Tiffany[EB/OL]. Oyster Bay Enterprise Pilot, 2012-5-4.

[26] Tiffany, Louis Comfort. The Artwork of Louis C.Tiffany[M]. New York: Apollo Books, 1987.

[27] Heisler, Yoni. Never-before-seen video of Steve Jobs shows Apple co-founder's softer side[EB/OL]. yahoo! finance, 2015-10-7.

第三章　　蒂芙尼品牌传承背后的驱动要素

[1] Alexander, Nicholas.&Doherty, Anne Marie. The Origins of American International Retailing: Tiffany of New York in London and Paris, 1837-1914[J]. Business History Review, Volume 91, Issue 2, Summer 2017, pp. 301-328.

[2] Burlingham, Michael John. The Last Tiffany: A Biography of Dorothy Tiffany Burlingham[M]. NewYork: Atheneum Books, 1989.

[3] Phillips, Clare. Bejewelled by Tiffany 1837—1987[M]. Chicago: Art Inst of Chicago, 2006.

[4] Bulova-Return To The Old Continent[EB/OL]. The Swiss Watch Industry, 2002-11-21.

[5] Bulova Acquiring Stock In Tiffany[N/OL]. The New York Times, 1955-7-27.

[6] CARRIAGE TRADE: Standing Straight at Tiffany's[J/OL]. TIME, Vol. LXVI No.9, 1955-8-29.

[7] William T, Lusk Dies, Ex-Head Of Tiffany[N/OL]. The New York Times, 1978-3-6.

[8] Klemesrud, Judy. Hoving: Luxuriating in the Tiff at Tiffany's[N/OL]. The New York Times, 1976-3-21.

[9] Tormey, Callahan. Who Was the Real Holly Golightly?[EB/OL]. TOWN&COUNTRY, 2020-12-28.

[10] Weiler, A.H.. The Screen: Breakfast at Tiffany's: Audrey Hepburn Stars in Music Hall Comedy[N/OL]. The New York Times, 1961-10-6.

[11] Tiffany Control Sold by Genesco[N/OL]. The New York Times, 1961-10-28.

[12] Etiorre, Barbara. Avon Plans to Take Over Tiffany for $104 illion[N/OL]. The New York Times, 1978-11-22.

[13] Lambert, Bruce. Jane Pickens Hoving Dies at 83; Led Pickens Sisters Singing Trio[N/OL]. The New York Times, 1992-2-24.

[14] Hayes, Samuel L., III. Tiffany & Co.[R/OL]. Harvard Business School Case 288-022, 1987-10.

[15] Rice, Faye. & Kretchmar, Laurie. Tiffany Tries the Cartier Formula[EB/OL]. Fortune, 1989-11-20.

[16] Hollie, Pamela. Avon To Sell Tiffany, 5 Years After It Took Over[N/OL]. The New York Times, 1984-6-20.

[17] Wayne, Leslie. Reverse LBO's Bring Riches[N/OL]. The New York Times, 1987-4-23.

[18] Barmash, Isadore. Tiffany's Is Going Back To London[N/OL]. The New York Times, 1986-4-26.

[19] Cohen, Patricia. Henry B. Platt, Scion Who Gave Tiffany Sparkle, Dies at 91[EB/OL]. The New York Times, 2015-7-29.

[20] Kirdar, Nemir A. & Gilpin, Kenneth N.. Profile; From Political Prisoner to a Banker for Billionaires[N/OL]. The New York Times, 1993-5-9.

[21] Hess, Edward D..Tiffany &Company[R/OL]. Darden School of Business, UV0904, 2008-9-5.

[22] Eichenwald, Kurt. Japanese in Deal for 10% of Tiffany[N/OL]. The New York Times, 1989-9-22.

[23] Barmash, Isadore. Tiffany's Sale Set To Executives[N/OL]. The New York Times, 1984-8-31.

[24] Walter Hoving, Punctilious Head Of Tiffany for 25 Years, Dies at 91[N/OL]. The New York Times, 1989-11-28.

[25] BUSINESS PEOPLE; New Tiffany Strategy Pays Off for Chairman[N/OL]. The New York Times, 1987-11-17.

[26] The Timeless Elegance of Tiffany's Iconic 1939 World's Fair Necklace Comes Full Circle[EB/OL]. Tiffany & Co. Newsroom, 2021-2-10.

[27] Lewis, Adam. Van Day Truex: The Man Who Defined Twentieth-Century Taste and Style[M].New York: Viking Studio, 2001.

[28] Cummings, Paul. Oral history interview with Van Day Truex[EB/OL]. Archives of American Art, Smithsonian, 1971-11-15.

[29] Geniesse, Jane. Van Truex: Designer And Catalyst[N/OL]. The New York Times, 1978-11-16.

[30] Geniesse, Jane.Van D. Truex, Designer, 75[N/OL]. The New York Times, 1979-4-25.

[31] Jean Schlumberger: 'A trailblazer in the world of fine jewels' [EB/OL]. CHRISTIE'S, 2019-4-3.

[32] Urla, Liza. SCHLUMBERGER VS VERDURA, SCHIAPARELLI VS CHANEL, SOTHEBY'S[EB/OL]. GEMOLOGUE BY LIZA URLA, 2016-10-26.

[33] Lawson, Carol. J. SCHLUMBERGER DIES IN PARIS AT 80[N/OL]. The New York Times, 1987-9-1.

[34] Bray, Sarah. See Bunny Mellon's 142-Piece Collection of Schlumberger Jewels[EB/OL]. TOWN&COUNTRY, 2017-2-14.

[35] Van Cleef, Jabez L.. A Conversation with Angela Cummings[J/OL]. Metalsmith Magazine, 1984.

[36] Reginato, James. Elsa Peretti's Great Escape[EB/OL]. VANITY FAIR, 2014-7-16.

[37] Robinson, Whitney. How Elsa Peretti Became An Iconic 20th Century Designer[EB/OL]. TOWN&COUNTRY, 2021-3-19.

[38] Gates, Anita. Elsa Peretti, Star Designer of Elegant Jewelry, Dies at

80[EB/OL]. The New York Times, 2021-3-21.

[39] Becker, Vivienne. How Elsa Peretti and Tiffany's Bone Cuff Changed Jewelry Forever[EB/OL]. The Wall Street Journal, 2020-8-27.

[40] Smith, Ray A.. Elsa Peretti Crafted Tiffany Jewelry for the Ballroom or the Street[EB/OL]. The Wall Street Journal, 2021-3-26.

[41] Schudel, Matt. Elsa Peretti, fashion model and renowned jewelry designer, dies at 80[EB/OL]. The Washington Post, 2021-3-20.

[42] Taylor, Angela. Elsa Peretti: Zany and Talented[N/OL]. The New York Times, 1974-2-8.

[43] Loring, J.. Tiffany Jewels[M]. New York: Harry N. Abrams, 1999.

[44] Swanson, Carl. Paloma Picasso at Art Basel Miami Beach: Coconut Water, Red Soap, and 35 Years of Designing Jewelry for Tiffany's[EB/OL]. THE CUT, 2016-12-6.

[45] Moss, Victoria. Meet Paloma Picasso, daughter of Pablo and the mastermind behind Tiffany's fabulous jewellery collection[EB/OL]. The Telegraph, 2017-4-26.

[46] Thomas Jr., Robert, Mcg. Gene Moore, 88, Window Display Artist, Dies[N/OL]. The New York Times, 1998-11-26.

[47] Boles, Jennifer. Gene Moore and His Magical Windows[EB/OL], The Peak of Chic, 2008-11-18.

下篇　收购蒂芙尼的世纪交易

引言　为什么说并购是奢侈品行业的"主旋律"

[1] 德让. 时尚的精髓：法国路易十四时代的优雅品位及奢侈生活 [M]. 杨翼, 译. 北京：生活·读书·新知三联书店，2012.

第一章　　LVMH 集团如何通过 30 年并购打造最大奢侈品帝国

[1] Tagliabue, John. Henry Racamier Dies at 90; Revitalized Louis Vuitton[EB/OL]. The New York Times, 2003-4-1.

[2] Louis Vuitton's Global Market Push[N/OL]. The New York Times, 1984-8-13.

[3] Illson, Murray. Count De Vogue Dies; War Hero Ran Moet[N/OL]. The New York Times, 1976-10-24.

[4] LVMH Market Cap Soars to €265 Billion, Tops Nestle as Highest Valued Company on Europe Stock Market[EB/OL]. finaria, 2021-3-1.

[5] France's Moet-Hennessy, Louis Vuitton Agree to Merge[EB/OL]. AP NEWS, 1987-6-4.

[6] Greenhouse, Steven. The Champagne of Mergers[N/OL]. The New York Times, 1987-6-4.

[7] Moet-Hennessy, Louis Vuitton Announce Merger[EB/OL]. UPI, 1987-6-3.

[8] Greenhouse, Steven. Pivotal Figure Emerges In Moet-Vuitton Feud[N/OL]. The New York Times, 1988-9-19.

[9] 鲁迪埃. 奢侈品之王：LVMH 帝国及其掌门人贝尔纳·阿尔诺的扩张之路 [M]. 岳瑞，张雪，刘倩，译. 北京：中信出版社，2013.

[10] Greenhouse, Steven. A Luxury Fight To The Finish[N/OL]. The New York Times, 1989-12-17.

[11] Greenhouse, Steven. Vuitton's Chief Quits, Ending a Bitter Feud[N/OL]. The New York Times, 1990-4-27.

[12] 江帆 .LVMH 集团大股东 Arnault 家族完成收购 Christian Dior 集团剩余股权，持股比例增至 94.2%[EB/OL]. 华丽志 Luxe.CO，2017-7-5.

[13] 朱若愚. 简化股权结构，LVMH 将以 65 亿欧元收购其控股方 Dior 集团旗下的 Dior 高级时装业务 [EB/OL]. 华丽志 Luxe.CO，2017-4-25.

[14] Jones, David. Diageo and Moet Hennessy, A Deal Made In Heaven?[EB/OL]. REUTERS, 2009-4-22.

[15] Chevalier,Michel. & Mazzalovo, GéRald. Luxury Brand Management: A World of Privilege[M]. Singapore: John Wiley & Sons Singapore Pte. Ltd, 2012.

[16] International Briefs; Moet Hennessy to Buy Celine Fashion House[N/OL]. The New York Times, 1996-3-22.

[17] Gumuchian, Marie-Louise. Fashion house Celine says 2009 year of transition[EB/OL]. REUTERS, 2009-10-6.

[18] Cheng, Andrea. The History of Celine[EB/OL]. CR Fashion Book, 2018-9-21.

[19] Hedi Slimane Ushers in Biker Chic for LVMH's Big Celine Bet[EB/OL].REUTERS, 2018-9-29.

[20] Wendlandt, Astrid. Phoebe Philo Said to Be Exiting Celine[EB/OL]. Business of Fashion, 2017-10-17.

[21] A Last Exit for Kors at Celine[EB/OL]. WWD, 2004-3-4.

[22] Mesure, Susie. LVMH set to sell Lacroix label to US retailer for €2m[EB/OL]. INDEPENDENT, 2005-1-8.

[23] Menkes, Suzy. LVMH Is Planning Sale of Lacroix Designer Line[EB/OL]. The New York Times, 2005-1-8.

[24] Wetlaufer, Suzy. The Perfect Paradox of Star Brands: An Interview with Bernard Arnault of LVMH[J/OL]. Harvard Business Review, 2001-10.

[25] Leboucq, Valérie. Bernard Arnault va racheter la totalité de Kenzo[EB/OL]. Les Echos, 1993-6-23.

[26] Leboucq, Valérie. Bernard Arnault rachète la Financière Truffaut à Worms & Cie[EB/OL]. Les Echos, 1993-3-13.

[27] Diderich, Joelle. Kenzo Parts Ways With Creative Directors Humberto Leon and Carol Lim[EB/OL]. WWD, 2019-6-14.

[28] Shares of Donna Karan Soar In The First Day of Trading[EB/OL]. Bloomberg Business News, 1996-6-29.

[29] Bonaparte, Lori., Cangemi, Robert R., Lopez, Raymond H.,et al. A Case Study: DONNA KARAN INTERNATIONAL 1996[J]. In Journal of Financial Education, Vol. 26, Spring 2000, pp. 91-111.

[30] Is DKI a Must-have for LVMH?[EB/OL]. The Middle Market, 2001-3-19.

[31] Around-The-Globe: LVMH Buys Donna Karan[EB/OL]. Forbes, 2000-12-19.

[32] Sandler, Linda. & Agins, Teri. Donna Karan IPO Is a Hit, But Profits Are Uncertain[EB/OL]. The Wall Street Journal, 1996-7-1.

[33] LVMH Completes Donna Karan Deal[EB/OL]. Bloomberg News, 2001-11-28.

[34] Agins, Teri. For Marc Jacobs, A Hot Partnership Needs Alterations[EB/OL]. The Wall Street Journal, 2004-2-9.

[35] Larocca, Amy. Lost and Found[EB/OL]. New York Magazine. 2005-8-18.

[36] Socha, Miles. Berluti's Giant Leap[EB/OL]. WWD, 2012-3-19.

[37] 胡晓雨 .Berluti 定制鞋履幕后的故事:"如同建造一座大教堂" [EB/OL]. 华丽志 Luxe.CO,2020-8-13.

[38] LVMH Buys Loewe SA[EB/OL]. WWD, 1996-2-5.

[39] Collared LVMH Takes Majority Stake In Thomas Pink[EB/OL]. The Guardian, 1999-9-25.

[40] Webb, Nick. Thomas Pink Founder Makes Another Fortune—From Wellies[EB/OL]. Independent.ie, 2012-1-15.

[41] Menkes, Suzy. LVMH Adds Fashion House Emilio Pucci To Its Empire[EB/OL]. International Herald Tribune, 2000-2-18.

[42] Scott, Rupert. Obituary: Emilio Pucci[EB/OL]. INDEPENDENT,

2011-10-23.

[43] Leboucq, Valérie. LVMH prend pied dans la joaillerie en rachetant Fred[EB/OL]. Les Echos, 1995-6-9.

[44] Richemont acquires further 20 per cent of Van Cleef & Arpels[EB/OL]. Richemont, 2001-4-11.

[45] Richemont Acquires Remainder of Van Cleef[EB/OL]. WWD, 2003-1-24.

[46] Vendome Buys A Watchmaker[EB/OL]. REUTERS, 1996-12-13.

[47] LVMH Perfume and Beauty Product revenues gain 25.6% in 1994[EB/OL]. The Rose Sheet, 1995-2-6.

[48] Findings: Fred Closing Stores[EB/OL]. WWD, 2003-8-4.

[49] Leboucq, Valérie.LVMH: 4 milliards de profits en 1995[EB/OL]. Les Echos, 1996-3-22.

[50] Barrett, Amy.LVMH Posts 29% Net Decline, Citing Financial Crisis in Asia[EB/OL]. The Wall Street Journal, 1999-3-19.

[51] TAG Accepts LVMH Bid[EB/OL]. CNN Money, 1999-9-13.

[52] Gauthier-Villars, David.LVMH Sells Watchmaker Ebel In Move Focus on Less Brands[EB/OL]. Dow Jones Newswires, 2003-12-23.

[53] De Beers Group Takes Full Ownership of De Beers Diamond Jewellers[EB/OL]. DE BEERS GROUP, 2017-3-21.

[54] De Beers Reclaims Its Name; Can It Revive Its Brand?[EB/OL]. The Diamond Loupe, 2017-4-13.

[55] Diamond Group De Beers Buys Out Retail Partner LVMH[EB/OL]. REUTERS, 2017-3-23.

[56] Leboucq, Valérie.LVMH prend le contrôle de Guerlain[EB/OL]. Les Echos, 1994-3-2.

[57] Lévy, Jacques. Sephora, le pionnier de la beauté en libre-service[EB/OL]. LSA, 2010-6-17.

[58] Sephora accélère son introduction en Bourse[EB/OL]. LSA, 2010-6-26.

[59] Leboucq, Valérie.LVMH met la main sur Sephora moyennant 1,6 milliard de francs[EB/OL]. Les Echos, 1997-7-24.

[60] LVMH Acquires 70% Majority Stake In Bliss World Spa Start-Up[EB/OL]. The Rose Sheet, 1999-3-22.

[61] Mann, Rebecca. FRAGRANCES & COSMETICS: LVMH unloads spa brand Bliss[EB/OL]. The Moodie Davitt Report, 2014-1-21.

[62] Maloney, Nora. How Marcia Kilgore is Changing the Business of Beauty, One Brand at a Time[EB/OL]. VANITY FAIR, 2017-12-6.

[63] Dickerson, Marla. LVMH Acquires Cosmetics Maker Hard Candy[EB/OL]. Los Angeles Times, 1999-5-13.

[64] LVMH devient l' actionnaire majoritaire de l' américain Benefit Cosmetics[EB/OL]. Les Echos, 1999-9-15.

[65] LVMH Acquires American Cosmetics Company Urban Decay[EB/OL].Index Articles, 2000-2-25.

[66] LVMH achète la société française de cosmétiques Make Up For Ever[EB/OL]. Les Echos, 1999-11-5.

[67] Equity Firm Buys Urban Decay[EB/OL]. happi, 2009-3-30.

[68] Castanea Acquires Controlling Stake in Urban Decay[EB/OL]. CASTANEA, 2009-3-30.

[69] L' Oréal Signs An Agreement to Acquire Urban Decay, Specialty Make-Up Brand in the USA[EB/OL]. L' Oréal FINANCE, 2012-11-26.

[70] Senra, David. How I Built This Cisco Systems & Urban Decay: Sandy Lerner[EB/OL]. David' s Notes, 2018-11-3.

[71] Weil, Jennifer. A Fresh Start Under LVMH[EB/OL]. WWD, 2000-9-29.

[72] Deeny, Godrey. Acqua di Parma: Double-Digit Growth at A Substantial Niche Brand[EB/OL]. FASHION NETWORK, 2018-11-19.

[73] 魏芳 . LVMH 旗下百年香水品牌 Acqua di Parma 女 CEO：我们必须放慢速度，但会有巨大的价值回报 [EB/OL]. 华丽志 Luxe.CO，2020-6-28.

[74] Kendo acquires Bite Beauty[EB/OL]. COSMETICS BUSINESS, 2014-11-14.

[75] How Sephora Built A Beauty Empire To Survive The Retail Apocalypse[EB/OL]. CBINSIGHTS, 2018-5-16.

[76] LVMH to Share Managing DFS[EB/OL]. Bloomberg News, 1997-3-20.

[77] Nordheimer, Jon.Millions of Dollars Couldn't Keep DFS Group Together[EB/OL]. The New York Times, 1997-3-12.

[78] Young, Vicki M.. Arnault Offers To Buy DFS Minority Shares[EB/OL]. WWD, 1996-12-20.

[79] Moodie,Martin.The MoodieInterview:Passion and perseverance-DFS Founder Bob Miller[EB/OL]. The Moodie Davitt Report, 2012-7-25.

[80] Fraser, Niall. Simple Values Count For Bob Miller-The Tycoon Behind The DFS Empire[EB/OL]. South China Morning Post, 2013-5-23.

[81] Bertoni, Steven. Exclusive: The Billionaire Who Wanted To Die Broke…Is Now Officially Broke[EB/OL]. Forbes, 2020-9-15.

[82] Goldstein, Lauren. Prada Goes Shopping[EB/OL].FORTUNE Magazine, 1999-9-27.

[83] Burrough, Bryan. Gucci And Goliath[J/OL]. VANITY FAIR, 1999-7.

[84] Gucci's $4 Billion Dollar Man[EB/OL]. Forbes, 1999-2-8.

[85] 弗登 . 古奇王朝——世界上最时尚家族的情感、势力与脆弱 [M]. 辛艳，译 . 北京：中信出版社，2005.

[86] Menkes, Suzy. Prada and LVMH Join Forces to Buy Italian Fashion House Fendi[EB/OL]. International Herald Tribune, 1999-10-13.

[87] Prada Selling Fendi Shares to LVMH[EB/OL]. AP NEWS, 2001-11-24.

[88] Paton, Elizabeth. Carla Fendi, Fashion Pioneer in a Female Dynasty, Dies at 79[EB/OL].The New York Times, 2017-6-20.

[89] Plumb, Christian. LVMH Buys Prada's Fendi Stake[EB/OL]. CNN, 2001-11-24.

[90] Rozhon, Tracie. A Struggling LVMH Unit Looks Beyond the Handbag; But Fendi Insists That Leather and Fur Are Forever[EB/OL]. The New York Times, 2003-10-22.

[91] LVMH: King of the Luxury Jungle[R/OL]. Bernstein Research, 2009-9.

[92] Glasner, Joanna. Luxury Giant Is Finally Online[EB/OL]. WIRED, 2000-6-21.

[93] Adam, Susan. Inside Hermès: Luxury's Secret Empire[EB/OL]. Forbes, 2014-8-20.

[94] Thomas, Dana. The Battle for Hermès[EB/OL]. The Wall Street Journal, 2011-8-25.

[95] Tredre, Roger. Hermès prepares to give up its privacy: Roger Tredre looks at a luxury goods maker's flotation plan[EB/OL]. INDEPENDENT, 1993-4-25.

[96] Jean-Louis Dumas, Former Hermès CEO, Dies[EB/OL]. WWD, 2010-5-1.

[97] Wendlandt, Astrid. Analysis: LVMH Chips Away At Fortress Hermès[EB/OL]. REUTERS, 2010-10-30.

[98] Tournier, Daniel. & Petibon, Jean-Louis. Our good fortune is being able to live values that are lasting and universal[EB/OL]. Egon Zehnder, 2017-1-1.

[99] Vulser, Par Nicole. Le plan très secret de LVMH pour entrer chez Hermès[EB/OL]. Le Monde, 2013-3-18.

[100] Bennedsen, Morten., Crawford, Robert., Hoefer, Rolf.Hermès Paris[R/OL]. INSEAD Case, 2014-4-28.

[101] The second handbag war[EB/OL]. The Economist, 2010-12-29.

[102] De La Merced, Michael J.. & Alderman Liz. For Bulgari, LVMH Deal Paves Way to Growth[EB/OL]. The New York Times, 2011-3-7.

[103] Voyatzis, Costas. Discovering Sotirios Voulgaris' Greek Spirit Through His Sparkling BVLGARI Kingdom[EB/OL]. yatzer, 2013-6-26.

[104] Bulgari, Marriott ink tie[EB/OL]. CNN, 2001-2-13.

[105] Ansa, Redazione. Chi è Gianni Bulgari[EB/OL]. ANSA it Lazio, 2014-7-11.

[106] Francesco Trapani: The Bulgari nephew who turned the ship round[EB/OL]. INDEPENDENT, 2011-10-10.

[107] The business combination between LVMH and Bulgari was completed on today' s date[EB/OL]. LVMH Press Release, 2011-6-30.

[108] Handley, Lucy. Bernard Arnault: How France' s richest man stays in fashion[EB/OL]. CNBC, 2019-4-11.

[109] Quick, Harriet. Loro Piana Preserves Its Heritage and Looks Forward to the Future[EB/OL]. WSJ MAGAZINE, 2015-12-3.

[110] Loro Piana joins the LVMH Group[EB/OL]. business wire, 2013-7-8.

[111] Bischof, Felix. Loro Piana: A rare kind of luxury[EB/OL]. The Week, 2017-3-24.

[112] Trotter, Katie. 10 Things You Need to Know About Loro Piana[EB/OL].VOGUE, 2020-4-23.

[113] Sergio Loro Piana[EB/OL]. South China Morning Post, 2005-7-17.

[114] Arosio,Paola.Italian cashmere entrepreneur Sergio Loro Piana dies at 65[EB/OL]. REUTERS, 2013-12-21.

[115] Wendlandt, Astrid. LVMH says buys control of Loro Piana for 2 billion euro[EB/OL]. REUTERS, 2013-7-9.

[116] Paton, Elizabeth. Another Arnault Takes Charge[EB/OL]. The New York Times, 2017-3-6.

[117] 魏芳 . 比 LV 资历更老的法国奢侈箱包品牌 MOYNAT——《华丽志》独家专访品牌全球总裁 Guillaume Davin：我们的愿景是被众品牌仰望 [EB/OL]. 华丽志 Luxe.CO，2018-8-10.

第二章   LVMH 集团收购蒂芙尼的始末

[1] 朱若愚 . Tiffany 首席执行官接受《华丽志》独家专访：如何与中国消费者展开一场文化对话 [EB/OL]. 华丽志 Luxe.CO，2019-7-17.

[2] 王琼 . 2020 年度中国奢侈品消费白皮书 by 华丽智库 [EB/OL]. 华丽志 Luxe.CO，2020-10-15.

[3] Investcorp Acquires Scandinavia's Leading Luxury Brand Georg Jensen[EB/OL]. INVESTCORP, 2012-11-5.

[4] 金黛茜 .BrandZ 发布最新全球品牌价值 100 强榜单：安踏首次上榜；十大奢侈品牌总价值增长 34%[EB/OL]. 华丽志 Luxe.CO，2021-6-23.

[5] Francesco Trapani:The Bulgari nephew who turned the ship round[EB/OL]. INDEPENDENT, 2011-10-10.

[6] 刘隽 . TIFFANY：在中国，品牌办展必须"三位一体"——《华丽志》奢侈品牌创新营销大奖 [EB/OL]. 华丽志 Luxe.CO，2020-2-15.

[7] Thomas, Lauren. & Frank, Robert. With Tiffany, LVMH grows in jewelry. And Tiffany gets another chance to shine[EB/OL]. CNBC, 2019-11-25.

[8] Piscioneri, Francesca.,Aloisi, Silvia. &White, Sarah. More carats and sparkle: How LVMH plans to change Tiffany[EB/OL]. REUTER, 2021-1-26.

[9] Roumeliotis,Greg.French luxury group LVMH offers to buy U.S. jeweler Tiffany: sources[EB/OL]. REUTERS, 2019-10-27.

[10] Kroll, Luisa. Business Icon Bernard Arnault Reveals His Most Important Mentor, Biggest Mistake In Q&A[EB/OL]. Forbes, 2017-9-26.

[11] 左晓荔. LVMH 旗下品牌增至 76 个！宣布收购法国百年香氛和药妆品牌 Officine Universelle Buly [EB/OL]. 华丽志 Luxe.CO，2021-10-6.

后　记

2004 年，我通过了特许金融分析师（CFA）三级考试，成为中国大陆最早取得国际"特许金融分析师"资格的几批人之一。不过，我并无意沿着金融从业者的既定赛道狂奔，而是希望另辟蹊径，找到一个能够让自己全心投入的独特方向。

我真正的兴趣在于深入的行业研究——将叙事与数据结合，从貌似枯燥的细节中发现有趣的故事和信号，破解一些不为人知的行业"密码"。2009 年前后，"奢侈品"这三个字进入了我的视线。

彼时的中国，对于奢侈品的认知还处在"炫富"和"送礼"的早期阶段。在大多数人眼里，奢侈品只是茶余饭后的谈资甚至是社会"怪相"，而非一种需要认真解读的经济活动。而在欧美国家，奢侈品行业已经历了 30 多年的蓬勃发展，随着 LVMH 集团、爱马仕、PPR 集团（后更名为开云集团）、历峰集团和斯沃琪集团等一批奢侈品主力企业登上欧洲股市，许多大型金融机构都设立了奢侈品研究部门，跟踪奢侈品企业股票的走向，发掘优质的投资机会。

奢侈品在商业和创意方面的矛盾统一，奢侈品牌内在与历史、地理、艺术的紧密联系，都让我这个兴趣广泛的"杂家"为之着迷。（2000 年夏天，我曾辞职跑到美国最好的电影院校之一、南加利福尼亚大学电影学院进修了两个月的电影制作，虽然最终打消了"转行"的念头，却因为这段经历而对"创造性劳动"的快乐和艰辛有了切肤的感悟。）我决定，先下手为强，将主要精力聚焦于"奢侈品"这个当时在中国还鲜有人问津的冷门方向。

2013 年，我创办了数字媒体华丽志，关注点从奢侈品延伸到时尚和生活方式领域，试图从商业、金融与科技的视角切入，构建一个先进的知识体系，为我自己，也为越来越多探索这个领域的专业人士提供及时、可靠的资讯来源和沟通平台。

幸运的是，华丽志的成长历程与时尚和奢侈品产业在中国的发展轨迹不谋而合。

12 年前（2009 年），中国人对奢侈品的好奇心才刚刚萌发，多多少少都带有某种戏剧化的感情色彩——或迷恋或困惑或仰视或唾弃，却很难以平和、理性的态度正视这个消费品行业的特殊分支。

12 年后（2021 年），中国人无可争议地成为全球奢侈品的消费主力。一方面，从上海到成都，人们已经能以一颗"平常心"看待奢侈品，而消费的动机也从"送他人礼物"和"炫耀"转向"悦己"和"自我奖赏"。但另一方面，中国的企业家和投资人越来越不淡定：为何在这个欣欣向荣的奢侈品和高端时尚市场上，中国人不能创造和获取更高的价值？许多人都在探索解决之道，或者通过升级成熟的中国品牌，或者通过投资新一代创业公司，或者通过跨境收购海外品牌——总有一条路应该能够通向消费金字塔的最高层。

我相信，这种探索是没有捷径可走的，即便是当下被奉为"奢侈品之王"的 LVMH 集团主席阿尔诺也并非生而知之——从建筑和房地产行业跨界奢侈品行业，他和他的核心团队通过 30 多年的投资、收购和赋能活动，从大大小小的成功与失败案例中学习，才逐渐摸透了奢侈品企业运行的基本规律，确立了注重长期利益的增长战略。

尽管坐拥五大门类 70 多个奢侈品牌，并且其中许多品牌拥有百年以上的历史，但是阿尔诺依旧认为，LVMH 集团还处于发展的早期阶段。2020 年在新冠肺炎疫情背景下奢侈品行业出现的"V"形反转，更有力地证明这个古老行业所产出的精致产品和美好意象对全球消费者的吸引力是永恒的，且依然有许多未被释放的潜力——已经成为传奇的老品牌们还有许多新故事可以讲，而新品牌们也有成为下一个传奇的无限可能。

常年与时尚领域的创业者和投资人打交道，让我喜欢将奢侈品牌当作一个个正在进行的"创业项目"去平视而非仰视。和许多人喜欢把奢侈品牌奉于高堂之上"静态"地端详和琢磨其中的门道不同，我喜欢"动态"地去挖掘这些品牌的成长轨迹——只有正视历史、把握当下，才能清晰地看到未来；只有抽丝剥茧地深入细节，才能总结出个性中的共性，揭示"必然"背后的"偶然"。

过去 12 年里，我研究了数千个全球奢侈品、时尚和生活方式品牌以及数百起投资并购事件，特别是过去四年，在与华丽志旗下橙湾教育团队共同开发了上百个品牌商学案例之后，我感觉有必要用一种超越资讯、研报和案例的形式，构建一个更加完整的文本，创造一种"心流"的阅读体验，以便让更多人能够沉下心来细细琢磨这个行业的内在规律，并引发更高质量的思考和行动。

2019 年底到 2021 年初，LVMH 集团豪掷 1.58 亿美元完成了对美国经典珠宝品牌蒂芙尼的收购，这是奢侈品行业有史以来最大一笔收购交易，其间还因为新冠肺炎疫情引发了许多戏剧性的转折。

2020 年 10 月，我在橙湾教育的线上课堂用 90 分钟的时间解读了这笔交易的来龙去脉，由此萌发了将一堂课变为一本书的想法。基于我个人的专业背景，我希望这本书从"品牌"和"资本"两个角度同时切入，相映成趣。

为此，我查阅了关于蒂芙尼的海量公开史料，在这个过程中有不少惊喜的发现颠覆了我对这个老品牌的固有认知，由此衍生出关于奢侈品牌的一个全新研究框架。未来我将进一步对这个框架进行完善和深入，希望不仅能更清晰地解读奢侈品牌的发展规律，也能帮助大家从更广义的层面探索高端品牌的成长路径。

从资本的角度，我将原本非常熟悉的 LVMH 集团收购历史重新进行了一番梳理，在挖掘更多细节的过程中，也有了许多新的感悟——即便在全球范围内，针对高端品牌投资并购活动的研究工作也处于早期阶段；只有尊重历史，去伪存真，秉承专业、客观的态度，才能将这种研究逐步深入，并总结出真正值得借鉴的经验和教训。

谈到"去伪存真"四个字，我不由想起我的姥爷——朱咏葵。他是中国音乐出版事业的奠基者之一，也是一位造诣深厚的中国书画收藏家，晚年却将全部热情投入对《红楼梦》的研究工作中。不过，迥异于其他"红学"流派，姥爷只关心一件事，那就是去伪存真。他搜集了中国与海外几乎所有版本的《红楼梦》(前八十回)，从曹雪芹的写作风格、历史背景和上下文逻辑入手，逐字逐句地交叉比对、反复推敲，耗费了十多年的时间，最大程度地恢复了这部经过不同时代不同人手抄、誊印的巨著的真实样貌。

从小在姥爷身边长大，我亲眼见证了他锱铢必较的工作精神，今日回想起来，他所做的事看似无趣却意义深远——所有的观察、思考与判断，如果不基于"真实"就没有意义，甚至会误入歧途。

所以，我希望《买下蒂芙尼》这本书也能最大程度地还原那些貌似熟悉实则陌生的品牌的真实细节，基于这些细节，引发读者对于奢侈品和时尚产业的深层思考，激发丰富的创新灵感，让更多智慧的光芒照亮这座充满分岔小径的花园。

感谢重庆大学出版社对本书的大力支持！

感谢华丽志和橙湾教育团队对我的研究工作给予的通力支持。特别感谢帮助我撰写线上教学案例的华丽智库研究员王家琦；感谢密切追踪报道 LVMH 集团收购活动和蒂芙尼品牌发展，以及对蒂芙尼高管进行独家专访的华丽志团队成员：江帆、王珺洋、刘隽、蒋晶津、朱若愚、左晓荔、金黛茜等；感谢魏芳、游佳、孙陈园、汤琦、王紫涵、经滨榕在案例、数据（本书数据引自蒂芙尼公司年度财务报告、雅虎财经等）、平面设计和后勤支持等方面的辛勤工作；感谢王琼、刘瑞雪出色的管理工作，让我能拥有"奢侈"的写作时间；感谢赵晓悦、黄劲在本书写作过程中给予我的宝贵意见！

动笔于 2021 年 1 月阳光灿烂的海南清水湾

完稿于 2021 年 10 月细雨纷飞的北京金融街

余　燕

2021 年 10 月 31 日

图书在版编目（CIP）数据

买下蒂芙尼 / 余燕著 . -- 重庆：重庆大学出版社，
2022.11
（万花筒）
ISBN 978-7-5689-3402-2

Ⅰ.①买… Ⅱ.①余… Ⅲ.①消费品工业—企业集团
—企业兼并—跨国兼并—研究—法国 Ⅳ.① F565.68
中国版本图书馆 CIP 数据核字 (2022) 第 114162 号

买下蒂芙尼
MAI XIA DIFUNI

余　燕　著

策划编辑：张　维
责任编辑：鲁　静
责任校对：谢　芳
书籍设计：崔晓晋
责任印制：张　策

重庆大学出版社出版发行
出版人：饶帮华
社址：（401331）重庆市沙坪坝区大学城西路 21 号
网址：http://www.cqup.com.cn
印刷：天津图文方嘉印刷有限公司

开本：880mm×1240mm　1/32　印张：13.375　字数：288千
2022年11月第1版　　2022年11月第1次印刷
ISBN 978-7-5689-3402-2　定价：79.00元